U0114383

臺灣史探索

廖風德 著

臺灣學生書局印行

自序

民國八十四學年度起，政治大學歷史系將台灣史列為大一新生必修課程。這是台灣史教學研究上的大事。但，這不是個案，事實上，各大學都不約而同採取這個做法，這象徵著台灣歷史經殖民地、地方史的研究階段，邁入本土性研究時期。

日據及光復初期，台灣史研究曾蓬勃一時，而後隨著政治環境的推移，有意無意間流為方志編纂與史蹟源流探溯，台灣史研究遂停滯不前。另方面，反對運動人士則積極投身台灣史研究編寫，彫塑史觀，為分離主義建築理論基礎。歷史淪為政治附庸，是時代的不幸，亦是研究者的劫數，反映史學在世變中的無奈。

近十年來，民主化、本土化蔚為風潮，兩者激盪鼓應，台灣史研究復成顯學。筆者認為現階段台灣史研究至少具有兩種意義：在積極方面，台灣史研究是台灣研究的基礎，亦是了解台灣性格的不二法門；在消極方面，台灣史研究可確立台灣歷史的大是大非，還給台灣社會一個公道。

關於前者，台灣在經濟發展和民主改革上，創造了傲人成績，引起國際社會的注目肯定，咸認為樹立了中國人的典範。台灣何以致之？想必唯有在台灣歷史裡才能找到答案。關於後者，在大陸鼎革，政府播遷台灣後，急謀穩定政權，戒嚴與安撫門閥並行，遂使歷史評論和人物月旦，失去多元空間，導致忠奸易位，是非混淆，這種社會價值的錯亂，想必也唯有透過歷史的再解析，才能暴陳真相。

截至目前，現階段台灣史研究的成果已逐步呈現，尤其在社會經濟史方面，更有具體收穫。這種立竿見影的成效，追根溯源，實與台灣史資料的搜集、整理、刊佈有關；從早期台灣銀行經濟研究室編印《台灣研究叢刊》與《台灣文獻叢刊》開始，到去年台大歷史系「中美荷日公藏台灣史檔案手稿資料搜集整理與聯合目錄之編製及殖民地時期台灣史國際合作研究計畫」的完成，許多公私立機構，都致力於此，為台灣史研究扎下深厚基礎，這是每一位研究者必須心懷感恩之處，筆者自不例外。

台灣史研究雖然勃興，但卻也遭遇不少難題。首先是如何擺脱泛政治化的陰影，使台灣史研究邁入純淨的歷史領域。台灣史研究有其大傳統與小傳統，大傳統源自大陸，難以割捨；小傳統源自本土，無法阻擋，所以過份強調大傳統或小傳統，皆有失客觀，如何在大傳統與小傳統中取得和諧感通，正考驗台灣史研究者的才學識德。

其次是如何擴展史觀，使台灣史成為全民共有的歷史。回顧過去，有關台灣政治史的研究，不免受到民族主義史觀的左右，扭曲史實；有關台灣社會經濟史的研究，拘泥於漢人移民開發史觀，忽略其他族群的貢獻。台灣史研究需要一個全面而系統的觀點，來詮釋其意義，來弄清楚台灣史是誰的歷史，是怎樣的歷史。

第三是如何在台灣史研究過程摒絕鄉土情感，冷靜客觀，使其呈現真實公正的面貌。台灣的歷史遭遇，十分曲折坎坷，生於斯土、長於斯土的研究者，在爬梳史料之餘，不免掩卷嘆息，而有顧影自憐之感。意氣摻雜研究，勢必影響史料的採擇、考證與詮釋，使真相泯滅不彰，歷史功用斲喪。

最後是如何採借社會科學的理論作為分析架構，使台灣史研究深度化、精緻化。科際性（interdisciplinary）研究是現階段台灣史研究很好的開始，如張光直先生主持的「台灣省濁水大肚兩溪流域自然與文化史科際研究計畫」，即是先驅，然更進一步以社會科學的理論架構來詮釋台灣歷史，則不多見。台灣史研究的脫胎換骨，當從此著手。

以上四點是從事台灣史教學研究的感觸與心得，而收集在本書裡的九篇論文，則是這種潛在意識驅使下的成果。這九篇論文發表的刊物包括政大《歷史學報》、中央研究院中山人文社會科學研究所《中國海洋發展史論文集》、政大《文史哲論集》、中國歷史學會《史學集刊》等。特需説明的是本書中〈沈葆楨早期的識見與事功〉一文，是筆者探討沈葆楨與台灣的第一步，雖逸出台灣史範圍，但不忍割捨，一併收存。

學歷史、讀歷史、教歷史、寫歷史，是每一個歷史工作者必走的路。然而，黃卷青燈，曉窗雞唱，歷史的研究者往往是寂寞的，因此酒也成為他們抒懷的憑藉。在追隨師長輩的深斟淺酌中，陳捷先教授豪氣逼人，行酒敏捷快速，如華山劍道；杜師維運淵渟嶽峙，行酒綿密堅持，如武當太極；閻師沁恒虛懷若谷，行酒敦厚包容，如少林禪功。而敏捷、堅持、包容三者，不就是人生修持、學術冶鍊所嚮往的境界嗎？本書出版之際，正值杜師榮退，特誌其「人生經驗助益史學研究」的飲酒之道，以為紀念。是為序。

中華民國八十四年十二月六日　**廖風德**　寫於指南山下蝸居

臺灣史探索　目錄

自序……I
清代台灣社會的暴力衝突—以噶瑪蘭地區為例……一
清代台灣農村埤圳制度……三七
清代台灣婚約中反映之婚制……一〇三
海盜與海難：清代閩台交通問題初探……一六一
清代台灣的吏治與營規……一八七
沈葆楨早期的識見與事功（一八五〇—一八六四）……二三七
清末台灣現代化問題初探……二五一
余清芳抗日革命案口供之分析……二八一
台灣光復與媒體接收……三一三

清代台灣社會的暴力衝突

——以噶瑪蘭地區為例

有史以來，人類即以各種不同程度、不同規模的暴力來解決衝突或紛爭，特別是在邊陲地區和移墾社會，或因政府的控制力薄弱，或因社會組織系統尚未確立，更容易形成贊許暴力的偏差副文化，社會成員則透過「學習」而加強發展其暴力文化模式，使之成為生活的一部份。我們若將這個說法求證於清代台灣社會，則符節相合，絲毫不爽。清代台灣社會具有邊陲與移墾的重疊性格，因而暴力連綿不絕，所以研究清代台灣史的學者幾乎有一個共同的結論，即：台灣多變亂。「台灣省通志」曾統計曰：「在清代二百一十二年間，台灣發生四十二次民變，二十八次械鬥，合共七十次動亂。平均約每三年發生一次，故『三年一小變，五年一大變』之說，大體不誤。」❶清吏徐宗幹亦曾嘆曰：「諺云：三年一小反，五年一大反，豈真氣數使然耶？」❷關於台灣多變亂的原因，歷來學者多有探討，本文除了對這些傳統說法予以歸納說明外，並以噶瑪蘭地區為例，引用現代社會科學研究中的暴力理論，作一

❶ 台灣省通志，卷二，人民志，人口篇，台北眾文圖書公司，民國六十一年六月初版，頁一三一。

❷ 徐宗幹：請籌議積儲，斯未信齋文編，台銀文叢（台灣銀行台灣文獻叢刊）第八七種，民國四十九年十月出版，頁七〇。

詮釋。

噶瑪蘭即現今的宜蘭。從光緒元年（一八七五）上溯到明朝末年，皆因該地定居著一群自稱噶瑪蘭(Kavalan)的平埔族人，致使相繼入侵的西班牙人、荷蘭人及拓殖的漢人，以其族名為地名；因係番語音譯，所以在清代文獻上亦有稱作蛤仔難、甲子蘭、蛤仔蘭、甲子爛。❸光緒元年（一八七五）噶瑪蘭廳改制，首任知縣馬桂芳將噶瑪蘭改為宜蘭，從此定名，沿用至今。本文之所以選擇噶瑪蘭作為研究對象，蓋有下列二個緣由：第一，噶瑪蘭僻居台灣東北隅，形勢閉鎖，為「邊陲之邊陲」地區，加以開發較晚，流風所及，暴力事件尤其熾烈複雜，頗富有代表性；第二，噶瑪蘭的開發是肇始於台灣西部平原開發完成之後，時間晚近，所遺留的文獻資料甚為豐富完整，適於從事分析工作。

此外，必須一提的是本文所稱的「暴力」的定義：暴力乃對生命財產之侵犯與破壞。這個定義中顯然指出，暴力必須是一具體的行為，而這個行為必涉及物質傷害(physical damange)。在暴力行為中，又因目的和標的物的不同，可區分為政治暴力(political violence)和社會暴力(societal violence)兩類；凡是具有政治意義的暴力行為即屬前類，如抗官民變；凡是涉及血緣、地緣、職業、私利的糾紛，則屬後類，如分類械鬥。清代噶瑪蘭的暴力事件中，屬於政治暴力的有道光三年（一八二三）的林泳春事變，咸豐三年（一八五三）的吳磋、林汶英事變；屬於社會暴力的有嘉慶四年（一七九九）、道光六年（一八二六）的閩粵分類械鬥，嘉慶十一年（一八〇六）、十四年（一八〇九）的漳泉分類械鬥，道光十年（一八三〇）和興福興兩幫挑夫械鬥及同治年間陳林李三姓械鬥，光緒年間樂派西皮福祿的紛爭。針對以上眾多的暴力事件，筆者將著重其起因，試作分析。

一、暴力之起因：傳統分析

關於清代台灣暴力事件頻繁的原因，說法甚多，但因著眼點不同，立論歧異，歸納而言，不外乎習性說、種族意識說、地緣說、官治糜爛說、遊民煽惑說和農墾利益衝突說等六種，茲將其說法分述如下：

習性說是清代台灣官吏的論調，他們認為台民好戰喜亂，係習俗與土性使然。佐幕平定朱一貴事變有功的藍鼎元曾曰：「台民喜亂，如撲燈之蛾，死者在前，投者不已。」❹號稱治台能吏的姚瑩亦曾曰：「台灣在大海中，波濤日夕震撼，地氣本浮動而不靜，其人皆來自漳、泉、潮、嘉，尚氣輕生而好利。睚眦之怨，列械為鬥，仇殺至於積世。故自孩幼，即好弄兵，視反亂為故常。」❺他並曾分析漳泉之人的性格，認為「其氣易動而不耐久」，且盲

---

❸ 黃叔璥「番俗六考」、陳夢林「諸羅縣志」、藍鼎元「東征集」、高拱乾「台灣府志」等均稱作蛤仔難。蕭竹友「甲子蘭記」稱作甲子蘭。鄭兼才「鄭六亭集」稱作蛤仔欄。廣東嘉應州義民古吉龍「陳台灣事宜十二則」中稱作甲子爛。福州將軍賽沖阿奏摺中稱作蛤仔蘭。閩浙總督方維甸奏摺中始稱作噶瑪蘭。

❹ 藍鼎元：論擒獲奸匪便宜書，東征集，台銀文叢第十二種，民國四十七年二月出版，頁七五。

❺ 姚瑩：與湯海秋書，中復堂選集，台銀文叢第八三種，民國四十九年九月出版，頁一一六。

從附和，是輕浮好亂的根源，其曰：「漳泉之人，其氣易動而不耐久；一夫倡而千百和，初不知何故，及稍知之，非有所大不願則已懈，更作其氣勢以臨之，則鼠伏而兔脱矣。如吹豬脬然，初雖甚脹，但刺小孔即索然，此漳泉之人之情也。」❻另外，鼓吹將噶瑪蘭收入版籍最力的嘉義縣教諭謝金鑾，亦有類似的看法，其曰：「泉漳之民，性極拙而易怒。拙則闇於利害，而無遠圖。易怒，則不可磯也；不可磯則少屈抑，而發之暴矣。」❼這種將台灣暴力頻繁歸諸於民性的説法，後世的學者皆不以為然，戴炎輝對此説曾有二點中肯的分析，認為：第一，係仕宦台灣之清吏故意抹殺台人之滅滿氣慨，而抱諂媚清廷之劣根性：第二，係清吏為掩飾其窳政，歸罪於台人之喜亂。所以他指出：「以台灣新開之地，民俗浮囂；且又集內地窮黎及亡命，流亡於一地，無妻室，無田宅，易於滋事，倒是事實。惟若以習性為民變惟一之原因，則屬獨斷。」❽此可謂持平之論。

種族意識説為連雅堂所力倡，連氏對將台灣暴力頻繁歸諸於民性的説法特為不滿，曾直指為對台民的誣衊，所以倡此説以駁斥之。連雅堂認為自朱一貴為首的台灣民變，基本上乃是踵武延平遺規，乃是「以王之心為心」的排滿起義。其曰：「朱一貴之役，漳浦藍鼎元從事，著平台記略，其言多有可採，而曰台人平居好亂，既平復起，此則誣衊台人也。吾聞延平郡王入台以後，深慮部曲之忘宗國也，自倡天地會而為之首，其義以光復為歸。延平既沒，會章猶存，數傳之後，遍及南北，且橫渡大陸，侵淫於禹域人心，今之閩粵尤昌大焉。婆娑之洋，美麗之島，惟王在天之靈，實式憑之。然則台灣之人，固當以王之心為心也。」❾就此觀點，他認為台灣民變的旨意乃在恢復明室，反對清廷的統治，其間自然含有強烈的種族意識。關於此說，我們若綜觀清代台灣暴力事件中，打著明鄭或天地會旗號，以反清復明為號召者雖屢見不鮮，但若深究其肇因，往往導源於其他更現實、更切身的問題，如對清政暴戾的積怨和反抗。而種族意識只不過是被借用得較多、較有力的號召策略，並非民變的惟一或必要條件。

地緣說認為台民之所以敢逕採暴力行動解決衝突，係受地理環境的影響。台灣為清廷之邊陲，外隔重洋，內絕深山險壑，易為亂民嘯聚竄伏，再加上海洋風信靡常，波濤險惡，文報與外援的稽遲，遂成為台民多敢造亂與附亂的原因。藍鼎元曾曰：「台民以倡亂為信，豈真不知刑戮之可畏？由於大山深險，而逋逃之藪多也。成則出為民害，敗則去為山狙，人跡不至，莫窮其底，彼何憚而不為哉。」❿暴力行動者既有內山可做退路之憑恃，加以邊陲地區政府控制力原本薄弱，調兵遣將需費時日，救援行動格外緩慢，自然養大其膽勢，滋生無窮的亂源。清代台灣的地緣位置，在暴力形成的客觀條件上非常有利，對於暴力的增長具有

---

❻ 姚瑩：覆趙尚書言台灣兵事書，中復堂全集東溟文集，台北文海出版社影印本，頁一八〇。

❼ 謝金鑾：泉漳治法論，治台必告錄，台北文海出版社出版，頁九八。

❽ 戴炎輝：清代台灣之鄉治，台北聯經出版事業公司，民國六十八年七月出版，頁二八九。

❾ 連雅堂：台灣通史，卷三〇，朱一貴列傳，台北眾文圖書公司，民國六十八年再版，頁八七七。

❿ 藍鼎元：檄請將弁大搜羅漢門諸山，東征集，頁一八。

推波助瀾的作用，則可斷言。

官治糜爛說為台灣暴力頻繁的最通俗說法。關於台灣吏治的腐敗，徐宗幹在與友人王素園的信函中，曾指出台灣的吏治為全中國之最壞，其曰：「各省吏治之壞，至閩而極；閩中吏治之壞，至台灣而極。」[11]此外，光緒年間擔任福建巡撫的丁日昌亦認為台灣吏治黯無天日，官吏中百分之九十八以上皆屬腐吏貪官，其曰：「台灣吏治黯無天日，牧令能以撫字教養為心者，不過百分之一、二，其餘非性耽安逸，即剝削膏脂，百姓怨毒已深，無可控訴，往往鋌而走險，釀成大變者，台灣所以相傳『無十年不反』之說也。」[12]清代台灣官治糜爛係有其背景：蓋自康熙二十二年（一六八三）清室平台後，一因征台目的在於驅逐鄭氏勢力，二因治理尚未就緒，所以廷議一度欲棄台灣，幸施琅力主經營，始設官治。故清室之統治台灣，本意不在經世濟民，而僅消極的不使台灣落在反清者之手；加以台灣孤懸海外，地土未闢，官吏皆視赴台為畏途，且清制台灣正印官有任期三年之限制，此本為報滿陞官以示鼓勵，但官吏因有不存久居之思，視台灣為傳舍，遇事推諉，苟且偷安。文官如此，武官亦不例外。早在康熙年間，班兵制度推行未久，但已營務廢弛，軍紀腐化敗壞。自此以後，不但未見改善，反而每下愈況，聞風潰散，不堪一戰。同治末年沈葆楨來台，目睹台灣營伍廢弛，曾建議徹底整頓台灣營制，其曰：「查台灣營伍廢弛，曾屢次奏陳，上年府城挑練兩營，毫無起色，並將營官林茂英等參革在案。府城如此，外縣可知，是其積弊之深，尤所罕見。汛弁干與詞訟勒索陋規，兵丁巧避操差，雇名頂替。而班兵來自內地，各分氣類，偶有睚眦之怨，立即聚眾鬥毆。且營將利弁兵之規費，弁兵恃營將為護符，遇有兵民涉訟，文員移提，曲為庇匿。間有文員移營會辦之案，亦必多方刁難需索，而匪徒早聞風遠颺矣。種種積習，相沿已久，皆由遠隔海外，文員事權較輕，將弁不復顧忌，非大加整頓不可。」⓭劉銘傳亦曾提出，台營「暮氣日深，將貪兵惰，虛名空缺，習為故常，竟成積重難返之勢。若不切實整頓，籌餉於萬難之中，養此遊手好閒，無事非煙即賭，有事非潰即逃，何以備悍亂保邦之用？」⓮官治糜爛，軍紀廢弛，堪相輝映。

在移墾社會中，因地土新闢，本即易於發生爭端，加上官治制度和社會組織尚未確立，故亟需清廉且強而有力的地方官吏來處理紛爭。明鄭時期，因當局嚴法而治，故絕少暴力事件發生，然而台灣歸清以後，吏治敗壞達於極致，官民之間視若寇讎。謝金鑾曾指出當時的情形曰：「今之為令者，其視民也，如魚肉；而民視令也，如虎狼。凡有下鄉，皆為得錢而來；不得錢，不知有百姓也。人之親魚肉也，為欲食之也；而其畏虎狼也，畏其食之也。嗚呼！安有虎狼而可與人親，安有人而與虎狼親者哉？其避之惟恐不速也！固也，上下睽乖，縣如無官之縣，民如無官之民，自相爭，自相擄，自相刑，自相殺。一至其鄉，則壯役數十

⓫ 徐宗幹：答王素園同年書，治台必告錄，頁三四九。

⓬ 光緒二年十月十六日閩撫丁（日昌）奏革知縣並自請懲處片條，引自清季申報台灣紀事輯錄，台銀文叢第二四七種，民國五十七年八月出版，頁六四七。

⓭ 沈葆楨：福建台灣奏摺，台銀文叢第二九種，民國四十八年二月出版，頁六二至六三。

⓮ 劉銘傳：劉壯肅公奏議，台銀文叢第二七種，民國四十七年十月出版，頁一三七至一三八。

以臨之；一家犯罪，合鄉走匿。是尚可以為治乎？」[15]在這種「縣如無官之縣，民如無官之民」的無政府狀態下，上焉者，官吏苛斂誅求，施行暴政，人民本有輕侮兵卒之心，民變遂即爆發；下焉者，吏治不清，詞訟糾纏，人民走告無門，遂以聚眾相鬥自行解決，分類械鬥興矣！

遊民煽惑說認為清代台灣暴力事件頻繁，且多由星火之微而成燎原之勢，乃導因於無賴之徒煽惑造謠，趁機劫掠。陳盛韶在「問俗錄」中曾記曰：「閩粵分類之禍，起於匪人。其始小有不平，一閩人出，眾閩人從之；一粵人出，眾粵人和之；不過交界處擄禁爭狠，而閩粵頭家，即通信於同鄉，備豫不虞。於是台南械鬥，傳聞淡北，遂有一日千里之勢。匪人乘此，播為風謠，鼓動全台，閩人曰：『粵人至矣』；粵人曰：『閩人至矣』，結黨成群，塞隘門，嚴竹圍，道路不通，紛紛搬徙。匪人即從此焚其廬舍，搶其家資；哭聲遍野，火光燭天；互相鬥殺，肝腦塗地。」[16]這些挑撥倡亂的匪徒，大都遊手好閒、喜事輕生的遊民，即所謂的「羅漢腳」。關於「羅漢腳」的來歷與素行，陳盛韶亦曾說明：「台灣一種無田宅，無妻子，不士不農，不工不賈，不負載道路，俗指謂羅漢腳；嫖賭摸竊，械鬥樹旗，靡所不為。曷言乎羅漢腳也？謂其單身遊食四方，隨處結黨，且衣衫不全，赤腳終身也。大市不下數百人，小市村不下數十人，台灣之難治在此。」[17]「羅漢腳」在閩粵或漳泉分類械鬥中挑撥離間、煽惑滋事的伎倆，台灣總兵金蟾桂曾在奏摺中有所說明：「台灣向多匪類，俗稱羅漢腳，最為民害，遇事生風，今乘漳泉互鬥，從中煽惑。在漳莊則呼泉人欲來焚搶，在泉莊則稱漳人即至圍殺，以致人心驚惶，小莊逃依大莊保護，其小莊房屋空虛，匪類乘機焚搶。

」⑱「羅漢腳」皆是由內地偷渡來台，因土地已開盡，無業可執，淪為遊民，而「搶擄之罪，生死未定，尚在後日；號寒啼飢，目前別無恒業，流至海外，更無家可戀，不能坐死餓斃，只可鋌而走險」⑲，由是淪為盜賊，甚至附和倡亂，而為民變之主力。

農墾利益衝突說認為暴力事件係集體性的行動，所以引發之原因必然關係到集體的利益，否則不可能驅使同類人一致行動。戴炎輝在批駁習尚為分類械鬥原因時說：「個人之爭鬥，容許因有此習尚而爭鬥；但分類械鬥，則斷不致擴大。蓋械鬥所惹禍害之大，若非有切害關係，則不能驅使同類人一致行動。惟不可否認：結仇之後，因細故亦械鬥。」⑳所謂「切害關係」，即集體的利益。集體利益的形成係導源於移墾社會的特殊環境；溯源大陸閩粵人民離鄉背井，移居台灣之初，因客處異地，自然有物以類聚的趨勢。周凱在「記台灣張丙之亂」一文中曾曰：「台灣一郡，其民閩之泉漳二郡、粵之近海者往焉。閩人佔瀕海平曠地，

---

⑮ 同❼，頁一〇八。

⑯ 陳盛韶：問俗錄，引自陳淑均：噶瑪蘭廳志，台銀文叢第一六〇種，民國五十二年三月出版，頁一九四。

⑰ 同⑯，頁二八。

⑱ 台案彙錄乙集，台銀文叢第一七三種，民國五十二年六月出版，頁二四六。

⑲ 同⑪。

⑳ 同❽，頁二九八。

粵人居近山，誘得番人地闢之，故粵富而狡，閩強而悍，其村落，閩曰閩社，粵曰粵莊，閩呼粵人為『客』。」㉑分類而居，自然而然形成集體意識。加以早期移民，因平埔族猶留住在平野，為了開墾自保，必須作相當程度的結合。這種結合，若逢官吏稅斂苛虐，淫利以逞，人民為維護生存權益，則揭竿起義；而平素則因耕地有限，對於土地水源等利藪的爭取和保護，亦使各類移民之間的對立尖銳化，形成各種形式的械鬥，戴炎輝曾指出：「械鬥之根本原因，在於異類人爭奪經濟上之利益，尤其在清代農墾階段，以爭地搶水為其最。」㉒所以閩粵移民，本無累世宿仇，乃因爭水爭地而勢成水火。台灣巡道熊一本亦曾記曰：「況兩類肇端，每在連塍爭水，強割佔耕，毫釐口爭，致成大衅。」㉓這是此說最有力的證明。

除了以上傳統諸說，晚近論者亦有從社會心理方面分析，認為由於清室恐怕台灣再度淪為「盜藪」，因此對移民入台採取嚴格管制措施，因是造成偷渡猖獗，使人民視犯禁為當然，目無法紀，在習慣上和心理上都勇於行使暴力；同時由於清室規定渡台者不准攜帶家眷，使移墾社會男多女少的現象尤為嚴重，導致移民心理和生理同感苦悶，於是藉酗酒、賭博、嫖妓以資發洩，爭風吃醋時有所聞，影響社會治安，釀成事端。此外，社會上會盟拜黨之風盛行，亦助長暴力的滋長，蓋移民多係單身冒險者，因少血緣家族關係，自需與異姓朋友協力團結，於是輾轉結拜會盟。「台灣縣志」記曰：「台鮮聚族，集異姓之人，結拜為兄弟，推一人為大哥，不論年齡也，餘各以行次相呼，勝於同胞，妻女不相避，以伯叔稱之。」㉔除了兄弟結拜之外，尚有秘密結社、神明會、祖公會、父母會、合會等，民間結社，大行其道，除了滿足成員社會經濟的需求外，成員間的關係亦極為密切，因此一旦發生事故，往往互為聲援，牽一髮而動全局，將私人爭端擴大為集體暴力行動。

事實上，以暴力解決衝突並不僅在台灣的移墾社會出現，揆諸史籍，內地邊陲地區之移墾社會亦屢屢見之，如閩粵兩省即是。台灣移民因其來自閩粵，自然將這種風氣帶到移墾地，其來有自，而變本加厲者，或言肇因於清廷的分化政策；因「閩粵鬥，則漳泉合；泉漳鬥，則粵即伺勝敗，以乘其後」㉕，「且閩人習於蠻橫，動釀亂階；粵人明於利益，不拒捕，不戕官。閩人為叛民，粵人即出為義民，保護官長，衛守城池。」㉖清室利用各籍人民間的矛盾，實施分化政策，以抵銷台民的反清勢力，維護其統治權，但無可否認地也助長了各籍人民間的彼此對立、矛盾，使暴力事件在清代台灣不絕如縷。

二、政治暴力的類型：民變

清代噶瑪蘭爆發二次民變，一是道光三年（一八二三）的林泳春事變，一是咸豐三年（

㉑ 周凱：記台灣張丙之亂，內自訟齋文選，台銀文叢第八二種，民國四十九年五月出版，頁三一。

㉒ 同❽，頁二九八。

㉓ 熊一本：條覆籌辦番社議，治台必告錄，頁二三四。

㉔ 陳文達：台灣縣志，輿地志一，台銀文叢第一〇三種，民國五十年六月出版，頁五八至五九。

㉕ 同㉑。

㉖ 同⓰，頁一九四。

一八五三）的吳磋、林汶英事變。本文將民變歸類於政治暴力，乃因民變為人民集體以暴力的方式攻擊現存政權的行為。政治學者蓋爾(Ted R. Gurr)曾將政治暴力分為三大類，即：⑴騷動(turmoil)：指較自發、無組織、有群眾性的政治暴力行為；⑵謀叛(conspiracy)：指有高度組織，限制參與者的政治暴力行為；⑶內戰(internal war)：有高度組織，群眾廣泛參與，目的在顛覆政府或分離獨立的政治暴力行為。[27]清代噶瑪蘭民變都是屬於第一類。

關於政治暴力產生的原因，當代政治學者曾投以特別的關注，予以有系統的研究，因而各種相關的「暴力理論」紛紛誕生，綜合各家說法，大致可歸為四類，分述如下：[28]

㈠暴民理論(riffraff theory)：持此一理論者，認為參與暴力行動者，僅為團體中的一小撮人，既缺乏廣泛的支持，又純為私人邪惡目的著想，且大都是屬於所謂的社會暴民之流，如：有犯罪前科者、不滿分子、無業遊民、外來陰謀分子等。此一理論和前述的遊民煽惑說相類似。

㈡本能理論(instinct theory)：持此一理論者，認為暴力行為是人類固有的行為模式，因為人類的侵略性(aggression)是本能的，所以社會裡必然總是存在著各式各樣的暴力，人類惟一能做的就是減輕其影響。

㈢剝奪理論(deprivation theory)：持此一理論者認為當相對的不公平(inequity)、不公道(injustice)與不平等(inequality)達到某一程度時，將導致集體的不滿，甚至形成社會普遍的挫折、憤怒及潛伏的侵略性，若政府又缺乏將這不滿情緒納入正軌的其他制度能力(institutional capacity)時，人民祇有訴諸暴力行動。

㈣動員理論(mobilization theory)：動員理論是由批評剝奪理論發展出來，持此一理論者認為不滿與集體政治行動間並無必然的關係存在，個人為了追求共同的利益或發洩共有的不滿，未必會自動組合起來；他們所以會在相同的時地，為了相同的目的，集體的參與大規模的行動，主要是由個人與團體間的互動過程來決定。

以上四類政治暴力理論中，暴民理論雖然具有部份的真實性，但卻過份簡化、曲解了暴力的真正成因，忽視使暴力行動有效動員的社會與政治條件，所以此一理論的解釋，除了足以飾免政府官吏的部份責任，使政府的強硬措施獲得合法的支持外，無多大意義，故目前學者皆已予摒棄。本能理論的論點為某些研究者支持，尤其是關係於動物行為研究方面；但卻由於過份簡單，而遭受社會科學家們的嚴厲批評。人類是否可與動物相類比呢？實在令人懷疑；縱使可以相類比，為何有些動物較具侵略性，有些則否？若人類亦是如此，則其差異的基本原因為何？這些疑點往往不是此一理論所能解答。最重要者，它忽略人類誘因與動機的複雜性，尤其是低估了這些誘因受環境決定的程度。此一理論惟有提供那些為參與暴力行動

㉗ Ted R. Gurr, Why Men Rebel (Princeton, N. J.: Princeton University Press, 1970) pp. 4-5.

㉘ 有關暴民理論、本能理論參閱H.T. Reynolds, Politics and The Common Man: An Introduction to Political Behavior (Homewood, Ill.: Dorsey Press, 1974) pp. 232-234. 有關剝奪理論、動員理論參閱David Snyder, "Collective Violence: A Research Agenda and Some Strategic Consideration, "Journal of Conflict Resolution, 22 (September 1978) pp. 502-506.

或採取壓力措施辯護的人，充當藉詞之用。在四個理論中較具價值，且能提供一套具有經驗內涵的分析架構(analytical framework)，首推剝奪理論，至於為修正剝奪理論而發展出來的動員理論，因其尚屬草創時期，理論之建構仍未定型，是為缺點，然亦有優於剝奪理論之處，不可抹殺。本節即擬以剝奪理論和動員理論來分析噶瑪蘭的民變，以補充清代台灣社會政治暴力行動的若干空白。

許多學者在考察政治暴力發生前的社會情況，都發現有相對剝奪(relative deprivation)現象的存在，論者於是將相對剝奪視為一項挫折，同時他們接受心理學關於攻擊行為的看法，認為攻擊行為經常由挫折引起；政治暴力行為是攻擊行為的一種，因而得到政治暴力乃是由於相對剝奪所引起的結論。

在此，我們先就此一理論探討清代噶瑪蘭二次民變爆發前夕，社會上是否存有相對剝奪的現象?道光三年(一八二三)的林泳春事變是導源於官方對料匠的處置失當，[29]所以在探討林泳春事變的社會背景之前，必須要瞭解料匠和樟腦生產的關係。台灣是一個海島，因此軍事上以海防為重，從明鄭至清代，莫不皆然，故水師的船政，一向為軍政上的重要部門。清代台灣的水師有澎湖協和台灣協，共有戰船九十八艘，這些戰船按規定要三年一小修，六年一大修。整修戰船需要樟、松、杉、鐵、油、棕等材料，但其中除樟木產於台灣深山外，其餘的船料都要從廈門運來，異常不便。清室在台灣之南北兩路各設一個「軍工料館」，負責修造九十八艘戰船的材料供應；料館中負責樟木採伐者是「匠首」或「料匠」，都是由差役中點派。然而匠首事實上無法完成任務，因為自台灣歸入版圖之後，清室嚴禁漢人入山，將入山伐木、採藤、製腦等事懸為厲禁，但另一方面樟腦是台灣的著名特產，煉製樟腦利潤頗豐，故冒險犯禁者頗不乏人，他們在山上搭寮，正是官府力量不及的地區，對於直接危害其利益的匠首入山伐樟，自然不能容忍而橫加阻撓，匠首因此無法達成任務而無人充當，最後官府不得不向違禁製樟腦者讓步，改而令派他們擔任匠首，而以准許煉製樟腦為酬勞，對於非匠首而煉腦者則仍在嚴禁之列。匠首承辦伐木是賠錢的事，完全靠樟腦的收益來調濟，而其樟腦成品全由軍工料館收購，給價低廉，僅售價之一半，這種剝削的情形，連雅堂在「台灣通史」榷賣志中曾有記載：「咸豐五年，英商德記洋行始與台灣道訂約購腦，每擔價十六圓，配赴歐洲，而發腦戶僅八圓。利入道署。」[30]這雖是咸豐年間之事，但官府剝削，當無二致。後來，外國對於樟腦的需求日亟，而軍工料館榷賣樟腦，由於官場習氣，對於商人諸多不便，於是商人直接向腦戶（即匠首）購買，價格自然比官價為高，因此匠首漸漸不願將樟腦賣給軍工料館。

噶瑪蘭是台灣樟腦的主要產地之一，因其設治未久，所以未設立軍工料館，而當時台灣的軍工料館有兩個，一在南路的瑯嶠，一在北路的艋舺。噶瑪蘭因無設館，遂無匠首，諸小匠統轄於艋舺軍工料館大匠首杜長春之下。杜長春擔任匠首後，規定噶瑪蘭各伐木小匠（伐木工人）每年需供應軍工用材一二〇件，自嘉慶二十一年（一八一六）定制以來，四年之間

---

29 陳淑均：噶瑪蘭廳志，卷四下，武備，武功，頁一八三至一八四。

30 連雅堂，前引書，卷十八，椎賣志，頁五七五。

相安無事。但如前所述，匠首主要的獲利途徑為公開經營樟腦之煉製，而杜長春卻對噶瑪蘭製腦利益無法染指。因此，杜長春呈請道署准在噶瑪蘭設立軍工料館，並且願意擔任設館事宜，親往主特，其企圖甚為明顯，即在欲收樟腦之利。杜長春的請求獲准後，就到噶瑪蘭設館，但此事遭遇到眾小匠和私製腦戶的激烈反對。姚瑩記曰：「蘭地各山小料匠以為歷辦軍工無誤，一經設館，不無多所派累，頗有怨言；而私煎樟腦者，亦不肯遵禁，遂勾結眾料匠拒杜長春，不任設館。杜長春大受肆辱而逃。」㉛杜長春在受辱後，以匪徒抗辦軍工為詞向台灣道葉世倬具控，葉嚴札飭令噶瑪蘭通判高大鏞拏人，眾小匠害怕被拏，就書寫公呈向高大鏞乞求免予設館及捉拏，高大鏞恐操之過急而激成事變，乃准許眾小匠的請求，並提出一個附帶條件：即罰小匠供應頭圍縣丞衙署的建築木材減半收價。但高大鏞撤銷設館和免究毆辱匠首的公文上呈之後，因為杜長春亦投稟堅主嚴辦，於是葉世倬嚴斥高大鏞，高不得已只好出票拘人。眾小匠得知高大鏞派役抓人，認為其出爾反爾，非常憤慨，乃將高派去的差役綑綁，欲殺之；後來這個差役出了贖款才得釋回，此後再也沒有人敢提入山拏人的事，但杜長春方面仍不肯放鬆，不斷向道署上稟催辦，於是雙方相持不下。直至道光元年（一八二一）姚瑩接任噶瑪蘭通判後，考查了實際情形，提出了一個萬全之策，即：⑴設料館；⑵寬小匠抗拒之罪；⑶小匠不取工資，並於所獲利益中按九比一抽分給杜長春；⑷聲明私煮樟腦之罪而捕之。㉜這個解決辦法尚未奉批，姚瑩就已離任，但噶瑪蘭廳已經在準備照辦，眾小匠亦同意，然而杜長春貪婪無已，堅持加抽二八，這個要求相當苛刻，眾小匠不能接受；於是杜長春仍以「料匠抗辦」為詞，遲遲不往設館，以此做為要挾。直至道光二年（一八二二）

才終於在頭圍設了軍工料館，㉝而小匠首領林泳春的抗諭不肯承辦軍工事件，則在次年三月爆發。

咸豐三年（一八五三）的吳磋、林汶英事變是導源於官方在徵收正供的同時，又要收購倉穀，民間嘩變。㉞在事變之前，即道光三十年（一八五〇）六月，洪秀全起兵於廣西桂平縣之金田村，勢如破竹。咸豐三年（一八五三）二月攻陷南京，定為國都，席捲東南半壁，風潮震動，遠被台灣。同年四月，林恭起事於鳳山，牽動鳳山、台灣、嘉義、彰化四縣，而淡水廳又械鬥不止，官方調動軍隊，安撫難民，糧餉負擔奇重，加上省方的軍糧接濟久久不至，於是官府除了向紳富籌借並鼓勵民間捐助外，並大量收買倉穀以裕積儲。當時台灣道徐宗幹曾示諭台灣紳耆，踴躍輸將，困窘之狀，溢於言表。徐宗幹曰：「供餉無出，費用何來？官無生路，奚暇救民之死？諸君親上急公，情殷桑梓，諒不忍漠然置之。既經允借在前，即速多多措繳，以便分發南北兩路，支應急需。雖杯水輿薪，究竟苟延目前，以待內地軍餉接濟。」㉟由上可知，糧餉之拮据，可謂羅掘俱窮，而內地因太平軍橫掃江南，自顧不暇，

㉛ 姚瑩：與鹿春如論料匠事，中復堂全集東槎紀略，台北文海出版社影印本，頁二六二八。

㉜ 同前註，頁二六三〇至二六三一。

㉝ 張菼：清代台灣民變史研究，台銀台灣研究叢刊第一〇四種，民國五十九年五月出版，頁七六。

㉞ 有關吳磋、林汶英事變之詳細經過請參閱徐宗幹：上春巖制軍書，前引書，頁六至九。

㉟ 徐宗幹：與台屬紳耆書，前引書，頁一二。

何來接濟？當時噶瑪蘭糧產豐富，據傳倉存穀有數十萬石之多，官方又在此採買倉穀以應軍糈，引起一般民眾的反對。蓋官買米穀之弊害有三：⑴刺激米價高漲，升斗小民的生計越形困難；⑵官買雖給價，但官價照例僅市價之半，實是一種變相的臨時捐，再加上收糧時的大斗小秤，對民間自屬一種沉重負擔；⑶買穀與徵賦同時，人民負擔奇重，所以無論貧富都表示反對。㊱在全面反對聲中，吳磋、林汶英出而為首，豎旗集眾，置械設防，以梅州為根據地，抗拒官買食穀。㊲咸豐三年（一八五三）八月十四日，噶瑪蘭通判董正官會營前往拏捕，在斗門頭地方森林內遭埋伏而被殺，事件遂爆發。

從上面的史實，可以瞭解二次事變爆發前社會上均有相對剝奪的存在。林泳春事變前台灣社會存在著一個事實，即官方軍工料館以市價的一半來收購樟腦，腦戶與小匠自覺遭到剝奪，因而不願將樟腦賣售軍工料館，等到官府強迫時，他們只好糾眾反抗，攻擊官府。吳磋、林汶英事變亦同，官府因糧餉不足，在徵賦的同時，以市價之半收購倉穀，刺激米價高漲，侵犯民眾利益，至為明顯。關於此點，徐宗幹在「上春巖制軍書」中亦曾說明：「蘭屬民情向來安靜，董倅居心誠朴，平日辦事尚稱勤謹，似不至於激變。聞該廳從前儲備甚富，近日訛傳尚有數十萬之多，或竄匪藉以造謠倡亂。及聞董任徵收供賦，採買食穀，悉照舊章，而間有刁劣之徒，以台地各處不靖，藉端違抗，煽惑生事，曾經委員前往會辦。旋因淡屬械鬥，道路中斷，或該廳丁胥難保無藉端作弊，斂怨於民。」㊳徐宗幹反覆陳明並非激變，則表示當時有激變的傳言，所以他在信中僅澄清本案並非激變，而不排除官買食穀有人反對及丁胥作弊的可能。

持剝奪理論者視相對剝奪為一項挫折，然後以「挫折——侵犯」理論來解釋人民對政府權威的攻擊，然而其中亦有缺陷：例如他們從社會心理學出發，將集體暴力歸因於社會整體的心理狀態(states of mind)——憤怒、挫折、相對剝奪、不滿等，忽略政府制度、權力關係等政治因素的影響力；其次，剝奪或能提供政治行為的誘因與動機，但卻無法解釋造成團體暴力行為差異的真正原因，既然社會整體的心理狀態導致暴力，為何某些地方發生暴力，而其他地方則否？為何參與暴力行動者非社會所有的成員，甚至祇是一小部份人呢？簡言之，即剝奪理論漠視了集體的行為結構和社會成員的互動過程。為了彌補剝奪理論解釋的不足，以下另採政治體系和動員理論來加以說明。

論者以為，就一般情況而言，傳統中國農村社會是不利於政治暴力的發生，因為中國的農村經濟一直不算富裕，大部份的農民必須用很大的力量才能勉強維持溫飽，而當人民整日為生活奔波勞碌始能免於匱乏之時，他們是不會反抗的，此外，中國牢固的家庭制度使中國人不易響應群眾運動；響應群眾運動者多是那些無所歸屬的疏離人。儘管如此，但中國農村社會中的暴動，卻史不絕書，探究其原因，係與其政治體系之特質有關。我們知道，幾千年來的中國一直是由一個龐大的、嚴密的官僚系統所統治，清代的台灣亦不例外。這個官僚系統

㊱ 同㉝，頁一五五。

㊲ 梅州屬淇武蘭堡，在廳治西北五里，為繼四圍以後之續墾地，原稱梅州圍。

㊳ 同㉞，頁八至九。

是獨立自主的(selfcontained)：它很少受到外界社會、經濟情況的影響；它有它自己的法則，包括如何晉升、如何致富、如何邀寵、如何舞弊等。官僚體系中的成員所關心的，無非是成員關係及個人如何在這種關係中獲得最大的好處。只有在他們的合法優越地位遭受威脅，或執行中央政策所必須時，他們才移轉其注意力於外在的社會。在這種政治系統下，使得一些屬於官僚體系之外的人覺得，他們無權對政治體系做任何要求；他們惟一能做的只是希望或期待官僚們能遵守仁政愛民的教訓。[39]但是在清代台灣的社會，人民連這個希望也破滅了，如前所述，清代台灣吏治敗壞、糜爛，已到無以復加的地步，因此使得政治體系與私人利益間的連絡，若非不被接受就是非法的，人民只能依賴官府，不能對官府做任何要求，任何有組織的要求都是「造反」。在林泳春事變中，眾小匠的反對意見投告無門，只有用暴力肆辱杜長春，事後通判高大鏞因恐激變而接納眾小匠的意見，撤銷設館和免究毆辱匠首之罪，但在更上一級官僚的斥責後，也就身不由己，下令拏人了。吳磋、林汶英事變亦同，在反對的意見無法上達時，只有據地反抗一途了。所以論者認為傳統中國社會中，缺少利益表示的孔道，既然此項孔道不存在，既然任何有組織的要求都不被接受，那麼人民要表示其不滿、要求其利益，似乎也只有「造反」一途了。這就是俗謂的官逼民反。

強調政治體系功能的學者亦曾指出，通常在發生的初期，不是地方政府顢頇無能，就是統治階層猶豫不決，導致暴力惡化，他們認為，當人民使用暴力手段來表示不滿或爭取利益時，只要政府有能力使用武力，暴力行動必歸失敗。這個論點可以在清代噶瑪蘭民變中得到印證：在林泳春據四圍大坡一帶抗辦軍工時，噶瑪蘭廳通判羅道並不敢派兵圍剿，因恐釀成巨變，僅在附近實行清莊，以防林泳春進一步行動。林泳春與其部屬見官府並無積極的制裁行動，於是派部下張釵去搶頭圍的軍工料館，突襲頭圍常平倉擄人，鬨鬧縣丞署，肆無忌憚。然而等到艋舺營游擊張朝發得告警文書，率二百名兵丁由雞籠澳來援，加以福建水師提督許松年巡台閱兵，抵達噶瑪蘭，在客兵和當地駐軍、義勇合擊之下，旋即潰敗。吳磋、林汶英事變的導火線是通判董正官遭伏被戕，隨之群龍無首，全境震動，尤其在董被戕之隔日，吳磋率眾進城搜查廳署和常平倉，而駐軍都司劉紹春和羅東巡檢沈樹政，按兵不動，畏縮不出，顯見其懦弱無能。等到台灣鎮總兵恒裕派遣艋舺營參將黃進平及署理北路協副將曾玉明率兵討剿後，吳磋等不堪一擊，旋即被俘。在二個事件爆發之初，當事者對官府皆存有輕視之心，這個情形徐宗幹在「祭殉難各官文」中曾透露實情曰：「我台事之起，已告警一十數次，曾不聞一兵之出，一餉之賫，而拯我於鮒轍之涸、蠶箔之殭。即今蛤仔難之兆變，徒嘆息於空拳莫張。」[40]當時官方艱困如此，民間慓悍之徒對官方自然存有輕侮的心理，遂由不畏官而進而侮官矣。

最後，我們以動員理論來探討噶瑪蘭民變中群眾的結構，以及其形成、表現與轉變的過程，亦即探討不滿的個人何以會凝固成團體，而採取集體的暴力行動。從林泳春事變中，我們可以瞭解暴力行動者的主體是伐樟煉腦的小匠，這些小匠大都是赤手無賴，無有家庭之累

---

[39] Lucian W. Pye, The Spirit of Chinese Politics, (The M. I. T. Press, 1968) p. 14.

[40] 徐宗幹：祭殉難各官文，前引書，頁一三〇。

，視生命如草芥。姚瑩曾記曰：「蘭地採料者，皆沿山架寮，自頭圍至員山大湖凡七處，各有頭人。多者十數寮，少者四、五寮。每寮小匠或三、四十人至一、二十人不等，皆赤手無賴；故不避生番，身入險阻，歲常為番殺者數十人而不顧。其頭人亦無大資本，即以隨時賣料為工資，採者與頭人均其利焉，藉以活者斯甚眾矣。」㊶從以上的記載，可以得知採料小匠原有組織雛形，亦即以寮為單位，合數寮而有頭人領導。且在反對杜長春設立軍工料館的過程中，小匠的首領已經產生，其首領即林泳春。換句話說，即在事變前，林泳春已藉著團體的拔擢，擁有維持成員效忠的機能。以上種種的條件——即効忠、組織、集體利益、武器、視性命如草芥等，促使採料小匠有了採取集體行動的可能性。至於吳磋、林汶英事變，其根據地梅州，距林泳春抗辦軍工的根據地四圍大坡約二里之遙，各種動員條件或許非常類似，所以徐宗幹曰：「然案犯均非善良，該廳屬梅州地方向為賊藪，歷任搜剿有案，是各匪皆因查拿嚴緊，致逞兇逆。」㊷此外，若從涉案人員分析，可知當時的反抗是全面性的。涉及本案人員有吳磋、林汶英、劉木、林瀧、吳沛、吳火、沈鍾、王強等人，而以吳磋為首。這些人的身份，除了林汶英以外，其餘皆不清楚，據推測可能多為農民；在本案中林汶英是「暗為賊謀，假充義首」的身分。所謂假充義首的「假」是官方推卸責任而加，因為義首是要官方札委的，而不是自己可充當。既當義首，林汶英應屬有身家之人，且是地方領袖，有相當的群眾基礎，所以在他被殺後，頭圍縣丞王衢「曉諭該犯族眾概免深究」，「闔城紳民」才「翕然悅服」，可見反抗者不只林汶英一人，除了林之外，闔城紳民亦持同一立場。㊸

三、社會暴力的類型：分類械鬥

所謂械鬥，即指聚眾持械私鬥，是一種社會暴力衝突；因械鬥常含有地緣觀念或種族意識，所以在台灣方志中均稱之為「分類械鬥」。清代台灣移民之聚居，不以血緣為分類，而以地緣為分類，姚瑩曾云：「台灣之民，不以族分，而以府為氣類；漳人黨漳，泉人黨泉，粵人黨粵，潮雖粵而亦黨漳。」❹❹因此，在械鬥時各依其類。台灣的分類械鬥可分為七種，即：⑴省對省，如閩粵分類械鬥；⑵府對府，如漳泉分類械鬥；⑶縣對縣，如艋舺「頂下郊拚」；⑷姓對姓，如陳林李三姓械鬥；⑸職業對職業，如挑夫械鬥；⑹樂派對樂派，如西皮福祿械鬥；⑺村落對村落。噶瑪蘭的移民大都來自閩粵，其中以漳人最多，泉人次之，粵人最少，各分氣類；加上噶瑪蘭開發係採「官雖未鬪而民則以鬪」的模式，所以關係集體性的利益衝突特別多，而械鬥則為其自行解決紛爭的方法。在上述的七類械鬥中，噶瑪蘭除了縣與縣的分類械鬥不曾發生，村落與村落的械鬥無文獻可考外，其餘均留有詳盡的紀錄，足供分析之用。

---

❹❶ 同❸❶，頁二六二九。

❹❷ 同❸❽。

❹❸ 同❸❻。

❹❹ 姚瑩：答李信齋論台灣治事書，中復堂全集東溟文集，頁一七四至一七五。

關於社會暴力的起源，社會學者曾提出三項中心概念，來説明社會之緊張及衝突的起因，以及促使這種衝突演變為暴力的條件。茲將此三項概念分述如下：㊺

㈠社會聯繫(Societal bonds)：社會聯繫係指社會凝結或整合的程度而言，亦就是社會團結的程度。社會學者認為聯結個人與團體間的複雜網絡可分為三種：第一種是社會成員所信守的價值觀念；第二種是經濟交易；第三種是指社會上權威具有之控制能力。以上三者，若社會基本價值觀念一致、經濟交易頻繁、社會權威具有強大的控制能力，則該社會團體間愈少有暴力衝突的可能，反之則極易發生暴力事件。

㈡社會結構：社會學者認為每一社會均可視為一套分配制度——如經濟資產、個人所得、教育機會、聲望、權勢等等的分配，不過，他們著重的分配問題，並非就個人而言，而係指社會上各不同的集團。本來社會價值分配不均，本身不致造成暴力，因為社會上多數人都安於本份，但一旦某一團體（或某一階層、種族、年齡人口）體認到本身受剝削的地位，起而反抗，則集團間的緊張及衝突氣氛必定日益升高。有關方面若能及時進行重新分配，或者制定若干促進分配均勻的計劃，那麼這種緊張與衝突的情勢將不致演變為暴力；若社會結構嚴苛，難以重行分配，則緊張及衝突必將益形激烈，終必演為暴力。

㈢社會過程：每一社會均擁有一套程序及過程，其功能在於維持社會聯繫和社會結構，以適應其成員關係的變遷，此種調適過程的彈性不一，彈性的強弱將影響社會之暴力程度。換言之，即社會過程若有效能，可使社會結構、社會聯繫與成員的希望配合，社會暴力必然減少；若社會過程無效能，則可能使成員的願望與社會所能提供者之間鴻溝加大，這種情況下，社會暴力必然增加。

以上三個概念中，社會聯繫的概念最適合用來分析社會暴力產生的背景，因為它明示了三個分析的指標，即：社會成員共同信守的價值觀念、經濟交易和社會權威具有之控制能力。我們知道，清代噶瑪蘭的墾殖始於嘉慶元年（一七九六）吳沙率漳、泉、粵三籍移民拓墾頭圍，從此墾務大興，而清室則遲至嘉慶十五年（一八一〇）才將噶瑪蘭收入版圖，嘉慶十七年（一八一二）正式設治，從此布敷文教，社會上移墾的色彩緩慢地消失，然清代噶瑪蘭真正由移墾社會轉型為正常化的社會，則是咸同時期以後的事。移墾社會的特質是具有強烈的分割性，社會凝聚力很低，同時由於重利風氣盛行，教育和文化等較高層次的文事活動不被重視，導致促使社會成員具有共同價值觀念的社會條件——如家庭、學校、遊伴團體或宗教，未能發揮其功能。其次，移墾社會通常屬於農墾經濟型態，清代噶瑪蘭的經濟活動是以稻米生產為主的傳統經濟，雖然稻米生產對於當地居民而言，已不是自給自足的生計農業，而是市場交易的經濟作物。然這種交易是透過墾戶或商人的對外活動，區內的農村仍是自給自足，人們因需要而發生聯繫的情形並不普遍。按照社會聯繫的概念，交易愈頻繁，發生聯繫之人和集團愈多，而愈少有暴力衝突的可能，清代噶瑪蘭的移墾社會，由於互相交易的依賴性不高，各個團體因互動而彼此溝通瞭解，進而產生共同看法和關係的機會不多，所

㊺ Amitai Etzioni原著，郭振羽等譯：暴力，收入當代社會問題，台北國立編譯館出版，黎明文化公司印行，民國六十七年三月出版，頁四三三至四四二。

以遇有衝突，自然而然訴諸暴力。最後，關於社會上權威具有之控制力強弱的問題，從噶瑪蘭開發的歷史得知，從開闢之初到設官治理，歷時約十七年；從設官治理到制度底定，歷時約十二年。換句話說，從開闢到定制經歷了將近三十年的時間，在這段時間內，不僅官府的力量薄弱，且民間和官府的態度亦有衝突，以開發為例，清吏托詞是界外番地，恐啟番衅，而禁止移民往墾；民間則不顧官府禁令，積極開墾，所以噶瑪蘭的土地開墾係採武裝開墾的結首制，三籍墾民在無政府的狀態下，面對番族，除了必須以武力向其佔土奪地之外，同時要雇募鄉勇，組織自衛力量以求自保。移民每在攻佔一地後，即建築土圍或竹圍居住，此即頭圍、二圍……五圍名稱之由來，在圍之下，復設置結，結是移民的組織單位，每結大約由三十至五十個佃人所組成，負責人為結首，是武裝與農墾的領袖，實際負責該地區的治安與公共事務。結首在地方的影響力，即使在設官治理後，仍舊非常強大。[46]由此可知，清代噶瑪蘭社會控制能力係落實在農墾領袖及街莊頭人，官府的力量有限，缺乏監督能力和仲裁功能，使民間團體傾向採取暴力手段。

清代噶瑪蘭的社會整合程度不夠，是械鬥暴力頻繁的潛在因素，至於其顯明因素則是噶瑪蘭具有衍生暴力的社會結構，詳言之，即人口結構和社會價值分配不均。以人口結構而言，噶瑪蘭的開發，雖然號稱漳、泉、粵「三籍合墾」，然事實上三籍的比例非常不平均，這種不平均的情況，可以從嘉慶十五年（一八一〇）噶瑪蘭收入版圖時的人口多寡，窺見一斑；據知府楊廷理的勘查，當時漳人有四萬二千五百餘丁，泉人二百五十餘丁，粵人一百四十餘丁，幾不成比例。由於人口結構不均，導致土地的分配，懸殊亦大。楊廷理指出：「然吳沙係漳人，名為三籍合墾，其實漳人十居其九，泉粵不過合居其一。所開溪北田畝，領單時，漳已得十分之九，泉粵合得不過一分。」[47]這種社會價值分配的不平均，經特殊開墾型態的推波助瀾後，情況更為嚴重；清代噶瑪蘭的開發係採取同籍聚居而墾的型態，所以大多數的村莊都是由同祖籍的人所構成，地緣意識特別濃厚，即使在噶瑪蘭收入版圖後，官府分地召墾，亦採取漳、泉、粵分區開墾的方式，街莊自治組織的領導人物亦以籍貫為區別，如漳籍總理、泉籍總理等。社會價值分配不均，原本不致造成暴力，但是等到一群人集體地體認到本身利益受到剝奪時，群眾憤慨的情緒連鎖傳染，暴力反抗就有可能了。

我們來檢視噶瑪蘭的械鬥史實，即可印證此點理論。噶瑪蘭第一次分類械鬥發生於嘉慶四、五年（一七九九、八〇〇）間，導火線係粵人向泉人爭地，姚瑩在「噶瑪蘭原始」中記曰：「是時漳人益眾，分地得頭圍至四圍辛仔羅罕溪；泉籍初不及二百人，僅分以二圍菜園地，人一丈二尺；粵人有未分地，民壯工食，仰給於漳。四、五年間，粵與泉人鬥，泉人殺傷重，將棄地走，漳人留之，更分以柴圍之三十九結、奇立丹兩處，人四分三釐。化及三人者，戒約其眾毋更進，亦相安矣。」[48]當時，漳人勢力最大，土地最多；而粵人則無土地，

[46] 台灣知府方傳穟曾建議利用噶瑪蘭「分結開墾」所形成之頭人結首擔任保正甲長，免其一切差徭，責成約束村莊。見姚瑩：籌議噶瑪蘭定制，中復堂全集東槎紀略，頁二五〇九。

[47] 楊廷理：議開台灣後山噶瑪蘭即蛤仔難節略，陳淑均：前引書，頁三六六。

[48] 姚瑩：噶瑪蘭原始，中復堂全集東槎紀略，頁二五三六。

充當漳人所雇充之民壯，所以粵人無法與漳人爭地，只好轉向人單勢薄的泉人爭奪二圍的菜園地。泉人不敵，只有棄地他走，幸經當時移民領袖漳人吳化等挽留，再行分地，並且相互戒約，事件乃平。但是過了六年之後，由於移民人口急速增加的壓力，[49]噶瑪蘭又爆發了三次分類械鬥，這三次械鬥都是泉人聯合粵人、番族與漳人互鬥，肇因皆是為了爭地。茲將三次漳泉分類械鬥的資料抄引如下：「（嘉慶）十一年，泉籍人眾，聞風分類，佔領溪洲。事定後，泉粵二籍，均畏漳籍恃眾強悍，將前分溪北埔地，悉行頂賣，泉餘大三鬮、渡船頭二處，粵則無餘。惟時泉粵田埔，被漳佔據者，聞亦不少，但並無確據。」[50]「（嘉慶）十一年，山前漳泉械鬥，有泉人走入蛤仔難者，泉人納之，亦與漳人鬥，阿里史諸番及粵人、本地土番皆附之，合攻漳人，不勝。泉所分之地，盡為漳有，僅存溪洲，鬥一年始息，阿里史諸社乃自開羅東居之，潘賢文為之長。」[51]「（嘉慶）十四年，漳泉又鬥，漳人林標、黃添、李觀興各領壯丁百人，吳全、李佑前導之，夜由叭哩沙喃潛出羅東後，逕攻之。阿里史眾驚潰走，入土番社內，漳人遂有羅東。已復和，泉人乃自溪洲沿海開地至大湖，粵人乃至東勢開冬瓜山一帶。」[52]分析以上資料可知漳人因人多勢眾，所以在械鬥中屢有斬獲，土地不斷增加。泉人屈居下風，土地不斷喪失；在嘉慶七年（一八〇二）九旗首進攻五圍時，泉人所得的土地有四鬮一、四鬮二、四鬮三、渡船頭等地，但經過械鬥後，或被強買或被搶奪，僅存溪洲一地。粵人因幫助泉人鬥漳人，結果其溪北土地全被漳人佔據，粵人只好到溪南冬瓜山一帶定居。土番、流番受泉人的拉攏，聯合與漳人相抗，失敗後土地被奪，日益困窘。總而言之，即在社會價值（土地）分配不均的情形下，漳人仗著人多勢眾，佔著優勢，泉人、粵人、土番、流番等自覺本身利益受到剝奪，乃起而反抗，但由於雙方力量懸殊，到了道光年間，泉粵徹底屈服，噶瑪蘭遂無漳泉分類。當時台灣知府方傳穟曾記曰：「卑府細加諮詢，泉粵自以人少，皆與漳民和睦，並無爭競之志。」[53]

然而漳泉和睦，並不代表噶瑪蘭社會暴力已經消聲斂跡。道光以後，噶瑪蘭仍舊發生一連串的暴力衝突，在政治暴力方面，有林泳春事變（道光三年）、吳磋、林汶英事變（咸豐三年）的爆發，其經過已如前述。在社會暴力方面，有道光六年（一八二六）的粵人吳集光、吳烏毛焚掠閩莊事件、道光十年（一八三〇）的和興、福興挑夫械鬥事件、同治年間的陳林李三姓分類械鬥事件及光緒年間的西皮、福祿分類械鬥事件。以上這些社會暴力事件的發生，導因細微，已非用社會結構的角度所能解釋，所以只有從社會過程來加以探討。如前所述，社會聯繫的力量和社會結構的「傾向」足以影響暴力的程度，而每個社會都擁有一套維持社會聯繫和社會結構以適應其成員關係的變遷過程。清代噶瑪蘭社會的變遷過程中，很

㊾ 嘉慶元年吳沙率眾入墾時約一千二百人，嘉慶八年時曾至二萬餘人，嘉慶十五年收入版圖時共有四萬八千四百三十人。移民人口增加迅速。

㊿ 同㊼，頁三六七。

(51) 同㊽，頁二五三七。

(52) 同前註，頁二五三七至二五三八。

(53) 同㊻，頁二五一三。

明顯地有兩個特點：第一，道光時期以後，閩粵漳泉的分類衝突表面上已因粵人、泉人的屈服而整合，然而事實上卻隨著溪北、溪南地理的隔閡和豪強型、士紳型領導人物的矛盾，而有新的發展。第二，由於移墾社會的暴力傳統和官府權威的薄弱，噶瑪蘭的人民已養成對暴力的喜好與合理化，換句話說，噶瑪蘭的社會已有贊許暴力的偏差副文化存在。這些情形，我們可以在道光以後的社會暴力事件得到印證。

道光六年（一八二六）的粵人吳集光、吳烏毛焚掠閩莊事件，與其說是閩粵分類械鬥，倒不如說是盜匪事件。此一事件的經過是這樣的：是年五月，冬瓜山粵莊民眾以吳集光、吳烏毛為首，糾眾數千人（內或包括閩籍遊民），配備當時最犀利的武器——火槍，向附近的閩莊展開攻擊，搶劫焚屋，整個噶瑪蘭因而鼎沸，後經通判烏竹芳率廳役、義勇、官兵圍剿，及閩莊義兵的夾攻，粵人才氣餒解散。[54] 道光十年（一八三〇）的挑夫械鬥是屬於一種職業團體營業上的對抗。挑夫又稱腳夫，係以替人挑抬貨物賺取工資為業者。道光年間，噶瑪蘭的重要夫行有「和興」、「福興」兩家。和興的老闆為林瓶，下面有兩個夫頭陳儭、賴成；福興的老闆為林儱，下面亦有兩個夫頭吳小棕、林面總。由於噶瑪蘭城並非大埠，搬運的生意非常有限，因此兩家夫行競爭得很厲害，由於競爭激烈，加上充任挑夫者大都是無家無業，又有幾斤蠻力的無賴之徒，原本好勇鬥狠，故隨時都有爆發衝突的可能。而此一事件的導火線是兩家夫行爭抬一新開瓦店的貨物，後雖經噶瑪蘭廳通判薩廉裁決兩家夫行輪挑，並抽籤由福興先挑，但和興藉故挑釁，雙方因而糾眾互毆，焚屋傷人，械鬥結果福興大敗，然已驚動官府，後由艋舺營署任參將周承恩率兵二百會同駐軍圍剿，於捕獲禍首林瓶、林儭後結束此案。[55]至於同治年間的陳林李三姓分類械鬥，則導因於賭博結怨，其經過「宜蘭縣志」記曰：「同治間，陳林李三姓發生爭鬥，緣羅東冬山林李兩姓，因賭博起糾紛，陳姓居間調解，林姓不允，遂致陳李兩姓聯合，對抗林姓。於是林姓推林玉堂為首，而李姓推李進時為首，陳姓推陳辛為首，各族糾眾，互相抗爭，暴徒遊手，參雜其中，械鬥益形擴大，其禍不僅限於羅東一域，即蘭陽全境，亦受影響，氣勢洶洶，靡有底止，當時政府不得已派兵鎮壓，拘捕要犯懲辦，後世所謂『三字姓叛』者，蓋指此事也。」[56]這是噶瑪蘭惟一留下紀錄的異姓分類械鬥，惜語焉不詳，無法洞其來龍去脈。

清代噶瑪蘭的分類械鬥中，時間最久，牽連最廣，情況最為特殊的是樂派西皮、福祿的對抗。民眾因練習音樂而競爭，最後竟導致爭鬥殺戮，實在是匪夷所思。西皮、福祿的名稱是源於樂器；西皮的主要樂器是桂竹筒做的胡琴，俗稱「吊規仔」；福祿的主要樂器是椰子殼做的胡琴，俗稱「提絃」。據說「吊規仔」之桂竹筒包以蛇皮，音同西皮；「提絃」之椰子殼形似葫蘆，音同福祿，兩者因而得名。[57]至於西皮、福祿分類的原因，有兩種不同的說

---

[54] 李彥彬：海隅里謠記，柯培元：噶瑪蘭志略，台銀文叢第九二種，民國五十年一月出版，頁二〇二。

[55] 陳淑均：前引書，卷四下，武備，武功，頁一八五至一八六。

[56] 宜蘭縣志，宜蘭縣文獻委員會，民國五十九年十二月出版，頁三三至三四。

[57] 宜蘭縣調查：西皮福祿の歷史的調查，台灣慣習紀事第三卷第一號，頁一二。

法。「宜蘭縣志」記曰：「初有琴師林文登，於道光間自頂溪來宜蘭設樂館，傳授樂技，其後分為兩派，一用提絃者，奉祀西秦王爺為主神，稱福祿派；一用胡琴者，奉祀由都元帥為主神，稱西皮派，兩派互相嫉視，由唾罵以致動武，積不相罷。」㊽日人調查記曰：「至咸豐年間，本城堡有蘇譜、簡文登者等各熟達音樂，因各自設館、集合門徒，疏彼善此，終於分曲異類，此就是西皮、福祿之嚆矢。」㊾西皮、福祿對抗初期，西皮派多在沿海一帶，人多而富，福祿則據山區，人少而貧，所以當時的俗諺：「西皮依官，福祿逃入山」，所指的就是西皮、福祿早期對立的趨勢。㊿同治中葉以後，福祿派的聲勢漸大，原因與其領袖陳輝煌的發達有關；陳輝煌係當時羅東及叭哩沙喃近山地帶的魁首。西皮派則以舉人黃纘緒為首領，雙方勢均力敵，互不相讓，爭鬥甚為激烈，直到同治末年，陳輝煌被提督羅大春徵調開築蘇花道路後，兩派的對抗才稍見緩和。光緒初年，有遊手好閒之徒學習音樂而無成就，但誇其血氣之小勇，藉西皮、福祿之名，橫行鄉里，結黨相鬥。從此以後，頭圍、本城、羅東各地鬥殺相繼，官府雖捕其一、二人處以死刑或重罰，但隨制隨起，官府窮於應付，遂無可奈何，兩派仇恨愈深，械鬥愈烈，到最後已非僅民間的械鬥，就是官衙中的紳士、地方上的頭人亦行加入，各有勢力，不懼法律與捕吏。光緒十六、七年（一八九〇、九一），板橋富豪林本源的館事陳丹書、何國等，自掏腰包設宴款待西皮、福祿兩派的首領，乘機說明利害關係及「四海之內皆兄弟」的道理，「諄諄戒諭其爭無益，自此兩黨之宿怨稍解，舊恨消除，無賴之徒，化為百工。」51日據以後，日人對獅館、學館嚴加禁止，但對子弟館（即西皮、福祿樂團）卻予獎勵，52於是如風助火威，遂成燎原之勢。日人調查云：「今（大正時代）尚有無賴之徒，動不動就各自主倡是西皮黨或福祿黨，大有犬猿不和之狀態。」(63)這「犬猿不和」的情形，一直延續到台灣光復後才冰消雪融，如今已無西皮、福祿之名，而代之以某社、某堂、某軒而稱呼，純粹為迎神賽會之奏樂，而無操戈打鬥之惡習。

道光以後噶瑪蘭之分類械鬥已如上述。從連綿不絕的械鬥事件中可證明社會上存在著贊許暴力的副文化，上從士紳頭人，下至平民無賴，都捲入了暴力對抗之中，官府則無可奈何。此外，在社會變遷過程中，噶瑪蘭由移墾社會轉型為正常化社會，其間有部份成員適應困難，成為無業遊民，助長了社會的暴力傾向。陳淑均在記述挑夫械鬥事件時曾指出：「兩夫（和興、福興）自嘉興年初，望風招墾，入蘭為役，本皆赤手無賴之徒。迨設官後，良則散為農甿；而莠則流為工腳，填街塞市，爭運貨物，動以血氣相逞。」(64)這段話就是最佳的證明。後來西皮、福祿的對抗時，及至社會上的「無賴之徒，化為百工」後，械鬥也就漸漸

---

(58) 同(56)，頁三三。

(59) 同(57)。

(60) 邱坤良：民間戲曲散記，台北時報文化出版事業公司，民國六十八年九月初版，頁一五七。

(61) 同(57)，頁一〇至一五。

(62) 李清蓮：宜蘭之西皮、福祿百年考，蘭陽第八期，民國六十五年十二月出版，頁一〇八。

(63) 同(57)，頁一一。

(64) 同(55)，頁一八五。

停息了。

四、結論

以暴力解決衝突並非清代台灣社會獨有的方式，以政治暴力而言，民變在中國史書上屢見不鮮；以社會暴力而言，分類械鬥在閩、粵兩省層出不窮。雍正時，皇帝還特別頒諭勸止，諭曰：「朕聞閩省漳泉地方，民俗強悍，好勇鬥狠，而族大丁繁之家，往往恃其人力眾盛，欺壓卑寒，偶因雀角小故，動輒糾黨械鬥，釀成大案。及至官司捕治又復逃匿抗拒，目無國憲。……況閩省文風頗優，武途更盛，而漳泉二府人才，又在他郡之上，歷來為國家宣猷效力者實不乏人，獨有風俗強悍一節，為天下所共知，亦天下所共鄙，何不幡然醒悟，共相勉勵，而成禮義仁讓之鄉乎？」[65]由此諭亦可獲知，官方對內地和台灣的械鬥暴力處理的態度大不相同，在台灣，除了民變因其直接威脅清吏統治地位而必須予以敉平外，對於分類械鬥則採默然放任的態度，表面上官府雖懸有一紙禁令，但卻沒有採取過積極干預的行動措施，任憑人民自鬥自弭，自生自滅。事實上，在械鬥醞釀之初，官方應及早查覺並予勸止，若其不聽勸息，則給予嚴厲的制裁和彈壓，即所謂的「一有萌蘗，即芟夷之」，械鬥自然不至於發生擴大。但是通常清吏既未能查覺械鬥於未起之先，復姑息養奸於既起之後，致使人民輕藐刑章，無視官吏，造成械鬥事件層出不窮。然而械鬥究竟有何弊害？簡言之，即是使人民元氣剝削殆盡，破壞團結，擾亂治安，「干戈之禍愈烈，村市多成邱墟。」[66]人民並非不知如此惡果，但只因舊恨未忘，再加新仇，陷溺愈深，無法自拔。

研究台灣史的學者在很早以前就已注意到民變和分類械鬥在台灣發展過程中的殊異性，而加以全面性的探討，並且已有專書或論文的出版，為後學者奠定了基礎。本文即藉著這個基礎，掌試引用當今政治學和社會學中的暴力理論，以噶瑪蘭地區為例，予以詮釋，用以反映整個清代台灣社會暴力衝突的誘因，進一步瞭解清代台灣地方行政、經濟、社會等層面的實際情形。

---

65 泉州府志，卷二〇，風俗，頁二四至二六，民國五十三年十月中西文化服務中心影印本。

66 鄭用錫：勸和論，北郭園詩鈔附錄一，台銀文叢第四一種，民國四十八年五月出版，頁八四。

清代台灣農村埤圳制度

一、前言

灌溉水利事業，台灣的方言稱為「埤圳」事業。埤是貯水池，圳是水路，埤圳是灌溉用營造物的總稱。

研究台灣土地開拓史的學者，往往把水利開發稱作台灣農業史上的第一次革命。❶探究此種說法的成因，乃在於埤圳等水利設施開發後，促使水稻耕作普及，不僅對農業經濟有莫大的影響，就是對於社會的結構亦引起變動。因而無論就經濟史角度加以觀察，或就社會史角度加以探討，埤圳開發與水利支配在台灣開拓過程中均扮演著重要角色。

就經濟史角度而言，埤圳開鑿最直接的影響是稻作的普及；稻米的產量增加，養活更多的人口；同時亦因農產的增加，與大陸米穀的貿易隨之頻繁。在生產方式上，由於水源固定，耕作由粗放制轉變為集約制，土地價值因而提高，生產單位由社群降為家庭。生產方式的轉變，亦使土地制度發生變化；在埤圳水利未開發前，土地只能粗耕，效用小，所以佃戶

---

❶ Ramon H. Myers, "*Some Reflections on Taiwan Economic History,*" Paper presented at the conference on Chinese History: the province of Taiwan. Asilomar, California, Sevt. pp.24-29, 1972.

向官府請墾的土地較為廣闊，等到水利開發後，在集約耕作下，土地利用的價值增高，再加上生產單位人數減少，領有數甲以上的田地者，顯然非一家之力所能耕作，於是將多餘的田地佃耕他人，所以大佃戶就變成了小租戶，現耕佃人必須繳納水租穀給小租戶，在農民和官府之間產生了新興的小地主階層。在租稅關係上，由原先的官府——墾首——佃戶三級制轉變為官府——大租戶——小租戶——現耕佃戶四級制，部份在埤圳修築後承墾的佃戶，則必須同時向墾首繳納大租與小租。至於租額方面，亦因土地使用固定化和產量增加，由「抽的」活租變成「結定」的死租。

就社會史角度而言，水利支配和自治精神的訓練關係密切，日人早有指出。❷水利開發和埤圳修築一方面加速社會結構的變遷，一方面也在日趨複雜的社會關係中形成新的秩序。在社會領導階層方面，水利開發後，投資興建埤圳的資本家變成了圳戶，灌溉區內的佃人必須向其繳納水租穀，圳戶取代墾首的部份地位；同時為了維護埤圳的安全，復有圳長埤長的設置，以管理埤圳，由於水是稻作農民的生命線，因此圳長埤長的權力甚大，對引用該埤圳的居民富有影響力。圳戶和埤、圳長成為因水利而產生的社會新興領導階層。在社會組織方面，由於埤圳的灌溉，同一埤圳的居民漸漸形成水源地緣的關係，❸這種水源地緣關係，可以強化祖籍地緣，亦可打破祖籍地緣意識，把不同祖籍的居民團結起來。又因稻作與水的關係密切，農民對水量的分配非常敏感，極易引起糾紛，所謂「連塍爭水」，即是分類械鬥的導因之一。更重要的是水利開發所造成的社會階層化，大佃戶因水稻耕作需要集約的勞力投入，使得他無法兼顧所有的土地，因此必須佃出一部份耕地給其他佃人耕作才划算。簡言之，即水稻耕作的普及使得農村邁向小農經營制為基礎的型態，使佃戶層分化。同時由於水稻耕作可以隨著勞役投入的增加，而使其單位面積的產量不斷提高，因此更多的人口投入水稻耕作，間接解決人口增加的社會問題。在宗教信仰方面，祭祀圈和水利灌溉區合而為一，庄廟成為農民共同的社會生活的中心，共同的信仰和經濟上的利害攸關促使村民充分的整合(integration)，而形成一個高度團結的自治體。

事實上，稻作農業和水利關係密切，早已為學者所注意；而水利之系統、管理和改善都可以影響一個社會的政治、經濟和文化，亦為學者所承認。近人謝繼昌在從事台灣農村「水利和社會文化之適應」的研究時，曾赴南投縣埔里鎮籃城村從事調查，他在調查的結論中指出：「水在籃城村的歷史發展中曾是一種稀有資源。由於它之為人們生活所必須，所以它也是一種重要資源。稀有而重要之資源會導致競爭。此競爭在一『生態指涉架構』(the ecological frame of reference)內常是一些組織產生的必要條件。籃城村的一些宗教組織和村落活動的產生即由於水資源的競爭，說清楚一點，是和其他聚落之人競爭水資源的結果。」❹

---

❷ 木原圓次：水利と自治，台灣水利第二卷第三期，昭和七年五月出版，頁二五二至二五四。

❸ 王崧興：濁大流域民族學研究，中央研究院民族學研究所集刊第三六期，民國六十二年出版，頁五。

❹ 謝繼昌：水利和社會文化之適應——籃城村的例子，中央研究院民族學研究所集刊第三六期，民國六十二年出版，頁七五至七六。

從以上的引述可知，即使到現代，水資源在籃城村的生態環境中仍扮演重要的角色，它與農民的生計和生存息息相關。籃城村雖僅是南投埔里盆地的一個村莊，然亦可視為台灣古來今往眾多農村的縮影。埤圳水利影響於台灣農村，由此可窺見一斑。

然而，在探討台灣埤圳水利事業的發展史中，由於日據時代日本政府資本主義式的投資和管理，使清代台灣埤圳的開發相形失色，致其奠基的成就湮而不彰。這種論調可以「日據時代台灣米穀經濟論」的作者川野重任為代表。他說：「在灌溉排水事業的發展上，應特別記述的是日本政府的支配力量，積極地或消極地發揮極為強大的作用。……除了雨期的灌溉問題外，還要解決乾燥期的給水問題，因此，以雨期的水來解決後一問題所需要的技術體系，必然採取或大或小的水庫、貯水池等引水灌溉型態的灌溉設施。而這在水利工事上，需要高度的技術與巨額的資本。這到底不是台灣本地農民之技術以及經濟能力所能負擔，而須以總督府所表現的日本資本主義的技術及資本始有完成的可能。在這方面日本政府對於台灣水利事業奠定了強力支配的基礎。」[5]日本領台後，對於埤圳的興建和管理誠有貢獻，前者如嘉南大圳、桃園大圳的開鑿，後者如「公共埤圳規則」、「台灣水利合作社令」的頒訂。然而在此之前，清代台灣漢人胼手胝足的興築埤圳、開發水利的成就，亦不容抹殺。

因此，本文撰寫之目的，即在透過目前所存有的文獻、古契、碑刻等，對清代台灣埤圳發展作一歷史性的考察，同時對埤圳之開鑿、管理、所有權變更及水利糾紛等問題作一系統整理。其重點則著眼於埤圳制度對政治、社會結構的影響，以期對水利系統在台灣開發史上的重要性和影響性再作佐證。

二、埤圳發展的歷史考察

台灣埤圳的發達，其來有自，主要是導因於氣候和地形的殊異性。就氣候而言，由於北回歸線自嘉義橫斷過去，所以台灣是橫跨溫、熱兩帶，熱帶氣候的特徵之一即降雨量在季節分布上有顯著的差異，因此在台灣中南部冬季為乾期、夏季為雨期的區別頗為明顯，這種偏向於不均衡的乾濕兩極的降雨量分配，對於農作物的生長過程影響甚大，假使任憑自然的安排，則播種、插秧等所有的耕作過程，都必須等待降雨的來臨；如果降雨稍遲，或者雨量不多，種植就會延遲，或者陷於完全不能種植的狀態。就地形而言，台灣本島因有脊樑山脈橫互南北，河川短促，雨期常有暴風豪雨，雨水自高山急傾斜地奔流而下，造成洪水氾濫，田園遭受流失埋沒，瞬間化為荒野；乾期則水源缺乏涵養，河川頓成沙河。由於雨量的不平均和河川的落差大，以河川直接灌溉形式的水利非常有限，因此必須從事埤圳等引水灌溉型態的水利設施的建設。

回顧台灣的開發過程，土地的利用有田園之別。開墾初期，埤圳水利未修，移民把土地墾成，採行粗放農耕，種植地瓜、豆子，或其他雜糧作物，此種土地稱之為「園」；等到埤圳鑿成，水利設施普及，採取以稻作為主的深耕細作的土地則稱之為「田」。田園之外，尚

❺ 川野重任著，林英彥譯：日據時代台灣米穀經濟論，台灣銀行台灣研究叢刊第一〇二種，民國五十八年十二月出版，頁一八。

有一種特殊的稻作型態，即所謂的「看天田」。日人澁谷紀三郎曾加以解釋：「所謂看天田是指在台灣利用雨期的雨水一年只種植一次水稻的水田而言。……看天田的利用，在台灣南部，從來是於六月至十月的雨期，以所得灌溉水勉強種植一次水稻，水稻收穫後，土壤乾燥，犁起困難，無法再耕種利用。如果降雨量不多，則連一年種植一次的水稻亦全無收穫。」❻耕作看天田的農民，必須利用天然池沼築堤蓄水，或在高地挖掘水塘儲水，用以備旱。看天田由於水源的不固定，對稻作的生產極為不利；而園則僅能生產經濟價值較低的作物，皆不如水田稻作，因此自古以來，台灣農民為提高單位面積之產量，並保持每季有穩定之收成，往往把埤圳水利設施視為土地拓墾之一部份，直至建立起完善的灌溉系統時，土地的拓墾方被視為大功告成。

隨著土地的開墾，埤圳設施由點而面地發展；其開始之年代則可遠溯荷蘭時期。荷蘭人在明代天啟年間佔據台灣，因經營商業並不十分順利，乃以開發爪哇及荷印若干地方之方法，招募漢人從事墾殖生產，以抽其利，進而經營台灣，因此獎勵漢人大量來台，截至荷人佔據末期，漢人已有二萬五千餘戶，土地開發至明永曆十三年（一六五九），稻田已達六千五百一十六morgen，蔗田有一千八百三十七morgen，其他田地共計約五千morgen。❼由此可推知，當時水利設施應有相當規模，但綜合舊志所載，卻只有「參若陂」及「荷蘭陂」二處，以及水井八口而已。❽明永曆十五年（一六六一）明鄭復台，為供應數十萬軍公人員及眷屬之糧食，農墾更為積極，截至明鄭末期、台灣歸清之初，清查田園舊額，全台共有農耕土地一萬八千四百五十三甲餘；內水田七千五百三十四甲餘，園一萬零九百一十九甲餘。❾

由此可知，當時水利設施之配合，當不在少數。惟遺留至清初之陂潭而尚可考者，總數只有二十處，蓋因台灣屢有水患，河川劇變，埤圳築後不久即堙廢者，當亦不少。到了清代，移民日多，土地日闢，凡二百一十三年間，水田增至二十萬公頃左右，其中有埤圳灌溉及排水系統者達十萬七千七百一十公頃，此皆為人民防災興利，慘澹經營之結果。❿

清代台灣的水利設施，主要為灌溉用的埤圳。關於埤圳之定義，「噶瑪蘭廳志」記曰：「台郡凡水所都處，不論圓池、方沼，概名之曰埤，埤即陂之音訛也。……此二水皆繞過城濠，故閤屬資以灌田，其因利以鑿者曰圳，圳即溝洫之遺意也。」⓫「諸羅縣志」記曰：

---

❻ 澁谷紀三郎：看天田的性質及其需要深耕改良的基礎觀念，台灣農事報，一九三四年十一月出版，頁二至一一。

❼ 所謂morgen，意即一農夫在一日中所能耕作之面積，係中世紀歐洲標準，相當於八百至一千平方公尺之土地。參看中村孝志：荷領時代之台灣農業及獎勵。引自台灣省通志卷四經濟志水利篇，頁三。

❽ 見高拱乾：台灣府志；陳文達：台灣縣志。八井即荷蘭井、大井、烏鬼井、馬兵營井、紅毛井三座、龍目井。

❾ 高拱乾：台灣府志，台銀文叢（台灣銀行經濟研究室編台灣文獻叢刊簡稱）第六五種，民國四十九年二月出版，頁一一五。

❿ 台灣省通志卷四經濟志水利篇，頁七。

⓫ 陳淑均：噶瑪蘭廳志，台銀文叢第一六〇種，民國五十二年三月出版，頁四一。

「凡築瀦水灌田謂之陂。或決山泉，或導溪流，遠者數十里，近亦數里，不用築堤，疏鑿溪泉，引水灌田，謂之圳。」[12]「彰化縣志」記曰：「因溪水山泉，勢欲就下，築為堤防，橫截其流，瀦使高漲，乃開圳於側，導水灌田，即古堤防遺法也。圳者何？相度地勢高處，導水引入山溝，用資灌溉，亦古溝洫遺法也。」[13]由以上引文可知，堵水灌溉謂之陂，即台語所謂之埤；引水灌溉謂之圳；埤通常為圳水之源頭。此外湖潭等名稱雖與埤相異，但其作用相似，皆為儲水以備灌溉之所。日人佐倉孫三曾在其所撰之「台風雜記」中描述水圳曰：「水圳者，猶我『水利組合』也。余曾遊景尾街觀之，十數町之間，以厚板搆之，以木石支持之，蜿蜒如長蛇；清泉滾滾流其中，隨宜而分派之，供灌溉。以設課稅之法，有總管、有代辦，秩然不相侵，利害休戚必共之。」[14]此雖係日據時代之實景，然亦可供參考也。

清代埤圳水利設施之開鑿，與荷蘭、明鄭時期有所不同，即前者多民營而後者多官營。此與清代統治台灣的特性和時代環境有關。康熙二十二年（一六八三）清室平定台灣後，一因征台目的在於驅逐鄭氏勢力，二因治理尚未就緒，所以廷議一度欲棄台；幸施琅力主經營，始設官治。故清室之統治台灣，本意不在經世濟民，而僅消極的不使台灣落在反清者之手。加上台灣孤懸海外，地土未闢，清代官吏都視赴台為畏途，且清制台灣正印官有任期三年之限制，此本為報滿陞官以示鼓勵，但官吏因有不存久居之思，視台灣為傳舍，遇事推諉，苟且偷安。[15]因而台灣吏治敗壞，咸、同年間先後擔任台灣道、福建巡撫的徐宗幹，在與友人王素園的通信中，曾指出台灣的吏治為全中國之最壞。徐宗幹曰：「各省吏治之壞，至閩而極；閩中吏治之壞，至台灣而極。」[16]光緒年間擔任福建巡撫的丁日昌則認為台灣吏治黯無天日，官吏中百分之九十八以上皆屬腐吏貪官。丁日昌曰：「台灣吏治黯無天日，牧令能以撫字教養為心者，不過百分之一、二，其餘非性耽安逸，即剝削膏脂，百姓怨毒已深，無可控訴，往往鋌而走險，釀成大變者，台灣所以相傳『無十年不反』之說也。」⑰吏治敗壞若此，則痌瘝在抱，倡修水利、安撫群黎之官吏雖非沒有，然亦鳳毛麟角矣！

清代台灣官營埤圳之倡始甚晚，實效亦微。「台灣省通志」曾記載，台灣建省後，劉銘傳為發展農業，鑑於興築現代化之水利灌溉工程為刻不容緩之事，曾計劃於大嵙崁溪上游興建大規模之水利工程，聘外人技師進行測量，後因劉氏卸職，而告中止。⑱清代官營埤圳興

---

⑫ 周鍾瑄：諸羅縣志，台銀文叢第一四一種，民國五十一年十二月出版，頁三四。

⑬ 周璽：彰化縣志，台銀文叢第一五六種，民國五十一年十一月出版，頁五四至五五。

⑭ 佐倉孫三：台風雜記，台銀文叢第一〇七種，民國五十年五月出版，頁四八。

⑮ 郁永河：裨海紀遊，台銀文叢第四四種，民國四十八年四月出版，頁三七。云：今台郡百執事，朝廷以其海外勞吏，每三歲遷擢，政令被施，人心未洽，而轉盼易之，安必蕭規曹隨，後至者一守前人繩尺，不事更張為？況席不暇暖，視一官如傳舍，孰肯為遠效難稽之治乎。

⑯ 徐宗幹：答王素園同年書，治台必告錄，台北文海出版社，頁三四九。

⑰ 光緒二年十月十六日閩撫丁（日昌）奏革知縣並自請懲處片條，引自清季申報台灣紀事輯錄，台銀文叢第二四七種，民國五十七年八月出版，頁六四七。

⑱ 同⑩，頁四五至四六。

築之資料，散見於筆記方志者，僅有同治年間台灣道夏獻綸開築的直加弄水圳、光緒十九年恒春知縣陳文緯開築的網紗圳埤而已。另外，「鳳山縣志」曾記載：「將軍陂，在鳳山下莊，將軍施琅所築。」或謂此乃官營埤圳，實則為施琅就其個人的土地所築之水利設施，蓋施琅平台有功，清室酬勳，曾賜以大批土地，即所謂「勳業地」，將軍陂即此勳業地的水利建設，故屬私營範圍。[19]

清代台灣官吏中，倡修水利，勸民開鑿埤圳，而績效顯著，而為群黎感懷謳歌者有宋永清、周鍾瑄、曹謹等三人，茲分別記述之：

㈠宋永清　清康熙年間，鳳山縣興隆里城東關之良田數百甲係由蓮池潭引水灌溉，該潭由於歲久淤泥壅塞，民欲疏濬，乏資未成。康熙四十八年知縣宋永清隨台灣知府周元文出巡時睹狀，應請乃議修築。連雅堂之「台灣通史」記曰：「宋永清，山東萊陽人，以漢軍監生。康熙四十三年知鳳山縣事。為政清肅，新學宮，建衙署，創義塾，百廢俱舉。邑治東門外有良田數百甲，歲苦旱，永清發倉穀千石貸民，築堤於蓮花潭，長千三百有餘丈，以資灌溉，歲乃豐。」[20]鄭應球撰「重濬蓮池潭碑」亦記曰：「所費不貲，侯慨然出粟千二百貸民，鳩工興築，填岸鑿渠。淤之者濬之，塞之者通之，計長三百丈，費金四百有奇，而蓮池潭之利遍興隆莊，康熙四十九年告成，父老子弟群相感嘆曰：『今後日暮耰鋤，樂倉箱之慶者，皆群憲邑侯之賜。』」[21]

㈡周鍾瑄　康熙三十年（一六九一）以後，由於內地人口壓力，海禁漸鬆，渡台之人日多，土地之開拓由南往北移，埤圳之鑿築亦隨之北上。康熙五十三年（一七一四），原任福建邵武知縣的周鍾瑄，調補台灣府諸羅知縣，捐俸、捐穀助建埤圳，倡導甚力。謝金鑾之「續修台灣縣志」記曰：「初鍾瑄以丙子舉人，補邵武令，旋改諸羅令。諸羅新闢，土曠人稀，多遺利，鍾瑄為相隰原，規蓄洩，數百里中，陂圳水利，皆其所經畫，諸羅民以富庶。」[22]「台灣通史」亦記曰：「周鍾瑄，子宣子，貴州貴筑人。康熙三十五年，舉於鄉。五十三年，知諸羅縣事。性慈惠，為治識大體，時縣治新闢，土曠人稀，遺利尚巨，乃留心咨訪，勸民鑿圳，捐俸助之，凡數百里溝洫，皆其所經畫，農功以興。」[23]綜合「諸羅縣志」所載，周鍾瑄任內助築埤圳詳如下表：

---

⑲ 周憲文：清代台灣經濟史，台灣研究叢刊第四五種，民國四十六年三月出版，頁二七。

⑳ 連雅堂：台灣通史，台北眾文圖書公司，民國六十八年五月再版，頁一〇四四。

㉑ 鄭應球：重濬蓮池潭碑，轉引自台灣省通志，卷四經濟志綜說篇，頁四五。

㉒ 謝金鑾：續修台灣縣志，台銀文叢第一四〇種，民國五十一年六月出版，頁一〇五至一〇六。

㉓ 同⑳，頁一〇四四。

年代	埤圳	助修情形
康熙五十三年	鹿場陂	捐穀五十石，助民合築。
	水漆林陂	捐銀一十兩，助赤山莊民合築。
	塗庫陂	捐穀八十石，助赤山莊民合築。
	赤山陂	捐穀八十石，助赤山莊民合築。
	洋仔莊陂	捐穀四十石，助茅港尾莊民重修。
	烏山頭陂	捐穀一百石，助龍船窩等莊民合築。
	糠榔莊陂	捐穀五十石，助莊民合築。
	中坑仔陂	捐穀四十石，助莊民合築。
康熙五十四年	諸羅山大陂	捐穀一百石，另發倉粟，借莊民合築。
	柳仔林陂	捐穀一百石，另發倉粟，借莊民合築。
	八掌溪墘陂	捐穀五十石，助莊民合築。
	馬朝後陂	捐銀二十兩，助莊民重修。
	烏樹林大陂	捐穀一百石，另發倉粟，借莊民合築。
	新營等莊陂	捐穀一百石，助莊民合築。
	哆囉嘓大陂	原爲各莊民同土番合築，五十年大水沖決，周鍾瑄捐穀一百石，另發借倉粟八百餘石重修。
	打馬辰陂	捐穀四十石，助莊民合築。
	新港東陂	捐穀七十石，助新港社莊民合築。
	大目根陂	捐穀八十石，助莊民合築。
	埔姜崙陂	捐銀一十兩，助莊民合築。
康熙五十五年	果毅後陂	捐穀一百石，助舊嘓莊民合築。
	西螺引引莊陂	捐銀二十兩，助民番合築。
	打廉莊陂	捐穀五十石，助莊民合築。
	燕霧莊陂	捐穀五十石，助莊民合築。
康熙五十六年	大腳腿陂	捐穀八十石，助莊民合築。
	樹林頭陂	捐穀五十石，助莊民合築。
	咬狗竹陂	捐穀六十石，助莊民重修。
	雙溪口大陂	捐穀五十石，助莊民合築。
	西勢潭陂	捐銀一十兩，助莊民重修。
	馬龍潭陂	捐穀二百石，助莊民合築。
	林富莊陂	捐銀一十兩，助舊嘓莊民合築。
	番仔橋溝陂	捐銀二十兩，助莊民合築。

由上表統計，可知周鍾瑄在康熙五十三年至五十六年間，共助修埤圳三十二處，捐穀近二千石，捐銀近百兩，可謂深知治民之道。周鍾瑄去職後，邑人念之，立其肖像於龍湖巖而祀之。

㈢曹　謹　清代台灣鳳山縣屬地，乏水利多旱園，道光十七年（一八三七）正月曹謹任鳳山知縣，巡視田野，察知水源，爰召紳耆，集巧匠，興工疏濬，公餘親往指授方略，經二年竣工。翌年台灣知府熊一本親臨勘查，特命名為曹公圳，此為舊圳。至道光二十一年（一八四一）適逢大旱，縣民有憂色，曹謹復命貢生鄭蘭生附生鄭宜治曉諭業戶，徵收賦課以籌資金，經三年竣工，乃命名為曹公新圳。此事「台灣通史」記曰：「謹既抵任，親視隴畝，至下淡水溪畔，慨然嘆曰：『是造物者之所置，而以待人經營者。』當是時鳳山平疇萬頃，水利未興，一遭旱乾，粒米不藝。謹乃集紳耆，召巧匠，開九曲塘，築堤設閘，引下淡水溪之水，以資灌溉，為五門，備蓄洩。公餘之暇，徒步往觀，雜以笑言，故工皆不怠，凡二年成，圳長四萬三百六十丈有奇，潤田三千一百五十甲。其水自小竹里而觀音而鳳山，又由鳳山下里而旁溢於赤山里，收穀倍舊，民樂厥業，家多蓋藏，盜賊不生。十八年，巡道姚瑩命知府熊一本勘之，旌其功，名曹公圳，為碑記之。已而大旱，溉水不足，復命貢生鄭蘭生附生鄭宜治曉諭業戶，捐資增鑿，別成一圳，名新圳，而以前為舊圳，潤田尤多。」㉔「鳳山

㉔同⑳，頁一〇五二至一〇五三。

縣採訪冊」記述該圳水環縣城，達署內，中建水心亭，水之消長，一望而知。㉕曹謹之關懷民瘼，由此亦可見一斑。

關於曹公圳開鑿之背景及貢獻，熊一本在「曹公圳記」中敍曰：「丙申秋，台、鳳、嘉接壤之區，被旱百有餘里，閭閻待哺，宵小跳梁。……予於議食議兵之後，循行田野，察其被旱之田。竊謂饒饉之患，獨在此百餘里內，實由民之自取，而不得委為天災。……台地惟山澤之田，有泉引灌，可期一歲再收。其平原、高阜之田，往往行數十里而不見有溝渠之水耕者。當春夏陰雨之時，倉皇布種，以希其穫；及至數日不雨，而水涸矣；又數日不雨，而苗槁矣。前此被旱之百餘里，皆此類也，又安可委為天災而不思所以補救乎？……丁酉春，鳳山大令曹君懷樸奉檄來台，予於接見之初，首言及此。大令頷之而不輕諾。予疑其事或未諳，抑所聞治台之法猶夫向者之言歟？固不能強以必行也。數月後，人有言其度地鳩工，將為民開水利者。大令於斷見時，言不及之，亦不形諸簡牘，則又未及其必能也。戊戌冬，大令果以水利功成來告，且圖其地形以進。……予於己亥仲春躬臨其地，士民迎馬首者，千數百人。予令董役之若干人，隨行隴畔，向其一一詢之，乃知圳之源出淡水溪。……圳旁之田，各以小溝承之。上流無侵，下流無靳，咸聽命於圳長，而恪守其官法。向之所謂旱田者，至是皆成上腴矣，豈非百世之利哉？」㉖

曹公圳有新舊之分，舊圳圳路有四十四條，灌溉區域包括小竹上里及下里、大竹里、鳳山上及下里等五里；新圳有圳路四十六條，灌溉區域包括赤山里、觀音外里、半屏里、興隆外里及內里等五里。新舊兩圳灌溉區域均為五里，故又總稱之為五里圳或五鳳圳。咸豐十年

（一八六〇），居民因懷其德，特於鳳山縣城鳳儀書院內修曹公祠，並立曹公圳記，以紀其功。至日據時代，日人對曹謹倡修水利亦推崇備至，譽為一代偉人。[27]然在追記宋永清、周鍾瑄、曹謹等之教民、助民修築埤圳，嘉惠黎庶，令人緬懷景仰，然在清代治台二百餘年間，類此而值得稱述者，寥寥無幾，誠亦可嘆！

清吏對於埤圳修築雖沒有積極而普遍地倡導，然民間卻不因此而稍歇，集資開鑿埤圳形成風氣，溯其緣由，則是利之所在，趨之若鶩。蓋因埤圳興修後，擴大稻作範圍，提高糧食生產，使地盡其力，於投資者和農民皆兩蒙其利，同時更確定了土地的價值。以光緒十二年（一八八六）劉銘傳在台灣實施土地清丈時為例，當時區分田園為上中下三等則的標準，即是以水利的便利與否為基準。「清丈章程」第三條規定：[28]

甲上則：有長流灌溉之便者。

中則：以陂塘之水灌溉者。

---

[25] 盧德嘉：鳳山縣採訪冊，台銀文叢第七三種，民國四十九年八月出版，頁二五八。

[26] 熊一本：曹公圳記，台灣南部碑文集成，台銀文叢第二一八種，民國五十五年三月出版，頁二六一至二六四。

[27] 森辰太郎：偉人曹公，台灣水利七卷一期，昭和十二年一月出版，頁一六六至一七四。

[28] 引自江丙坤：台灣田賦改革事業之研究，台灣研究叢刊第一〇八種，民國六十一年六月出版，頁一九。

下則：山田與靠天雨者。

由上可知，有完整之埤圳水利者即為最佳之田，以埤塘之水灌溉者次之，山田及看天田價值最低。有無埤圳和土地價值高低的密切關係，促使農民大量地開鑿埤圳，興築水利設施，所以到清末台灣水田已增至二十多萬甲，其中有埤圳灌溉系統者達十多萬甲。

論者在分析清代台灣埤圳的發展時，每以時間為軸，區分為康熙、雍乾、嘉道咸、同光四期。㉙茲簡述如下：

㈠康熙時期　此一時期興築之埤圳，有資料記載者，台灣縣一個，鳳山縣一個，諸羅縣七十七個。㉚可知以台灣縣為中心的土地開發在康熙以前已大致完成，故此一時期開發的重點北移至諸羅縣，知縣周鍾瑄倡導甚力，捐穀捐俸助建，使諸羅一縣的水利設施成就非凡。興築的埤圳中，以康熙五十八年（一七一九）竣工的「施厝圳」最為重要，該圳為施世榜獨力出資三千三百兩所築，灌溉面積達一萬九千餘甲，前後費時十年，此圳的開鑿對於台灣中部的開拓有很密切的關係。

㈡雍乾時期　此一時期興築之埤圳，有資料記載者，鳳山縣三個，諸羅縣二個，淡水廳三十二個。㉛蓋到康熙末葉，台灣西岸中部平原，大部份已開發完成，漢人移民不得不轉向北部發展，故在雍正元年（一七二三）有彰化縣和淡水廳的設置，迄乾隆末期，移民日眾，不僅開拓平原，同時也進入丘陵地帶。此一時期埤圳之興築者甚多，如竹塹（今新竹）王世傑築隆恩圳，灌田達二千餘甲；淡水（今台北）郭錫瑠築金合川圳（瑠公圳），灌田一千二百甲；林成祖築大安陂圳，灌田一千餘甲；此外，如灌田數百甲、一百甲餘者，不勝枚舉。

㈢嘉道咸時期　此一時期興之埤圳，有資料記載者，鳳山縣二個，彰化縣十五個，淡水廳三十九個，噶瑪蘭廳十九個。㉜值得注意的是鳳山縣「曹公圳」的興築和噶瑪蘭的開發。曹公圳的開鑿，詳如前述，茲不贅言。噶瑪蘭的埤圳灌溉系統在嘉慶年間已大致完成，較重要者有嘉慶十二年修築之金結安圳，灌田一千百餘甲；大約同期的金大成圳，灌田九百餘甲；嘉慶十六年開鑿之萬長春圳，灌田九百餘甲。㉝

㈣同光時期　同治年間，因牡丹社事件發生，日本派兵侵台。清廷鑒於台灣海防重要，依欽差大臣沈葆楨之奏，獎勵開山撫番，大規模從內地移民台灣。埤圳水利之興築更為積極，花蓮、台東因而開發，恒春之拓殖更為擴大，移民由丘陵地區進入山岳地帶。埤圳普遍修築、水源積極探勘，與土地的開拓齊頭並進，一方面維持了生產量的穩定，另方面保護了地力的持久性，吸引了更多的移民，促使台灣漢人人口急速地增長。

以時間作為清代台灣埤圳發展的分期基準，固可瞭解埤圳隨著土地開拓而修築的情形，

㉙例如台灣省通志水利篇，即綜合舊志記載，分為四期。

㉚見陳文達：台灣縣志．鳳山縣志．周鍾瑄：諸羅縣志：余文儀：續修台灣府志。

㉛見王瑛曾：重修鳳山縣志：盧德嘉：鳳山縣採訪冊：倪贊元：雲林縣採訪冊：周璽：彰化縣志。

㉜見盧德嘉：鳳山縣採訪冊：倪贊元：雲林採訪冊：陳培桂：淡水廳志：陳朝龍：新竹縣採訪冊：陳淑均：噶瑪蘭廳志。

㉝陳淑均：噶瑪蘭廳志，頁三六至四〇。

然而對各地埤圳水利與土地利用的實況則未能說明。台灣中、北部開發較晚，但埤圳灌溉系統的完成卻較南部快速完成。唐贊袞在論全台水利時嘗曰：「竊惟全台形勢，東北背山，西南際海，中有村莊以外，皆由地也。雖勤惰繫乎人，豐歉繫乎天，然地勢之高下，水道之利害，不可以不講。北自噶瑪蘭至淡屬之艋舺、新莊、叭吱林、桃仔園、塹南、塹北、中港、後壠、貓盂、呑霄、銅鑼灣、三灣以及新開之金廣福諸處，延及彰屬之牛罵頭、沙漯、大肚、水裡、龍目井、貓霧捒、胡蘆墩、犁頭店、大墩以下，內而寂寂、水沙連、南北投，外而鹿港、白沙坑、東西螺一帶，皆有堤防、溝渠，以為蓄洩之備；歲可出穀數百萬石。此水利之已有成規，無庸再議者也。」[34]換言之，雲林、彰化以北至今之宜蘭，埤圳水利設施早已完備，而毋庸再議。

台灣、嘉義、鳳山、安平諸縣開發雖早，但埤圳水利設施卻不完善，追溯其因，蓋氣候與地勢不佳的緣故。唐贊袞曰：「若台、嘉二邑，田三園七，其田近山而多雨，且有原築大埤以備旱潦，故雖溪流不足，不害三時。……其七園地，界在海口，……其地半屬旱田，半為園埔，仰資天水，絕無埤堀可以預瀦。雖其間有笨港溪、八掌溪、汲水溪、曾文溪、二層行溪，然地高流深，有水不能上岸，遇霪雨，則洪流洋溢，民其為魚；逢旱災，則赤地焚燒，野無青草。故土人多種花生、芒蔗、地瓜雜糧，以待時雨之滋潤，而不能必其大有收也。此固台嘉地勢使然，不得以人力爭之者。」「鳳山一邑，利害參半。東南門外直趨東港，……悉通溪流，為良田之最。郡城日食，資其半焉。北門以上二十里，自觀音山至楠仔坑，轉而舊城一帶，稍為乾燥，前邑令倡築圳道，以通下淡水溪流，至今亦歲得兩收矣。然而人力不齊，地勢非一，計自楠仔坑至大湖，東北有阿燃岡、大洋，西南有五甲尾、北嶺旂、大埔，周圍平曠，可二、三十里。……惟少一溪流以為灌溉，故前此八載，遭旱歲，無粒收。」「查安平縣轄僅有瀦水之埤，而無通流之圳，推原其故，或因南邑供賦最重，佃戶集資較難。又諸溪皆岸高水深，施工不易。……嗣訪紳耆，始知虎頭山二重溪前有歐姓開圳一條，就近之田，均資灌溉，五年後，經理不善，遂至廢墜。又訪問山仔頂地方，可開大圳一道，溉田約數千甲，需費在二萬元以外。又聞新市溪、牛相觸溪兩處，均可開圳。」㉟由以上之議論，可知台、嘉、鳳、安諸縣之埤圳並未如台灣中北部之普遍，仍有許多礙於資金、地形，該開闢而未開闢者，影響土地的利用和價值。

就歷史的考察，清代台灣埤圳的發展有以下五個特點：第一，清代農民視埤圳水利設施為土地拓墾的一部份，直至建立起完善的灌溉系統時，土地的拓墾方被視為大功告成；第二，清代台灣埤圳的發展，官方居功少，而民間出力多，因而埤圳多為民營，與荷蘭、明鄭時期之官營有所不同；第三，清代台灣官吏中，倡修水利，勸民開鑿埤圳而有實效者僅有宋永清、周鍾瑄、曹謹、夏獻綸、陳文緯等人，就清室治台二百一十三年而言，實乃太少；第四，清代台灣埤圳的修築隨著土地的開拓，由南而北，由西而東，然因受氣候和地勢的影響，南部台灣、嘉義、鳳山、安平四縣的水利設施反而不如中北部各縣、廳的發達完善；第

㉞ 唐贊袞：台陽見聞錄，台銀文叢第三〇種，民國四十七年十一月出版，頁八〇。

㉟ 同前註，頁八一至八三。

五，埤圳的完整與否成為清代官民衡量土地優劣的標準，足見興修水利的觀念甚為普遍，且有利可圖，獨資或合股修築埤圳者風起雲湧，所以到嘉道咸時期，台灣的埤圳大致都已完成。

三、埤圳的開鑿

清吏熊一本嘗曰：「蓋稻為水穀，自播種以至秋成，皆需深水浸之。『周禮』『稻人』之職，所謂『以瀦蓄水，以防止水，以溝蕩水，以遂均水』者，乃農家不易之經也。」㊱在現存的清代埤圳契約中，對興修埤圳灌溉系統的動機多有說明，茲摘錄兩則如下：「竊思開田必先開水，田需水灌，水足苗興，故古帝夏禹盡力乎溝洫，子產聽政，潤澤乎田疇，無非所以備旱潦而資稼穡者也。」㊲「竊思蘭境地方高下田園，必須水圳而後成田；無圳何以取水，無水何以灌田。今因人事之不齊，埔地高下有肥磽，大同小異，參差不一，現刻蘿林森密；非斧不克，無埤無圳，焉得源頭活水來耶！」㊳以上是噶瑪蘭東勢荘及大湖圍開挖埤圳契約之導言，雖文詞馴雅，卻能清楚地說明水利和稻田的密切關係。

光緒十四年（一八八八）埔里社通判吳本杰曾有一件稟文，文中提及埤圳開鑿之種種問題，極富代表性，可供分析探討。該稟文曰：「竊卑廳地方附郭田園數百，土壤膏腴，祇以水利未興，僅種雜糧；且城關內外掘井無泉，開溝無水，街民惜水如金，幾至有求水弗與之勢。卑職留心訪查離城十餘里之牛洞荘進內山二里許，有大坑一所，水源極旺，俗呼南烘坑。其水傾注下溪，俗稱南烘溪。道光年間，有土番在溪底堆石作埤，開一小圳，俗乎南烘圳。因該埤地勢窪下，圳道不長，僅溉南隅田百餘甲；若在山上坑口地方築埤分流，開一大圳，循山而行，勢如建瓴，可灌附郭數百甲田地，並可挹注城內，更可墾闢東山山麓一帶荒埔以為水田。卑職親履其他，召匠秤地估工，約需工銀三千兩左右，疊次招徠，無人承辦；以前人未興之利，謀之究情難與慮始之民，此亦事勢之最難者矣！若據請公款，又恐山石難鑿，無力賠繳。先於二月間，據民人陳永來呈控：余黃連強佔南烘圳。經卑職查明，該圳向為豪強者佔踞，陳永來亦係佔踞巫文生之業，因批革余黃連，候晚冬後，另行招充，以杜爭端在案。旋據業戶羅義興等具稟保人接充，並堂供余黃連倚總理余清源之勢，不修埤圳，強收水租，致冬收歉薄，眾佃不服。又據東角總理余清源具稟保人接充各等情，均批令公同妥商，承開南烘坑口新圳，即准兼管南烘溪底舊圳，飭即稟復。乃余清源等冀享舊圳之利，不費新圳之本，延擱不復。卑職會同林管帶勝標，督率屯兵出哨，順道復勘新圳，行至史老榻防營，晤見余清源，詢以開圳之事何以久不稟覆？該總回以舊圳水租有限，新圳工本浩大，力難承辦等語。適五城堡總理陳水泉、吳和奇等因公稟見，卑職諭勸約股令開南烘新圳，成工後准照向章一九抽租，並南烘舊圳歸其一手經理去後。茲據陳永泉等稟稱：踏看新圳地

㊱ 同㉖。

㊲ 台灣銀行經濟研究室編：台灣私法物權編，台銀文叢第一五〇種，民國五十二年一月出版，頁一一七五。

㊳ 同前註，頁一一九五。

勢，不特工本甚鉅，而中間石壁四十餘丈，能否鑿通，尚難逆料；但既奉諭示，不得不遵照試辦。現已約股二十八份，每份先出銀一百元，成敗不計也。但恐成工之後，有土豪復萌故智，藉詞爭奪，訟鬥不休，必須詳明立案，有地方官作主始敢承辦。可否之處？專候示下等。卑職查該總理等鑿石開圳，不惜工本，雖不僅為公起見，而於地方大有裨益，不得不據情轉稟。」㊴

根據稟文加以分析，可知清代台灣農村埤圳的開鑿有以下幾個特點：⑴開取圳道需數千銀元的資本，一般農民無力負擔，需由總理或業戶出面集資辦理；⑵官方可以公款開鑿埤圳，但若無成效時，必須賠繳，故官吏皆畏葸不前；⑶豪強佔據埤圳，強收水租，故常引起爭端；⑷修埤築圳必須有專門技術，否則不能成圳出水，投資者將血本無歸；⑸埤圳投資者的利益是可向灌溉之田一九抽租；⑹無圳則園不能成田，僅能種植雜糧，將拋荒誤課；⑺開鑿埤圳，工本浩大，故要向官府報備立案，以免豪強藉詞爭奪，訟鬥不休。綜合以上特點，茲就投資型態、官府監督和開圳合約三方面說明清代台灣埤圳開鑿之成規和慣習。

㈠ 投資型態

清代台灣土地開墾的方式大都採取墾首制度。所謂墾首制度，簡單說就是「有力之家……趣縣呈明四至，請給墾單，召佃開墾。」㊵當這些有力之家取得墾單之後，稱為墾首或墾戶，等到土地墾成陞科後，在法律上取得業主的資格時，稱為業戶。業戶向官方繳納正供，向佃戶收取大租，其間可獲得豐厚的差額利潤，因此貲財雄厚，為經濟活動的領導人物，在埤圳開鑿方面亦扮演重要的角色。所以在綜合說明清代台灣埤圳開鑿的投資型態，約略可分為業戶興辦、業佃合築、莊民合築、合股興辦等四種。

(1)業戶興辦　業戶開鑿埤圳最有名者當推郭錫瑠、林成祖。郭錫瑠開拓台北盆地，曾變賣家產，獨籌二萬餘元，於乾隆五年動工條築金合川圳，歷二十年方告完成，共灌田一千二百餘甲，後人為紀念他，稱該圳為「瑠公圳」。[41]林成祖於雍正十二年自福建渡台後居大甲，先鑿大甲圳，引水以灌，歲入穀萬石，乾隆十五年鑿大安圳，糜財十餘萬，始克完成，灌田千餘甲，後又鑿永豐圳，穿山導流，亦灌數百甲。[42]其他如康熙五十八年，施世榜召集流民，開墾東螺之野，獨資開鑿八堡圳，灌田約有一萬九千餘甲，亦是此類也。其他業戶開鑿之較小埤圳，散見各方志，不勝枚舉。

(2)業佃合築　業戶和眾佃合築埤圳以灌溉田地，故眾佃無需繳納水租。如：「雙溪圳，在芝蘭堡。距廳北一百二十五里。雍正年間，業戶鄭維謙同佃所置。其水自大坪七星墩引入，灌溉芝蘭一派各田甲。無水租。」「番仔井圳，在芝蘭堡，距廳北一百四十里。乾隆年間，業戶潘宗勝暨農民自置。其水發源於內山吼咈天泉，灌溉田一百餘甲。無水租。」「七

---

[39] 同前註，頁一三二五至一三二六。

[40] 東嘉生：清代台灣之土地所有型態，台灣經濟史初集，台銀本，台灣研究叢刊第二五種，民國四十三年九月出版，頁八八。

[41] 台灣省文獻委員會編：台灣省通志稿，卷七，人物志，第二冊，頁八一至八二。

[42] 同[20]，頁九〇四。

星墩圳，在芝蘭堡，距廳北一百三十里。雍正年間，業戶舉人王錫祺暨農民自置。其水自七星墩西流至橫溪及芝蘭堡，灌溉田甲。無水租。」[43]

(3)莊民合築　由各地方人民協力開鑿埤圳，而埤圳之修理費用則採「按畝鳩集」或「貼納圳長水租穀，以為修築之資」等二種方式。如：「陂頭圳，在廳東南二十五里，寬八尺，長四百餘丈，在珍珠里簡社邊大溝（即透加禮遠之羅東溝）。其圳由民人攤資合作，截築陂岸，攔蓄羅東溝上流下瀉之水，灌溉陂頭莊至隆興莊田約一百餘甲。每年修築，聽該地戶按畝鳩資。」[44]「蛤仔市圳，在後壠堡，距廳北六十里。乾隆五十二年，眾佃派丁冒險在河頭攔築大陂，分開水路。其水發源於合番坪，灌田六百零二甲。道光二年，眾佃議設陂長專管。每甲年納水租四斗。」[45]日人平山勳稱此種開鑿方式為開築埤圳的「第一型」，而以業戶鳩佃開鑿為「第二型」，並且認為「諸羅縣志」中所載西螺引引莊陂之「民番合築」為「第一型」之變型。[46]

(4)合股興辦　所謂合股興辦，即是由業戶或資本家合資設號興建埤圳，然後以抽水租穀為利潤，這是清代台灣投資埤圳開圳開鑿中最富有意義的一種方式，換句話說，即以公司的型態來經營埤圳。如台北盆地的福安陂，又名十二股圳，乾隆中葉業戶張必榮、吳際盛與佃人共同開鑿，同治十年為大水毀壞，圳道中斷時，枋橋林本源已收購該圳路山子腳、彭厝、太平橋、樹林一帶土地，翌年林本源等倡議十二股重建。十二股之股主及股份如下：林鶴壽四〇〇、吳南田吳阿霖二〇〇、林祥靉八五、王萬生一〇〇、廖再求一一、王振輝一〇、賴耀邦賴金柔一〇〇、黃丕八五、廖啟運三九、林振德二五、陳普一五、簡球璣八〇。該圳由十二股股主掌管。㊼大坪林圳的開鑿則由墾戶首金合興（即蕭妙興）與九個股夥組成，開鑿時間始於乾隆十八年，至乾隆三十七年完成。但是到了光緒六年，前十股退辦，由劉廷達等合夥出首硬贌，共作十二股。股主及股份如下：劉廷達五股半、劉五典一股半、高亦飛一股、高鍾猛一股、劉長慶一股、陳奎耀一股、劉智平半股、劉易記半股。每股出銀一百五十元，共一千八百元。㊽

在噶瑪蘭地區，合股修築埤圳之情形尤多，如長慶源號，即簡懷苑、陳奠邦、賴陽、王臘等人合夥組成，在充當東勢埤圳主之合約之中記其股份曰：「苑、邦、陽等既已甘願出首承充，作為合夥，其工本銀作十股均開，陳奠邦、賴陽、王臘出六，簡懷苑出四，以便需用。……其大圳出水告竣，以後遞年所收眾佃租穀按照十股均分量收，邦、陽收得水租粟六股，苑收得水租粟四股，不得違約反悔，異言生端滋事。」㊾另如萬長春圳，即陳奠邦、邱

㊸ 陳培桂：淡水廳志，台灣省文獻委員會印行，民國六十六年二月出版，頁六〇。
㊹ 陳淑均，噶瑪蘭廳志，頁三六至三七。
㊺ 同㊸，頁六一。
㊻ 平山勳：水租の實證的考察，台灣水利第五卷第五期，昭和十年九月出版，頁四七。
㊼ 張福壽：樹林鄉土誌，頁九七。
㊽ 台北縣下農家經濟調查書，台灣總督府民政部殖產課，明治三十二年出版，頁一一八。
㊾ 台灣私法物權編，頁一一五九。

德賢、金興號等合夥開鑿。泰山口埤則是簡勇、游日、張坎、鄭喜、邱嚴、陳奠邦、吳順、劉朝、林妙、郭媽援、沈開成等十二人合築而成。[50]

在合股興辦埤圳水利設施方面，資本家的投資最值得注意。茲以嘉慶十六年（一八一一）十一月，噶瑪蘭的一份埤圳合約作為說明。合約中圳戶張閣曰：「閣等經自嘉慶十二年，隨即備出資本，開鑿造築大坡水圳通流，付各園田份埔地灌溉耕田。至將來歷年所有收取水租，概應先除諸費本銀外，餘所獲之利，作四股均分，閣得一股，吳日得一股，劉光疕得一股，林文彪得一股。……自嘉慶十二年正月內興工，至本年正月內止，結算開用諸費，計共費去銀四千八百六十七元，作四股均攤，每股各該攤出銀一千二百一十六元六毫五釐零。其吳日、林文彪及閣等三股所應開銀額，各照數攤出足訖；惟劉光疕一股銀額，無可照數攤出。是以光疕將其一股圳份，杜賣與閣頂額；至光疕一股應出之銀份，閣自代支理明白，不干諸夥之事。閣自額，並承買光疕一股，合共得二股。但閣居住下港，阻隔遠涉，各事照料不週，即招張元官合夥，閣將自己二股內抽出一股，轉賣與張元官承坐，頂額價銀一千二百一十六元七毫五釐零。」[51] 由上引文字可知：(1)大坡水圳興築費用四千八百六十七元，四股攤分，獲利亦四股均分；(2)圳戶張閣係外來投資者，下港即台灣中南部；(3)張閣自遠地前來噶瑪蘭投資將近二千五百兩銀，之後雖轉賣一股，但仍保留一股，必定是有利可圖。(4)契約內載明該圳灌溉的田地約二百四十七甲，水租穀的抽收規定是原先開築有小圳者，每甲每年納二石，其餘每甲每年納四石，據日人平山勳推估，該圳年可收水租穀約七百餘石，若以每石穀值大銀六錢折算，可得穀價番銀五百餘元，實為高利。此外，鄰近噶瑪蘭地區的淡水廳富戶，從吳沙開墾蘭地，柯有成、何績、趙隆盛等投資協助後，對此一新興地區即甚為關注，復以楊廷理在開蘭之初，力裁業戶，所以這些富戶便由土地的投資轉變為水利的投資，圳戶的地位取代了業戶的地位，仍舊擁有強大的影響力，其中以板橋林家與噶瑪蘭的關係最為密切，咸豐八年（一八五八），林平侯的第五子林國英（號林源記）與林士應合夥承買朱興隆圳，出資價銀三百三十大元，分二股，林國英一股半，林士應半股。52 資本家對於開鑿埤圳的投資，因有利可圖而積極進行，所以不僅解決了眾佃資金短絀的困難，同時對埤圳的發達有不可忽視的貢獻。

二 官府的監督

儘管清代台灣官吏對於埤圳之修築態度消極，然而民間開鑿埤圳卻非官方保護不可。其原因是開鑿埤圳，投資浩大，築成之後，雖為利藪，但容易引起豪強惡棍之覬覦，或藉端霸佔，或斷絕圳頭水源，以為要挾；而一般奸狡民佃則抗納水租，爭水滋事，「種種弊竇，貽累匪輕。」因此圳戶在開鑿之先，往往要向當地官府報備，申請示諭立案，以為保障。官府方面亦以開鑿埤圳為農田之利，對地方大有裨益而予以同意，其程序是先由業戶或民人具稟申請立案，再由官府派遣堂役，協同總理頭人勘查有無違礙冒混，並繪圖稟覆，若無違礙冒

---

50 台灣私法物權編，頁一一七〇。

51 台灣私法物權編，頁一一五七。

52 台灣私法物權編，頁一一六七至一一六八。

混，最後由官府出示曉諭，或給圳照、戳記。茲將諭示、圳照、戳記三者說明如下：

⑴諭示　諭示分為飭諭和出示曉諭二種。開鑿埤圳之初，民人申請示諭，經勘查屬實後，地方官以飭諭責勉當事人，以出示曉諭告知當地民眾。茲以光緒八年（一八八二）彰化縣西螺堡莿桐巷莊武生林國清、林合恰等開築水圳事為例加以說明。林國清等的申請示諭之稟文曰：「堡內鹿場圳，自溪頭答口至三塊厝大路三十餘里，水道不能盡通，農田需水灌溉，請自鹿場莊、東和厝莊西中道開築水溝至滴仔莊、三塊厝莊、田尾莊、七塊厝莊、抬高寮莊等處，毗連十餘里，其田約有五十餘甲可以通流灌溉，約需工本銀一千五百餘元。公議每甲配水圳租六石，以抵先需工本，並為逐年雇請五、六人巡埤之資，懇請示諭。」彰化縣合知縣諭飭曰：「諭仰武生林國清、林合恰等即便遵照，必須將圳路開通，其水足以灌田，始得抽收水租，以資工本，毋得有名無實，藉此肥己。該生等仍將開竣日期稟候本縣親臨詣勘，毋違，切切，特諭。」另出示曉諭曰：「示仰鹿場莊、東和厝莊、滴仔莊、三塊厝莊、田尾莊、七塊厝莊、抬高寮莊等處業佃知悉：爾等凡有該處田業需用圳水引灌者，均須查照所議租數完納，其各凜遵，毋違，特示。」[53]

⑵圳照　圳照是官府確定圳戶的權利而發給之證明文件，所以是在埤圳開鑿完成後始得申請。茲引嘉慶十八年（一八一三）噶瑪蘭地區的一份圳照作為說明。圳照曰：「台灣噶瑪蘭撫民理番海防糧捕分府、加五級紀錄十次翟，為給照事。照得嘉慶十六年九月十八日，案據辛仔罕等莊墾戶吳化、賴岳暨各佃社番、通土等僉稟稱：化等與社番雜墾該處田畝，缺乏水源墾鑿圳道，鳩集相議，擇到四圍二結份頭吳惠山界內湧出泉水數處，堪開圳道。爰請吳

惠山出首，自備工本，堤築陡門，聚水灌溉各佃田畝。……卷查前分府批准飭差勘覆在案，茲據圳戶吳惠山稟報，開鑿圳道完竣，懇請發給執照，永遠管理前來。據此，除批示外，合行給照。為此，照給圳戶吳惠山即便遵照，准將辛仔等莊圳水所有灌溉之田，無論番界以及社番自耕，別贌漢佃，每年逐年向現佃分別量收水租穀石；倘有玩佃抗延，許該圳戶赴轅指名稟追。該圳戶毋得廢弛圳務，藉端需索，致干查完，凜之慎之，毋違。」[54]由上引文字可知圳照之內容不外乎是：甲、圳戶不得廢弛圳務，藉端需索，同時要堅固圳道，充分灌水；乙、圳戶開鑿之事實及經過；丙、載明灌溉田畝應繳之水租穀；丁、允許圳戶赴轅指名稟追抗延繳水租穀之奸頑佃人。

(3)戳記　戳記是一種公印，往往與圳照同時給發，作為與埤圳有關之文書、收據的憑印。現存一份給發戳記的公文可供參考：此乃光緒十六年（一八九〇）噶瑪蘭圳戶金源和，即監生黃溫和，受三皂堡大礁溪內湖莊莊民之請開鑿圳道，除事申請示諭存案外，於圳道開成之後，復申請給發圳照和長行諭戳。宜蘭縣知縣批曰：「據此，除批示並給圳照外，合行給戳。為此，諭仰大礁溪內湖莊等處圳戶金源和，即黃溫和即便遵照，立將給發戳記，謹慎收藏，以便逐年蓋用串單，向佃量收工本水租穀，以為執憑。」[55]由上可知，戳記是圳戶向

---

[53] 台灣私法物權編，頁一一三七至一一三八。

[54] 台灣私法物權編，頁一三三一。

[55] 台灣私法物權編，頁一三三五。

佃人收水租穀時串單上之印憑，由官府給發，有某種程度的法律效用。

諭示、圳照、戳記三者是清代官方對民間修築埤圳的認可方式，諭示較為普遍，圳照和戳記之發給則因地而異，其中以噶瑪蘭地區最為常見。

三 開圳合約

清代台灣民間有所謂「官重正條，民重私約」之說，蓋在邊陲移墾社會中，因地土新闢，官府力量薄弱，民間秩序靠著血緣、地緣的意識來維持，因此民間私訂合約受到社會規範的壓力尤大，一般民眾不敢不遵行。這種情形在開圳合約中可看出一些端倪。

清代台灣民間開圳合約之資料保存甚為完整，在「台灣私法物權編」中蒐集豐富。歸納這些遺留下來的合約資料，大致可分為三類：第一類是佃人與圳戶所訂的合約，第二類是圳戶合夥人間所訂的合約，第三類是民番間所訂的合約。

在佃人與圳戶所訂的開圳合約中，主要是規定圳戶和佃人之間的權利義務關係，故除了載明立合約人、代筆人、知見人之姓名、開圳緣由之外，尚有下列之規定：[56]

(1)規定工本銀和水租穀之數額及繳納方式　如：「原議每甲官戈應貼工資銀十七元，限作三期，至本年十二月十六日先後備番銀九元，給交圳戶收發；其餘未交番銀八元，定限道光十六年六月冬西成，備足清楚。如屬限不即交清，任從圳戶封水稟追，均無後悔。」「其水租穀，議定官篙每甲每年願納乾淨穀二石二斗正，付金大成等收入，自運至圳寮。定早季納穀一石二斗二升，晚季納穀八斗八升，照約完納，不敢掛欠升合，納完單為憑。」更詳細者規定穀要「乾圓好粟」「經風日曬乾搧淨」等，詳簡不一。

(2)規定土地之支配使用　如：「開築水圳，不論何人田畝，任從埤圳主開築。同眾議定：圳道丈尺大小寬狹不同，任從圳主開築足用，以便通流，異日不敢阻擋。」「該圳堤、圳道如被橫水崩壞，不堪修理填塞者，聽圳戶頭家別擇妥處開鑿圳道通流，傍邊之土應任掘挖取用，不得刁難。」「各結內有公埔界外，任從圳主造蓋圳寮，眾佃不得刁難阻擋滋事。」「該處地高者，聽圳戶開鑿通流；而地低者，亦聽佃人開鑿消水，兩無異言。」綜言之，凡開圳需要之土地，任憑圳戶支配使用，不得異言。

(3)規定平時埤圳之整修　如：「歷年大圳係圳戶頭家修理，其開枝私圳係佃人自修，不得異言。」「歷年修圳築頭圳路至大汴以上，金大成等傭工辦理；大汴以下水圳，係佃人修理，不干金大成之事。」「逐年作埤頭及修理大梘，係圳主之事，與眾佃無干。」「逐年冬至後修理埤頭，清理淤泥。圳道自埤頭起，至二結圍後止，係圳主清理；其二結圍下係我眾佃自行出工清圳。」一般而言，大圳及埤頭由圳戶負責整修，小圳佃人自行整修。

(4)規定天災時埤圳之整修　如：「圳頭、圳堤恐被洪水沖壞者，議五、六、七三個月沖壞欲修者，眾佃友等出工，金大成等每工願貼工資錢一百文，餘者不論何月崩壞，不干佃人之事。」「水圳埤頭，農隙之時，或遇洪水沖塌無工可請，逐田相幫三工，不得背約。」「該圳倘有被洪水崩壞者，若要修理，五十工以上係應圳戶自己請工修理；如是五十工以下，佃人概應助工修理。圳戶每工應貼佃人工資錢一百文，各不得刁難。」

---

56 開圳合約之規定，散見台灣私物權編各合約字，頁一一五四至一一七九。

(5)規定小圳及水汴之修築　如：「該大圳圳道，圳戶頭家應開至大汴口外，小圳係佃人自開，不干圳戶之事。」「逐結要做大小水汴，係我眾佃自必買備足用，以便圳主前來定汴分水。」「如有應行定汴，係佃人按甲鳩備工料，請圳戶主公平理定，佃人不得挖汴致滋事端。」

(6)規定禁止事項　如：「圳水通流灌蔭，上流下接，不許攔截私挖，貽誤大眾；如有不尊者，聞眾通知，圳戶頭家稟官究追。」「該圳道倘被風雨損壞，如係小可，則無難於修理；苟溪頭被沖坍，太難趕緊修理完竣，上流下接，佃眾不得勒迫水源。」「約定陂道界內各處，莊後大陂阻塞，不許外人、佃人放鈎抛網。陂岸圳岸樹木不許砍伐，付埤長掌管，以固陂圳。」

(7)規定罰責事項　如：「佃人賢愚不一，有開田不報丈量，致被圳主查出，公議水租照納。惟每甲官丈，應於原議原數備交外，仍再多添番銀三元，給交圳戶，毋得後悔。」「開築埤圳，當面酌議規約，此情經稟廳主存案，以行永遠；後來倘有違約不遵，公同請官究辦。」

(8)其他　如規定圳長、小圳長之聘請；圳寮的建築；田園之開墾期限及各埤圳之特殊狀況等。

在圳戶合夥人間所訂的開圳合約，其主要內容在於規定股份的分配與出讓、修圳費用的攤派方式、圳寮辦事人的酬金、輪祀土地神等，一般而言，較為粗疏。另有眾業戶合築埤圳，非以公司型態出現，其代表意義更值探討，茲引道光二十一年（一八四一）港東中里八甲頭莊、田墘厝莊、塭尾莊等業戶（田主）吳建隆等之築圳公約，以為參考。約曰：⑴眾田主義築新圳，計共水田高下九十一甲，高田每甲該攤銀十三圓五角，下田每甲該攤銀九圓八角。眾田主務必實報甲聲，就甲攤銀；如有隱匿田甲抗欠圳銀者，立即問眾呈官究治，決不食言。⑵眾田主議築新圳，所有買過圳路，各有立契為憑，日後若有許賣圳路之人藉端阻塞圳路者，立即問眾理較，決不寬貸。⑶每冬清圳，眾田主務必吩咐各佃就甲分丈，清開圳路；若有佃人推諉不肯清圳者，公議向該田主著跟，決不姑寬。⑷眾田主議新圳，凡有田甲及無水份之人，不許私設水車以及偷破埤圳；違則問眾議罰。⑸開圳以後，倘遇旱潦之際，務必就甲定辦輪翻，不得恃強混破；違則問眾議罰。[57]此公約尚有三條，因非在探討範圍之內，茲不引述。類此開圳方式，係由業戶按田攤資合築，各自向佃人抽租，將使灌溉和抽租均複雜化，若田主間協調合作的精神不足，則容易發生糾紛，所以公約的條文規定也就較為嚴厲。類此的築圳型態，當或不少。

最後，探討民番間所訂之開圳合約。此處所謂「番」是指「不識不知，無求無欲」的平埔番（熟番、社番），而非指茹毛飲血、凶惡嗜殺的山番（生番）。清代台灣埤圳發展過程中所遭遇的問題，除資本、技術之外，以番害最為嚴重，因部份埤圳水源處屬番界，而「生番殺人，台中常事。此輩雖有人形，全無人理。穿林飛菁，如鳥獸猿猴，撫之不能，剿之不

---

[57] 台灣私法物權編，頁一一五三。

忍，則亦未如之何矣。」58以台北盆地文山區之大坪林圳、瑠公圳為例說明：大坪林圳是引青潭溪水，經新店街頭，灌溉五莊（十二張、七張、十四張、寶斗厝、二十張），在乾隆十八年至三十七年的修築期間，曾與生番血戰數回，犧牲二百餘人，後來五莊莊民，為悼念開圳為番民所殺害之人，共同於每年七月十五日舉行禮祭。59另瑠公圳的興築者郭錫瑠為消弭番害，乃娶番女為妻。60

現存民番合築埤圳之契約不多，茲引嘉慶九年（一八〇四）東勢角社民番合約作為說明。合約云：「茲東勢角原有民番舊築陂圳一座，照汴分流灌溉番民田業，祇因舊陂深入內山，常被生番挖破，若遇農忙，即拚命整理，水亦有缺，以致田禾失收，課命兩懸，番民均為受慘。是以相議量度地勢，鳩資另開新陂新圳一條，透合舊圳接濟通流，以助不足。惟是開鑿新圳，要在番田之上疏通，且間有番田又在新圳之上，社番懷疑，恐立新圳，莊民棄舊圳而不行合力修築，番田不無缺水之虞。茲番民等耕食斯土，原屬比鄰，務宜一視同仁，守望相助，籌議妥協，民番均有裨益。」61其規約八條，除規定大小租粟數額、埤圳整修、嚴禁爭田、盜水、抗租等外，有三條較為特殊，即：「修築陂圳，社番照舊規同往護衛民番，倘有不測，各安天命，不得挾嫌。」「所開新陂圳之工銀，係莊眾鳩資，與社番無涉。」「民番每年演戲，申禁水規，社番原約幫出戲金錢四千五百文，折佛銀五元，務宜至演戲日期一足交清，不得拖欠推諉。」綜觀整個契約，民番之權利義務甚為公平，且訂約時頗為慎重，總通事、副通事、總土目均在場充知見人，軍工匠首、總董均需連署。

以上是清代台灣民間開鑿埤圳之情形，從資金的籌集到官府的認可、合約的簽訂，均有一定的步驟，這些步驟保障了埤圳主的權益，同時也加速了邊陲性的移墾社會的土地開發。

四、埤圳的管理

埤圳修築完成後，馬上面臨的就是管理問題：埤圳如何維護？如何整修？圳水如何分配輸灌？何人負責圳務？這些問題若無妥善安排，必起糾紛，甚至導致埤崩圳壞，投資化為泡影。在清代埤圳中，若是由業戶興辦或合股興辦者，因管理權操諸於圳戶，較為單純，只要圳戶慎聘管理人，按照開圳合約所規定之權利義務行事，圳務必上軌道，「由是水道流通，禾苗永藉以滋長；一勞永逸，生業恒賴以安全。上可徵國課，下可以保身家，庶幾業佃相依，自可媲美於含哺鼓腹之休，嬉遊於光天化日之下，詎不美哉！」[62]若是埤圳由業佃合築或莊民合築，則所有權屬於公眾，管理人必須由業戶田主、佃戶共同推舉，因利之所在，爭充者必多，紛爭乃起。茲以新竹縣的隆恩圳為例加以說明：隆恩圳又名四百甲圳。康熙五十

[58] 藍鼎元：覆呂撫軍論生番書，東征集，台銀文叢第十二種，民國四十七年二月出版，頁五九至六〇。

[59] 同[48]，乾隆三十八年五莊同訂水路車路合約字，頁一一二至一一七。

[60] 林克夫：北市的陂興圳，頁六九。

[61] 台灣私法物權編，頁一一五五至一一五六。

[62] 台灣私法物權編，頁一一五三。

七年，王世傑開墾竹塹埔。雍正年間，鳩集各田主捐資開濬。道光元年六月，番子嶺下圳道被洪水沖崩長數百步，水源斷絕，莫能接續。道光二年，田主楊天助、陂長張王成等邀集各佃捐資重修，僉議由溫光泉田界內另開一圳接流灌溉，受惠之田每年每田納溫光泉水租穀一石。歷年均由各田主、佃戶僉舉一人為陂長，承管圳務。然自乾隆以來，各田主、佃戶各樹其黨，爭充陂長，互相控告有案。光緒十三年，王和順、吳振利爭充陂長，圳務曠懸，農田乏水；各佃戶聚眾百數，赴縣城喊控。光緒十四年，新竹知縣方祖蔭詳請各上憲立案，改由該縣考棚紳董高廷琛、陳朝龍經理。❻❸由此可知，陂長之職，必為利藪，爭充激烈，甚至廢弛圳務，最後官府只好收歸考棚紳董經理，以息紛爭。

綜觀清代台灣埤圳的管理，其重點在於埤圳管理人的舉充、分水輪灌制度和水租的徵收等，茲分別說明如下：

㈠ 埤圳管理人的舉充

清代台灣埤圳管理人的名稱、數額、權責，往往因埤圳性質、大小的不同而有所差異。歸納言之，大略可區分為三種類型：

第一型：埤圳主——大圳長——小圳長——佃戶

第二型：管事——埤長——佃戶

第三型：埤長——田主（佃戶）

第一型是埤圳有明確的所有權人，無論其是獨資經營或合資設號、按資分股，該所有權人均稱埤圳主，亦即所謂的圳戶或圳首。因其出資興修埤圳，故埤圳修成之後，向眾佃戶按甲收取水租穀；埤圳永為己業，可以出售或典讓。平常若「風水不虞，滾壞埤頭，圳底洩漏」，由其出資修護。另由其雇任大圳長，或稱圳長、埤長，負責照顧、分管水路，若佃戶有違反開圳合約之規定，挖汴腳、掘汴耳、攔汴面、削汴口、用水車取水、牽牛踏毀圳岸、偷漏橫圳、砍伐圳岸埤岸樹木、放鈎抛網等危害埤圳的情形，由其揭發告知埤圳主，稟官究辦。換言之，大圳長即埤圳主派任之管理人，向其支俸，秉其命來履行開圳合約中之規定事項。小圳長之設置，則由佃人自請，所需雜費、伙食、工資，均係佃戶自理，與圳戶無關，其負責大汴以下小水圳之管理與仲裁。

第二型是埤圳由官府築修或勸修者之管理方式，此類埤圳如鳳山知縣曹謹勸修之曹公圳、台灣道夏獻綸任內籌動公項開築之直加弄水圳、恒春知縣陳文緯興建之網紗圳埤。茲以網紗圳埤為例作一說明：網紗圳埤位於恒春縣城北七里，係光緒十九年（一八九三）知縣陳文緯稟借、捐補洋四千一百二十元興建，有網紗溪大埤一座，圳道二條，即網紗圳、廍仔圳，灌溉田園五千八百餘畝。[64]同時訂有章程，設管事三人，埤長二人，規定水租數額等。

網紗圳埤章程中對管事三人的資格和職責有詳細載明：「管事三人，應由地方紳耆公同保舉公正殷實之人，稟縣給諭充當。以一人專司稽查各業戶田園賣買，每屬造具租冊送交收租之管事，照冊收租；並督同埤長啟閉閘板，疏濬圳閘各處水道以及上面抵禦木石、柵欄、

[63] 不著撰人：新竹縣採訪冊，台銀文叢第一四五種，民國五十一年七月出版，頁一四三。

[64] 屠繼善：恒春縣志，台銀文叢第七五種，民國四十九年五月出版，頁二六九。

應修、應補等事，每年給薪穀五十石。惟現經官開之大圳，將來巡查、修濬統歸管事辦理。其業戶幫開之大圳，應由管事巡查、業戶修理。各處分水小圳均由佃業各戶自行巡修，弗使淤塞。又以二人作為一正、一副，專司收賣租穀並一切銀錢、工程賬目等項，每年各給薪穀四十石。凡埤長應為之事，該管事等均須督同辦理，勿得互相推諉。」65簡言之，管事之職掌有四：⑴稽查各業戶田園賣買。⑵造具租冊，按冊收支。⑶監督埤長，整修埤圳。⑷負責收賣租穀並一切銀錢、工程賬目等。其由地方紳耆保舉，稟縣給諭充當，薪俸穀每人每年四十或五十石，分二次提給。

該章程對於埤長之資格和職掌亦有規定，曰：「埤長二人，亦由地方公舉保充。長住閘旁廟內，專司中閘及兩圳門：夏秋水大，則啟閘板以洩水；冬春水小，則閉中閘以通兩圳。圳水務須均流，不得此多彼少、彼多此少，致有紛爭。如遇大水，務於上面柵欄隨時巡看；倘有大木大石停積其間，即用鋏鉤鉤住岸側，勿使流下撞壞閘身以及堵禦中流水道，至閘身及坦水圳道等處，淤泥穢物，隨時清理。如大有損壞，該埤長立即報縣查看，飭管事趕緊修復，勿得稍緩。每年每人給穀六十石，與管事穀均分作兩屆提給。」「歲修，其啟閉圳板片、清鼇各處水道淤積，皆係埤長之事，管事會同督辦；如有大工及添買各物，款在五千文以上者，務須管事、埤長會同妥商，稟縣請示遵行，不得擅自主張。」66埤長之工作較為單純，即在於維護埤圳，整修埤圳。

網紗圳埤之管事、埤長，在曹公圳規約中等於總理、圳差、工頭，67名稱不一，職掌則大同小異。其他埤圳或設有副埤長、總巡、陂腳（顧埤）、巡水等，皆是實際負責管理埤圳之人員。

第三型是埤圳所有權屬於公眾所有，如自然形成之埤塘或莊民合築、業佃合築之圳道。在這種情形下，則由眾業戶、田主、佃戶等推舉或約請埤長（或稱埤匠），簽訂合約；更慎重者則上稟官府立案存查。茲以光緒六年（一八八〇）頂蔴園莊番仔陂業戶佃人合請陂長之請帖約為例說明。約云：「茲我番仔陂水圳灌溉田甲不為不多，因自前年合眾請得陳文安，率子陳誰欽出首承當陂長，巡視水路，該眾佃每甲田各出穀八斗六升足，以為陂長辛勞之費，約至早季收成之日，喚陂長收回清明，不得挨延。並約：番仔陂水道若水沖壞該修築，有十工內者，陂長自修理，不與眾佃；或十工以外者，該眾佃會工合築，經已立約炳據在前。無如屢次旱時，陂長計較求水，身力勞苦，以及洪水沖壞圳道，修築費用非少，虧本甚多。我眾佃等爰是再鳩議，就將番仔陂圳田甲仍舊照泎配水灌溉，每年每甲田，各加出穀三斗四升，以湊前所貼，共有一石二斗之額，再向請陂長陳誰欽出首承當，面約每年每甲田，至早季收成時候，而眾佃須備出穀一石二斗足，付陂長收明，以為辛勞之費，不得刁難推諉。並議：番仔陂圳倘被水沖壞，若修築有五十工內者，陂長自為修理；或五十工以外者，眾佃共築修理，亦不得異言。歷約既舊，再為重新立約言明，凡自今以後，陂長自當勤力巡

65 同前註。

66 同前註，頁二七〇。

67 同27，頁一七一。

視水圳通流，不得懈怠；而眾佃亦當照約所遵。」㊳以前引請帖約為基礎，再綜合其他合約，可知埤長之權利義務如下：⑴埤長由業戶、佃戶推舉約請，向眾佃收取穀粟，以為辛勞之資。⑵埤長負責埤圳之整修及其經費、工資，若毀損嚴重時，眾佃有助修之義務。⑶埤長平時負責巡視水圳通流，分配水分，檢舉挖圳偷水。⑷部份合約規定埤長應備有底銀，以為整修埤圳之資本。⑸虧本或無利可圖時，埤長可以辭退不當，或要求眾佃加納穀粟。

以上是清代台灣埤圳管理的三種類型，雖任用和權利義務關務有所不同，但主要管理權在於埤長、圳長，則無二致。埤長接受委託，收受穀俸，負責埤圳整修、分水全般事宜。埤長、圳長協調眾佃，處理圳務，是水利開發後農村社會的新興領導階層。

㈡ 分水輪灌制度

埤圳開鑿完成後，因園墾成田，需水量不斷增加；復以天有旱潦，汴有高低，故爭水截流，時有所聞。這種情形尤以雨量集中於夏秋兩季，春冬乾燥的台灣南部最為嚴重，在不斷的衝突、妥協之後，於是形成一種公平而妥善的分水輪灌制度，促使莊民充分的整合。茲以嘉慶十九年（一八一四）果毅後莊（今台南縣柳營鄉神農村）的「觀音埤公記」為例，作一說明。果毅後莊，地近山麓，田園缺水，需水尤切，乾隆初年，莊民鳩資築埤，屢築屢毀，至嘉慶十七年再築觀音埤，始告竣工，並經公議，訂立條規，分水立石定汴，輸流放水灌溉。節錄其有關分水輪灌條規如下：㊴

⑴楓仔林埤（觀音埤之前名）水份，原係一百二十份，凡費用工料俱照水份分派。茲有無銀可出，即將水份付與水份內之人承坐，照份出銀頂充，以濟公費；若恃強違約，眾等呈

官究治。

⑵放水須先放至各汴底週滿，然後作三鬮為準，壹汴至肆汴為首鬮；伍汴至捌汴為貳鬮；玖汴至拾貳汴為叁鬮。若要再放，以叁汴尾鬮為首，貳汴次之，頭汴為叁鬮。又欲再翻放，以貳汴為首鬮，頭汴為貳鬮。如此定例，週而復始，至埤水短少，應會眾公議，不得恃強亂放。若塞時，圳底所剩之水，仍歸各汴均分，不得混爭，違者議罰。

⑶分水立石定汴，分寸派定不易，不得改移，若恃強紛更，截木挖汴，藉稱涉漏，被眾察出，罰戲壹檯，仍將水份充公。

⑷築埤以資灌溉，若帶水份之田園，有種旱苗被曝，亦應開放埤水，以濟急需，但照汴分放，不可混淨。至需之費，就早冬灌溉之田甲多少公鳩，毋容推諉，違者議罰。

⑸欲放水，埤長須先傳知眾佃，修理公圳各溝明白，後來照汴分放；倘有不到者，將其水份暫寄公汴。至各私汴當用枋鋸，定不許用竹生端。又放水之日，不許捕取埤中魚蝦，致傷埤長血本，違者議罰。

⑹約後遇亂規，當會眾議罰，倘有不遵，即當呈官究治；費用銀兩就水份內公攤，不得推諉，違者罰戲壹檯。

---

68 台灣私法物權編，頁一二八五。

69 觀音埤公記，台灣開闢資料，台灣省文獻委員會印行，民國六十六年六月出版，頁三八五至三八六。

以上條規，勒石立碑，以為莊民永守；碑嵌果毅後莊鎮西宮前右側外牆壁。條規內容對水份及照鬮序次輪流灌溉辦法說明得很詳細，其主要目的是在避免混淆紛爭。至於水份之分配，可由莊民公議，亦可由官府決定。如同治四年台灣縣知縣張傳敬為西保里田仔廍埤圳長楊主控告舊社埤長武生郭建邦案出示曉諭，諭示曾提到：「雍正三年，孫邑主勘定建碑，攤完田租，合約蓋用縣印炳據。所有上中下三埤水份十分，舊社埤為田甲多之得四，田仔廍埤為田甲次之得三，大埔埤為田甲再次之得二，牛埔得一，世世上承下接，歷久不紊。」[70]此即為官府為解決民眾爭水紛爭，而親臨勘查，判定水份之明例。

在分水輪灌制度的實施上，最緊要的就是「汴」（進水口）不可擅自改變，即「大汴不准挖空、戽水、攔截、亂掘，違者任聽耆董、甲者罰戲，力工銀十二元。又四莊大汴及私小圳並各汴不准控空、戽水、攔截、亂掘、亂搞，違者任聽耆董、甲首罰戲一檯，力工銀四元若不遵者，通知眾佃扭交業主辦理；依然不遵者，公同稟究。」[71]進水口若改移，分水即不公平。茲再引嘉慶二十四年（一八一九）台北盆地霧裡薛埤圳之一紙規約作為說明，當可更清楚了解「汴」之意義。約曰：「緣周陳記開闢霧裡薛埤圳以來，其田配食圳水者皆為吾佃，按甲配帶水份者務必均平。茲因佃人周必謨之田，前付周陳記等開作圳路經過，周陳記等撥出圳水四甲，付其通流灌溉，任從決放。奈時有旱潦，汴有高低，恐汴頂決水灌田，或遇水尾著番之日，未免有盈歉之殊。爰是周陳記等與佃人周必謨商議，就此四甲水鑿為二寸四方，挖空透田，日夜長流灌溉。自此定規，佃人不得擅自鋸闊，亦不得仍前決放；而過汴之水，乃得有常，著番之人，無慮不齊。」[72]由此規約可知，二寸四方之汴，日夜長流，足灌四甲田地，若是鋸闊，則水量更大。所以清代台灣埤圳的契約中，有詳細規定細則者，必有「定汴」之方法，通常都由佃戶按甲鳩備工料，請圳戶公平理定。

(三) 水租的徵收

認納水租是佃戶引圳水灌溉田畝的代價；徵收水租則是圳戶投資開鑿埤圳的報酬。所以在開圳合約中，都有水租穀數額的規定，佃戶對於繳納水租亦皆心甘情願，茲引道光十五年（一八三五）噶瑪蘭大旗尾莊佃人林候等與圳戶萬長春訂立之永遠認納水租合約作為說明。約曰：「候等佃眾承墾大旗尾埔地，苟無水源流灌，終不成業，因仰圳戶萬長春芳觀，爰是義集結內佃眾議納水租，均各一詞稱善。於是具帖僉請圳戶，仍再砌築圳道，引流灌溉。但工程浩費，實難勝數，候等公同約議，每甲官戈願貼工資番銀一十七元正，以為圳戶開鑿埤圳，張設陡門及修理溪頭軟埤之費；而每甲民丈遞年永遠照例配納水租穀三石，按作早七晚三，佃人自備乾圓好穀完納，取給完單為憑。仍每甲再納巡圳埤長辛勞穀二斗，情願早季完納清款，不在早七晚三之議。至候等大旗尾結下埔地，凡可開田者，均屬萬長春水流通灌，尤當一體照納水租。原議銀元貼出，決不敢藉口推卸取諸陰溝水尾之水，希圖抗納各情弊；

(70) 田仔廍埤圳埤記，台灣南部碑文集成，頁四九三。

(71) 台灣私法物權編，頁一三〇二。

(72) 台灣私法物權編，頁一三三七。

如有此情，任聽圳戶主對水稟追，候等均不敢反悔異言。」[73]由以上所引合約文字可知：⑴佃戶希盼圳戶開圳水引水之情，甚為殷切，蓋無水則不成田，只能種植雜糧，收成有限。⑵除納水租穀每甲每年三石外，並貼開圳工資番銀十七元，埤長辛勞穀二斗。⑶埔地日後開成水田，必須聽憑圳戶丈量，收取工資，配納水租。⑷水租永遠繳納，無有期限。

不僅是民開圳戶開鑿埤圳須納水租，就是官府開鑿之埤圳，亦要繳納水租。「台陽見聞錄」圳租條記曰：「查台屬直加弄水圳，係夏前道任內籌動公項開築，引水灌溉農田；頻年以來，用費鉅萬。又兼築壩修圳以及辛工等項，按年需費二千餘元。前因款無所出，深虞莫繼。於光緒四年間，飭照台地各處水圳之式，按田抽收水租，以為歲需經費。嗣因該處田甲無多，所收水租不敷經費十分之一。又經夏前道飭照台邑各圳最輕之租，議定圳頭之田，自直加弄起，至五塊寮東畔一帶止，每年每甲抽穀二石五斗；又五塊寮起，至竹仔寮、海尾寮、木淵寮西畔一帶止，圳尾之田每年每甲抽穀一石五斗；又魚塭利息勝於田畝，每甲均抽穀二石五斗，作為常年定額。嗣經縣議照收成分數，定抽租之多寡。本年該處收成八分，即照八折飭納；並由縣給單。」[74]這是官修埤圳抽取水租的情形，其特色是圳頭和圳尾的租額有別，同時按收成分數，定收租之多寡。

清代台灣各地埤圳之水租額數不一，端看築埤開圳之投資經費而定，通常圳戶開鑿之埤圳，水租穀每甲每年約三石至五石不等，全憑契約決定；自然形成或公眾合築之埤圳，僅需納埤長之辛勞穀，水租額較輕，每甲每年約在一石以下。無論如何，均以甲作為認納之標準，這是全台通例，鮮有例外。惟有網紗圳埤章程規定：「水租，由縣烙給官斛兩口，官秤一支，該管事於收成時即按冊向各業戶照章抽收。田稻每石，收租穀一斗，園則照田減半。」(75)什一抽取，算是變例。

五、埤圳所有權的變更

清代台灣埤圳中，除了業佃、莊民合築者，因其所有權屬於公眾所有，無法變更外，其餘無論是合股設號或獨資經營，其所有權或管理權均可賣斷、轉讓、出贌、胎借等，不受限制。茲就現存的清代埤圳契約，歸納其所有權變更的方式如下：

㈠杜賣埤圳

杜賣就是賣斷，圳戶將埤圳及眾佃水租穀、陡門、餘埔、曠地盡行出賣，不留一草一木。在杜賣時，圳戶必須將眾佃戶合約、長行戳記、印板、佃戶底冊、輪灌鬮書等文件，交付買主。茲以光緒三年（一八七七）宜蘭縣東勢順安莊的一份賣圳合約作為說明。約曰：

「同立杜賣盡根水圳字人柯接枝、柯順茂等，有承祖父柯濟川遺下應得東勢榕樹門龍目井順安莊水圳一道，連溪頭、埔地、泉漏及陡門、圳道等一應在內，年收早晚季水租穀二百石左右。茲因乏銀別創，兄弟相商，願將該圳及水租、陡門、餘埔、曠地等件盡行出賣，先盡問

---

(73) 台灣私法物權編，頁一一八一。

(74) 唐贊袞：台陽見聞錄，頁八四至八五。

(75) 同(66)。

房親人等俱不欲承受，外托中引就與李望洋老爺出首承買，同中三面議定依時值盡根圳價銀七百五十大元正。即日同中銀、契兩交收足訖；該水圳亦隨即踏明四至界址及所灌各田畝佃戶，交付買主前去嘗管，任聽收租，永為己業。」[76]類此契約，約文中尚有二點聲明：(1)一賣千休，粒租不留，日後即使價值增添，水租加數倍，亦是買主洪福，賣主後日之子孫不敢言贖，亦不敢言找。(2)所賣水圳是自置物業，與別房親人無關，亦無重張契據典掛他人財物，以及上手交加來歷不明情弊；如有此等情弊，賣主自當一肩挑盡，不干買主之事。

除了完整之埤圳可以杜賣盡根之外，合資設號、按資分股之埤圳亦可杜賣圳份。茲舉道光八年（一八二八）吳天富兄弟杜賣「金新安」圳份之契約說明。約曰：「同立杜賣圳份盡根歸管永斷字人吳天富、吳天文、吳健全，原有父吳裱，先年合夥，地在茭苳林新興莊開築水圳，引水灌溉眾佃田畝，沖號金新安。約議作十股半，吳裱應得五股，簡觀崇應得四股，張石成、林三易共得一股，廖禮三在寮理事，公蔭半股。因林彪等金大成水圳在上，金新安在下，絕流乏灌，悞佃田業抛荒，年收無利息。裱情願將此自己五股圳份退賣別創，先問房親叔侄人等不欲承受，托中引就夥內簡觀崇承領，當日憑中言斷，議定時值盡根共價銀三百七十大元正。銀即日面同交過經收，其圳份五股，隨交付夥內簡觀崇永遠歸管整理，鳩收水租。」[77]杜賣圳份約文中之保證聲明，與杜賣埤圳相同。此外埤份之買賣、開圳所需土地之買賣亦同。

(二) 出贌埤圳

出贌就是圳戶將埤圳的經營權讓與贌圳人，有一定期限內，在期限內，圳戶和贌圳人之間有約定的權利義務關係必須履行；圳戶方面，將埤圳和埤圳有關之圳寮、駁船、陡門、浮梘、木涵等及修圳器具，交付贌圳人經營，並由贌圳人向佃戶收取水租。贌圳人則必須交付圳戶無利磧地銀，以為押金；然後按年納圳租粟，其數不一，端看合約規定。茲引咸豐八年（一八五八）的一紙出贌合約以為說明。約曰：「親立出贌字人總理張振綏，有承祖父遺下十八張水圳一條，帶埤一個在內，凡十八張田，藉此圳水灌溉者，逐季按甲完納水粟。今因自己乏力修造，將此圳及埤出贌，於是托中招得族內茂官、萬岱官、陳文龍官等出首承贌。三面議定於咸豐九年起，至咸豐十四年止，每年圳租粟六十石，分早晚兩季完納，不得少欠升合；如有少欠，聽綏即時討起，另贌他人。其九月重陽佳節，筵請眾佃圳主，應出酒席銀八大元，係綏支理，與贌主無干。」[78]上引合約較為簡單，圳租粟額亦不高，故贌圳人無須支付磧地銀。

綜合清代台灣埤圳出贌合約，有關圳戶和贌圳人之間的關係如下：⑴在水租方面，每年早晚兩季，贌圳人應納圳戶圳租穀，再向眾佃戶收水租穀；若有被眾佃戶拖欠者，不論多少，贌圳人應自己向佃取討，不干圳戶之事；贌圳限滿之時，將埤圳交還圳戶，所有期限內被佃人拖欠水租，歸贌圳人向佃戶自收，與圳戶無關。⑵在管理方面，埤圳管理人辛勞之

---

[76] 台灣私法物權編，頁一二四〇。

[77] 台灣私法物權編，頁一二七八至一二七九。

[78] 台灣私法物權編，頁一三一四。

穀，由贌圳人支理；埤圳陡門、浮梘、木涵等如有損壞要修理者，預先通知圳戶，由贌圳人先出金採買，然後由圳租扣抵。⑶若遭遇風災、水災損壞田稻，佃戶裁減水租時，圳戶與贌圳人亦照所收租額，酌議攤減；若埤圳被大小沖崩，損壞圳道，而必須買地開圳時，其地價由圳戶負責，工食則由贌圳人支付；若僅損壞陡門、浮梘、木涵時，圳戶出枋料，贌圳人出工食。⑷退贌時，圳戶應將磧地銀歸還，贌圳人亦必須將埤圳修理完好，交還圳戶別佃，不得刁難。⑸埤圳所屬之村莊若科派什費，應由贌圳人出錢，與圳戶無涉。

㈢ 杜賣埤長甲首

埤長和甲首都是埤圳的管理人，在埤圳所有權屬於公眾所有的情況下，埤長和甲首均握有配水灌田之權，並可收取水金，職位世襲，如同財產。不過，埤長之性質與甲首又不盡相同，埤長之職或出於舉充，或出於出資買受，但其權利有限，不外乎破水先灌等，故其價值較低。茲舉例說明：「立甘願杜賣埤長人大穆降莊上帝廟鄭法，有承祖父明買過林亨埤長份辦理埤長，其埤名曰豬母耳埤。其破水及填岸等事，係埤長通知眾人，是以破水之日，該讓埤長先破，有餘照鬮輪流香水。茲法埤長田甲無多，甘願將埤長份意欲杜賣，今因托中引就，杜賣與本莊四領社蘇振芳出頭承買，三面議定時價銀六大元正六八足。其銀即日交訖，法願將埤長抽出過賬，交付銀主掌理，不敢阻擋，亦不敢異言生端等情滋事。口恐無憑，今欲有憑，立賣杜絕埤長字一紙，併帶上手埤長契字一紙，合共二紙，付執為炤。」[79]由上引文字可知埤長之權利有限，故僅值佛頭銀六大元。

至於甲首，可能是曹公圳之特殊設置，負責管理田甲，輪放水番，灌溉田畝，按甲徵收水穀銀項，繳充公局，以供築溪及疏通圳道之費用，徵繳之差額則歸甲首所有，故可「上供局費，下養身家」。茲引一杜絕甲首契字說明。約曰：「立杜絕甲首契字人大竹里乙甲莊林靜觀，有承父林安居墾置下八莊舊圳甲首一股，該管田七十六甲七分，帶納總理膏伙並溪口諸費。因先父自光緒八年去世，有胞兄林清江掌辦三年，侵缺總理趙德觀繳款，追討難容。江無力清還，與觀相議，願將此甲首交觀掌辦，抵還缺款。嗣後江出為混收，觀屢遭賠累，無力繳還，適因總理侵缺鳳儀書院董事沈時秋膏伙，總理將此甲首抄封，抵還敏膏伙銀一百二十元。保此甲首，觀承父物業，與別房親叔兄弟侄無干，亦無重張典掛他人，交加不明為礙；如有不明，觀自一力抵擋。此係二比甘願，各無反悔，恐口無憑，立杜絕甲首契字一紙，並繳戳記水甲簿各一件，付執為炤。」[80]由上可知，杜賣甲首是管理權的賣斷，而甲首的價值，在光緒年間約值佛銀一百元左右。

(四) 退頂辦

退頂辦就是在埤圳興築的過程中，因耗資過鉅，致使原頂辦圳戶或埤長缺乏資金，無力承辦，而將其權利轉讓承頂人，並由承頂人支付若干工本銀給原頂辦人，以補貼其損失。茲舉一合股設號之圳戶杜退水圳底契字以為說明。約曰：「同立杜退荒埔水圳底契字人合興號眾股份，即羅義興……等，蒙分憲吳諭給興眾股份等鳩集工本，開築南烘一帶圳務水道通

---

[79] 台灣私法物權編，頁一二七五。

[80] 台灣私法物權編，頁一二六五至一二六六。

流，所有灌溉之田畝應配水租，准興等收為工本之資。……茲因本年五月間大雨滂沱，埤圳崩陷，乏項無力修理，難以疏通，合興號眾股份商議，情願將南烘一帶圳底暨荒埔盡行出退於人，托中招得新順源號出首承頂，三面議定備出七兌工本銀一千大元正。即日銀契同中見兩相交收足訖；其南烘一帶水圳荒埔，隨即踏明，盡交付與新順源號前去掌管修理，開闢收租，永遠為業，自此一退終休，葛藤永斷，杜退以後，不敢異言滋端。」[81]由上引契字可知，清代台灣墾戶或圳戶向官府申請取得墾照或開圳許可後，若因災變或其他原因無法繼續時，可將已取得之權利讓渡他人，收取補貼金。

除了圳戶之外，埤長亦可退頂辦。茲舉例說明：「立退頂辦字人謝溪，緣前年蒙葉薰洋眾田主等延溪充當埤長，溪是以傭雇工人，開築埤圳，用費銀一百大元，逐年竭力修造，未嘗水份失其灌溉。今因無力承辦，自情願將此埤長退與蕭六藝官承充頂辦，蕭六藝備出埤底銀一百大元正，補貼溪前年用費。工資銀即交收足訖；其埤圳，蕭六藝自應認真修築堅固，不致埤水灌溉不敷。每鬮水份貼薪粟一石，計共八十鬮，合共水粟八十石，早晚二季，付蕭六藝收取，以為修補圳費，眾田主等不得少欠。」[82]埤長雖是眾田主延充頂辦，但亦可將此權利轉移，由新頂辦人付銀補貼用費。

(五)胎借

胎借就是圳戶乏銀應用時，向他人借貨，而以埤圳為質押，若有少欠利息時，則埤圳之水租由銀主掌管，收租抵利；若無法償還本銀時，埤圳即任銀主處分，茲舉一契約說明。約曰：「同立胎借銀字人藍高才，即藍吻、藍盾兄弟等，有自置應得鬮書埤圳水路一條，又帶水田一段，共二段，坐落土名在四圍莊大橋上新仔罕港，開築擋門埤圳水路，灌溉抵莊、大茅埔莊田。乃眾佃有明約字一紙，尊請付以藍高才為圳戶，定例按甲逐納租為憑。今因乏銀應用，吻兄弟等商議，將此埤圳約字、水田丈單願付出借為胎，先盡問至親人等不欲承借，外托中引向與吳成興家中借出佛銀五百大元正。其銀即日同中交吻兄弟親收足訖，三面言議約定，逐年每元銀願貼利息粟一斗六升行，全年合共利息粟八十石，按作早季在埕納清。其利粟是要乾風搧淨，不敢濕冇抵額，亦不敢拖欠升合；如是少欠者，吻兄弟願將此埤圳水界內水租石交付銀主前去掌管收租抵利，不敢異言阻執滋事。」[83]以埤圳做為借貸之質押物，足見埤圳和水田一樣，都是農業社會的重要資財，契約中規定，若銀主自要用銀而索討時，借主要備足母銀歸還，贖回約字和丈單；若無法備足母銀，那麼埤圳就要任由銀主處分了。

以上是清代台灣埤圳所有權變更的情形，除了埤圳的建物可以杜賣、出贌、退頂辦、胎借之外，最特殊者乃埤圳管理人之職位為世襲，故亦可杜賣轉讓，足見埤圳及其管理權在清代台灣漢人社會中已是財產制度的重要一環，與土地密切地結合在一起，使整個台灣的農業推進到以米穀為主的經濟型態。

---

81 台灣私法物權編，頁一二五七。

82 台灣私法物權編，頁一三一三至一三一四。

83 台灣私法物權編，頁一三三五至一三三六。

六、埤圳糾紛及其解決

清代台灣社會分類械鬥層出不窮。所謂械鬥，即是指聚眾持械私鬥；因械鬥常含有地域觀念或種族意識，所以在台灣方志中均稱之為「分類械鬥」。近人戴炎輝認為械鬥之根本原因，在於爭水及地利。其日：「械鬥之根本原因，在於異類人爭奪經濟上之利益，尤其在清代農墾階段，以爭地搶水為其最。先直接以爭利為原因而械鬥，其餘恨舊怨未消，動輒因細故而開始械鬥，前人概以習尚為械鬥之原因，但此不過為潛在意識。個人之爭鬥，容許因有此習尚而爭鬥；但分類械鬥，則斷不致擴大。蓋械鬥所惹禍害之大，若非有切害關係，則不能驅同類人一致行動。惟不可否認，結仇之後，因細故亦械鬥。又當械鬥醞釀之先，官能予以開導；開始之後，能予彈壓，則不致發生，或可予制壓。官之無能無為，人民不予信任，甚至無視文武官員之存在，亦有以致之。」[84]此種說法證之於清吏熊一本在「條覆籌辦番社議」所言：「況兩類肇端，每在連塍爭水，強割佔耕，毫釐口角，致成大衅。」[85]大致不差。

爭水雖是清代台灣分類械鬥的導因之一，然而在清代台灣方志中，關於此項紀錄卻甚少。「鳳山縣采訪冊」記日：「鳳山下淡水各溪，發源於傀儡山瀑，萬頃汪洋，傾瀉而下，分為數十里，雖地勢使然，亦粵民築壩截圍所致也。聞前輩不許截圍，欲使山泉順流而放諸海，不為害於閩莊。惜粵民不肯，幾成械鬥。因弗果行，遂至溪流浩大，氾濫無常。」[86]類此記載，其糾紛似在治水，而非埤圳灌溉，且僅至「幾成械鬥」而已。台灣方志中缺乏爭水糾紛而引起之械鬥資料，可能因其肇於田畝之衅，規模較小的緣故。據筆者目睹，在民國四十、五十年間，宜蘭鄉間因灌溉爭水而引發小規模械鬥仍是層出不窮。另外，由「淡水廳志」附錄「中壢擬開水圳說」一文，亦可推知閩粵分類對築鑿埤圳的影響。文曰：「中壢為塹北、淡南適中之區，地高亢而不曠，間有小陂而瀦水甚少，半為旱田。前同知曹謹探得水源在大姑嵌後山之湳仔莊，蜿蜒約三十餘里；引其流以達中壢，可灌溉數千里。計議舉行，苦於發源處生番出沒，遂中止。比來開墾日廓，生番遠匿，絕無滋擾患矣。惟大姑嵌之居民屬漳者多，而中壢又多粵人；欲引漳人之水以灌粵人之田，非民所能自辨也。所以弭衅端、拓廢土為百世無窮之利，應俟後之君子。」[87]由「欲引漳人之水以灌粵人之田，非民所能自辨也」之語句，可見閩粵分類，勢同水火，因而波及埤圳之修築，影響土地之利用。

因埤圳糾紛而引起分類械鬥的紀錄雖少，但關於埤圳糾紛的資料則甚多，散見於官府諭示、稟帖、碑文，茲綜合歸納，依禁約、開圳糾紛、爭水糾紛等三項說明如下：

(一) 禁約

清代官方對於農民竊水、爭水之處罰有以下的規定：「民間農田，如有於己業地內費用

---

[84] 戴炎輝：清代台灣之鄉治，台北聯經出版事業公司，民國六十八年七月出版，頁二九八。
[85] 熊一本：條覆籌辦番社議，治台必告錄，文海出版社，頁二三四。
[86] 盧德嘉：鳳山縣採訪冊，台銀文叢第七三種，民國四十九年八月出版，頁一一六。
[87] 陳培桂：淡水廳志，頁六三至六四。

工力，挑作池塘瀦蓄之水，毋論業主已未車戽入田，而他人擅自竊放以灌己田者，不論黑夜白日，按其所灌田禾畝數，照侵佔他人田，一畝以下笞五十，每五畝加一等，罪止杖八十，徒二年；有拒捕者，依律以罪人拒捕科斷。若於公共江河、川澤、溝瀆築成渠堰，及於公共內地挑築池塘，占為己業者，自不得濫引此例。如有殺傷，仍分謀故鬥毆定。」[88]由上引可知，竊放私人埤圳之水，罪同侵佔他人田地，處罰甚重；公共埤圳之水，情形則不同。福建巡撫吳達善曾有一諭示，提及恃強奪取公共埤圳之水者的責罰規定。其曰：「閩省濱海環山民間田地，均藉溝渠塘圳，按引灌溉；形勢既有不同，得水亦分難易。或自上及下，或按股輪分，自有一定之規，原不容互相爭奪。嗣後各該村莊近水之區及按引陂塘溝圳之處，均著本管鄉保、族正、里長遵照成規，列榜曉諭，或按股，或分日，務須按次輪流，毋許強爭私控。如有恃強妄行者，重責三十板；聚眾報械混爭奪者，將首犯枷號兩個月，滿日重責四十板；其隨從之犯，毋論本家異姓，俱重責四十板。鄉保、族長、甲長失察一次，重責二十板，縱容者倍之。」[89]分水輪灌必須按照當地慣習行事，若有恃強爭水者罰之，若聚眾恃強爭水者，其罰更重，鄉保、族長、甲長均需負連帶責任。這是清代官方對埤圳水利秩序和權利維護的明白規定，對民眾自有戒惕的作用。

清代台灣為邊陲移墾社會，在移墾社會中，因地土新闢，官治制度尚未確立，若缺乏清廉且強而有力的地方官吏來處理紛爭，則很容易形成「縣如無官之縣，民如無官之民」的無政府狀態。清代吏治敗壞，已如前述，故在埤圳的維護方面，民間亦有私約，由地方領導階層來執行。茲引樹杞林、九芎林一帶之埤圳禁約一則以為說明。禁約曰：「竊思官有公法，民有私約。緣我九芎林、樹杞林透入內山一帶，溪陂圳水，通流灌溉，最關切、最緊要，斷斷不可暫時停息也。奈何屢有不良之徒，不顧他人工本，只圖自己口腹，往往毀陂截圳，塞源絕流，以取魚蝦；全不思圳一無水，田即燥乾，苗遂枯槁，妨農害稼，為患不淺。此種惡習，殊堪痛恨。爰是邀各莊長、眾業佃，公同立約嚴禁：無論男、婦、老、幼，如敢故違仍行毀陂截圳、塞源絕流以取魚蝦者，定即嚴拏，將取魚之人扭交街、莊長，或將取魚之器具繳交街、莊長，公議重罰演戲全台、酒席二筵、紅羽大燭、香楮、福炮等物；倘敢頑抗不遵罰者，定即同具公稟，將取魚之人，或將取魚之器具送官究治，決不寬恕。其白日拏獲者，給賞花紅銀二圓；黑夜拏獲者，給賞加倍，向業佃取領，決不食言。謹此告白。」[90]此一禁約是對於毀陂截圳、塞源絕流以取魚蝦行為之禁止，除了處罰之外，尚有懸賞的規定。值得注意的是清代台灣埤圳水利的民間罰約，大都以罰戲為主，蓋民間禁約本無強制之權力，罰戲則犯者破財，公眾娛樂，無傷大雅。

破埤害圳糾紛發生，若街、莊領袖如義首、總理、街莊正副、董事、紳衿、耆老、族正等無法解決，則同具公稟，請地方官吏出示嚴禁。茲以道光七年（一八二七）彰化縣西螺堡鹿場埤破埤放筏一案為例說明。本案據當地業戶廖靖忠、埤長游典成等稟稱：「緣西螺堡鹿

---

88. 台灣私法物權編，頁一一一五。
89. 台灣私法物權編，頁一一一五至一一一六。
90. 林百川等：樹杞林志，台銀文叢第六三種，民國四十九年一月出版，頁三三至三四。

場埤原就觸口築笱，攔水入圳，灌溉四十餘莊田禾；上供課帑，下資民生，所關非淺，久載府誌，凡有筏由溪經過，從不敢沖犯課圳。向定以四月半後為期，必有溪水滿過埤岸，始許過筏；稍能傷礙，則應折筏抬過，歷來如斯。無奈溪頭巨姓，聚集匪徒，結黨立股，凡有過筏，必向買路，由淺入深，竟成利藪；無論有水無水，只要筏夫多錢，即行破埤放筏，任水別流，害及田苗枯槁，日久成慣，不能阻止。歷年以萑苻成風，相續於道，即次示禁，並親臨焚毀，未能鋤滅。此二月二十日，巨魁張夏、張察再行破埤害禾，埤長向阻被毆。眾佃望水情迫，於三月初九日，截獲張夏、張察，同筏夫張堉、黃保稟解究辦。蒙堂訊將張察、張夏刑責枷示，併令張察、張夏賠資修築，出具以後不敢破埤甘結邀案；一面出示嚴禁該處人等務須依照水時，必有滿過埤面，始准過筏。忠等敢不凜遵。惟該處習惡成性，移時即違，非蒙就示勒石，豎立埤所，以垂永遠，恐無以杜復萌。」[91]就以上所引可知：(1)張察等破埤放筏，害及田禾，被眾佃扭往稟官後，處罰甚重，除了枷示外，還要賠資修築，出具甘結。(2)勒石示禁，豎立埤所，以垂永遠，是清代台灣埤圳糾紛處理的特殊方式，其目的是藉石碑之堅，永為憑據。本案最後彰化縣知縣同意出示嚴禁，禁曰：「爾等務須各安生業，毋許結黨包抽筏費，所有竹筏，俟溪水通流滿過埤面，方許順水撐載，不得再行掘毀課埤，復滋事端；倘敢故違不尊，仍在溪頭等處截索符費，掘毀埤圳，一經察出，定即嚴拏究辦，不稍為寬貸。」[92]

另有一案，即乾隆三十年（一七六五）水沙連大坪頂採製軍工樟料的匠首曾文琬具稟控告施厝圳埤長、甲首阻滯樟木放運水道。按原匠首之樟木是由濁水溪放運，然溪水浩瀚湍急，收集不易，容易散失，因此欲利用康熙五十八年興築之施厝圳放運，但「凡遇放樟木，必於水大之時，從圳頭而入，其中設閘之處，必須悉行起放，不能阻塞源流；則沖決之患，斷不能免」，因此埤長、甲首阻止。匠首採製軍工樟料是屬台灣道掌理，彰化知縣詳覆說明後，分巡台灣道兼台灣知府蔣允焄示禁曰：「嗣後軍工料件，照舊由溪放運，直運海口；不得圖便藉運圳道，致妨農田水利。如敢故違，一經被害告發，立即嚴拏究革，仍即著賠圳道，斷不姑寬。」[93]此禁文勒石後，現存立於南投縣名間鄉濁水村圳頭。

由上引資料可知，埤圳水利為農民生活所賴，因此官方與民間均視為要圖，處理埤圳與他業之間的爭執時，無不以農田水利為重，對於竊水、爭水者亦有重罰之規定，關於此點，在清代台灣可謂官民一致也。

㈡開圳糾紛

開鑿埤圳，興修水利，本為善舉，然水源所在，爭競難以避免，糾紛於是發生，而官府對於開圳糾紛大都採取息事寧人的態度，不過若埤圳之開鑿危及莊社、田園、墳廬，官府亦採行嚴禁的立場。茲以光緒年間彰化縣中埔一帶開圳糾紛作為說明：本案原告圳戶許德豐原有祖先遺管水圳一條，引水灌田，向眾佃收納水租，到同治年間，圳頭被水沖崩，源流壅

---

[91] 台灣私法物權編，頁一三二九至一三三〇。

[92] 同前註，頁一三三〇。

[93] 阻滯圳道示禁碑，台灣中部碑文集成，台銀文叢第一五一種，民國五十一年九月出版，頁七一。

塞，致使內五莊田畝缺水。光緒年間被告陳玉石被施有慶等公舉為圳戶，另開水圳，由中埔仔許德豐圳底埋涵過梘，引水道行。許德豐隨即邀同各課館謝為章等，仍就舊圳修葺通流，不允陳玉石在其舊圳埋涵，於是發生糾紛。陳玉石、施有慶等瞞匿真情，僅以開圳為詞稟縣給發諭戳，以為抵制；而許德豐、謝為章等則具稟控告。本案彰化縣知縣的判決如下：「開圳引水灌田固屬美舉，彼此爭執，各有不是，且許德豐圳水不敷，內五莊灌溉自應聽其另開。第埋涵過梘之處，係許德豐舊管圳底掘土埋涵，不無損礙；且舊圳係許姓物業，任其開築過水，似無限制；然捨此無可引水之處。茲為衡情酌核，斷令中埔仔地方許德豐圳底准由陳玉石埋涵過梘，引水通行。其圳底如有漏洩崩壞，由陳玉石隨時修理，不准推諉。陳玉石圳成以後，所收各佃水租穀作十成計算，以七成半歸陳玉石收為修圳之費，以二成半歸許德豐收為允其通融過水之租。本年旱季，陳玉石開圳未完，內三莊引用許德豐圳水，其水租應歸許德豐等承收。斯後各莊民如用許德豐圳水，應納水租，與陳玉石無干；如用陳玉石圳水，即按照堂斷七五、二五分收，以照公允。」[94]本案因原告、被告雙方皆是以抽納水租為目的之圳戶，因此彰化知縣以水租分享的方式來解決開圳糾紛，兩造悅服，尚稱圓滿。

開鑿埤圳，若危及他人生命財產之安全，則必須嚴禁；尤其損及墳廬墓園，更是不可。茲以乾隆二十五年（一七六○）諸羅縣安定里西保漚汪莊築圳糾紛作為說明：漚汪莊有一廣達三百三十甲之「公採埔」，係文衡殿關聖帝君塋置之地，歸文衡殿掌管。乾隆十七年（一七五二）間，圳戶詹曉亭欲於該莊草地引東勢大溪橫開圳路，收取水租圖利，莊民周才等目擊不平，夥同莊眾赴縣控告詹曉亭肆行開圳，稟請諭止。本案經諸羅知縣查訊後，詹曉亭敗訴；

乾隆十九年，詹曉亭赴台灣府控訴，該府查訊曰：「本府查漚汪莊地方，如就文衡殿關聖帝墾置之埔地旱園，堪為水田，於農業實有利濟，但漚汪莊一帶莊社田園墳廬，列於其下，水性自上奔放，保無沖激及難以堵築之勢。查某處荒蕪，居民甫耕，詹曉亭等只傾一己之利，罔思眾姓貽害，毋怪乎周才等與為角逐。一經諸羅令訊明，詹曉亭十七年間之圳已經停工，而諸羅縣令復提詹曉亭等，訓誡詹曉亭等自限一月將圳填塞，似應俯如該縣詳請勒限一個月內，著令詹曉亭填塞舊圳，並准周才等勒石示禁，以垂永遠。」[95]本案經層層奉批後，其結果：⑴令詹曉亭等在一個月將停工舊圳填塞。⑵勒石嚴禁漚汪莊地開鑿水圳，以免妨礙民居墳廬。

以上所舉兩個案例，即是官府處理開圳糾紛的兩個方式，不是嚴禁，就是諭飭協力修築，共享開圳之利益。開鑿埤圳原為美舉，若不妨害他人生命財產及墳廬之安全，官府通常採取鼓勵之態度，就是發生糾紛，官府亦以仲裁者的立場，促兩相和輯，分霑水澤。

㈢爭水糾紛

爭水糾紛通常都發生於久旱缺水之際。清代台灣埤圳在平時水源足夠，大都按水份或輪灌等慣習進行水的分配，其情形詳如前述；但每逢旱魃肆虐，水源枯竭，禾苗萎頓，恃強爭水的情況則不免發生。茲以台灣縣屬大肚西堡五福圳之爭水案件為例加以說明：五福圳之爭

---

[94] 台灣私法物權編，頁一一五一至一一五二。

[95] 台灣南部碑文集成，頁三九〇至三九一。

水糾紛發生甚早，在乾隆三十三年（一七六七）就有所謂「貓霧捒大肚東西堡民番分爭水利」案，即大肚東西堡之水利，均源自大甲溪之水道，在朴仔籬口分流灌溉，東西堡民番田地向來三七得水，共享水澤。後來因天旱乏水，東堡各業佃仗恃居於上游，於舊有二埤之外添築第三埤，遏絕西堡水源，於是發生爭端，後經知縣親勘，拆毀第三埤，但之後每逢歲旱，東堡業佃乃於第二埤內以草蓆遮斷，泥填石縫，砌塞源流，因此西堡業佃向官府具稟控告。本案經官方判定：「嗣後應定汴三七分灌，就朴仔籬第一埤圳處，前斷照古量十五丈之數，令東堡民番得水汴十丈五尺，西堡民眾得水汴四丈五尺，以便分溉田地。至定汴以後，遇有修濬埤圳工程，俱照東七西三份數出力公辦，不得推諉，亦不許埤長人等借端索騙；違者重處。」[96]同時規定無論溪流變遷盈涸，永遠不變，所以後來大溪中央淤成石壩，南北分流難以定汴，乃於下游合流寬窄相等處，通丈一十四丈，東堡分出七分，計九丈八尺；西堡分出三分，計四丈二尺，於汴口兩旁堆積石仔為界，同時勒石示遵，以杜爭端。

五福圳即大肚西堡之圳，在光緒年間，其所分得之三分之水，被苗栗縣民張廷材截分一部份，灌溉墩仔腳等莊，歷時二十餘年，但因水源充足，而無紛爭。到了光緒二十年（一八九四），適逢亢旱，大肚西堡缺水，於是向官府具稟控告，經仲裁後，其具結狀曰：「本年亢旱，台灣縣大肚堡之人循照舊章程，朴仔籬地方決三分之水，不意中途被苗栗縣民張廷材（即張戇）在枋寮地方之下鑿圳兩條，橫截溪流；致台邑大肚堡水田，更益乾涸，紛紛爭控，致令填塞圳道。今經台、苗兩縣會勘定斷：查張廷材（即張戇）所開兩圳，已歷二十餘年之久。其上流穿山數十丈，所費工資尤屬不輕；以兩圳須令填塞，實有為難。且當年溪流充足，以其有餘分潤墩仔腳等處各莊之旱田，於此無損，於彼有益，有何不可？斷令不必填塞，常年溪水充足，仍照舊引灌。至現時圳道不通，墩仔腳等處各莊人民牲畜皆憂乾渴；斷令於四月初三日引灌一晝夜，如再不雨，四月十二日復引灌一晝夜。嗣後每隔八日，引灌一次，仍以一晝夜為準，俾資渴飲。兩邑之民，各宜遵照，按時引灌，無得爭多競寡，致滋事端。」(97)由上引具結狀可知，在溪流充足，水源充沛的情況下，就是新開圳道，橫截溪流，亦無紛爭；但一逢亢旱，爭端即生。本案所遺存貨料甚為完整，除甘結狀外，尚有示禁碑，現存於今台中縣梧棲鎮大莊浩天宮內牆；另有被告張廷材，原告五福圳圳長黃管等之遵斷甘結狀，均為珍貴之資料。

五福圳的案例為莊堡與莊堡間之爭水糾紛，茲再舉小險圳案例作為業佃間爭水糾紛的說明。小險圳在台灣縣草鞋墩，係灌溉該地一帶高田，舊時圳水不敷灌溉，只可佈種單季。嘉慶十六年（一八一一）三月間，該地業戶李寢等集資開圳，將水份分為十四鬮，所有上季圳流，與十四鬮內出銀者輪灌；下季照原由眾佃分灌。從此以後，始可佈種兩季，但水源不盛，天時多雨，尚可分灌他田，若遇旱歲，僅足敷十四鬮份內之田。佃戶李妙等雖無水份，但亦佈種早冬，以望時雨，如雨水充足，亦獲豐收，所以習以為常。光緒二十、二十一年均久旱成災，水源不足，但李妙等公然佈種早季，截水灌溉，有水份者李定邦等向官府控告。

(96) 分爭水利示禁碑，台灣中部碑文集成，頁七三至七四。

(97) 五福圳結狀諭示碑，台灣中部碑文集成，頁一二〇。

本案台灣縣知縣批曰：「今斷李定邦仍照舊約秉公辦理圳務；李妙本無水份，只得專種單季，不得利己損人，致干眾怒。至匏仔寮地方之田，李妙等布種晚季，仍應照常完納圳租，毋得藉口違抗，重啟釁端。」[98]

五福圳、小險圳等兩個案件，可印證爭水糾紛皆起於久旱缺水之際；而官府的處置，多以舊約慣習作為解決爭端之原則；至於其處理結果，則大都勒石示禁，以垂永遠，故台灣各地遺留之爭水示禁碑甚多，這可說是清代台灣埤圳制度的特徵之一。

七、結論

清代台灣土地的開發與利用，雍正初年是轉捩點；在此之前，移居台灣的漢人因受自然環境和市場需求的影響，大都偏重於甘蔗的種植，而稻米的生產反而較不重視。日本學者森田明曾指出，清室領台至康熙末年間台灣新增的耕地面積，以蔗園為主的旱田增加速度遠比水田為快。他同時指出，台灣中部彰化一帶在開墾之初，米穀生產的條件仍然十分不夠，而甘蔗的栽培和砂糖的生產方面，由於商品性價值很高，蔗園的開墾要比水田耕作來得容易，所以在此時期中，蔗作要比稻作佔較重要的地位。[99]到了雍正初年，這種情形有了轉變，由於康熙末年以來，台灣人口大為增加，所需米穀激增；加上大陸各省米糧不足，米價大為提高，因此稻米成為有價值的經濟作物，其種植漸被看重。雍正三年（一七二五），台灣米開始銷售到大陸沿海各省，[100]且此時蔗糖生產過剩，價格也相對低落，因此之故，一些原來從蔗糖上獲得厚利的資本家，開始轉投資於埤圳水利的開發，以促進水稻耕作，進而使台灣的土地開發步入一個嶄新的時代。

清代台灣埤圳發展的誘因是建立在投資報酬的基礎上，因此民間出力多，官府用心少。清代台灣官吏對於開鑿埤圳的態度消極，勸修、助修埤圳而績效卓著者寥寥無幾。然而放眼整個清代統治疆域，在農田水利的倡導方面亦大抵如此。蓋中國歷年水利灌溉工程，多由民間自動發起，非官方有計劃的興辦。[101]只是此種傳統農政性格，在重利成風的移墾社會中，使官府顯得畏葸而顢頇。所幸尚有宋永清助修蓮池潭、周鍾瑄捐俸、捐銀助修諸羅縣埤圳三十一處、曹謹勸修曹公新舊圳、夏獻綸籌動公款修築直加弄水圳、陳文緯稟借公款修築網紗圳埤等，而使官方未在清代台灣水利史上繳白卷。

清代台灣的埤圳因大都是民間投資興建，所以在投資型態和管理制度方面異常複雜。不過，一般而言，埤圳的開鑿，從資金的籌集，到官府的認可，合約的簽訂，均有一定的步驟，這些步驟保障了投資者的權益，同時也促進了經濟的發展。在清代台灣，開鑿埤圳所需

---

[98] 小險圳水份諭示碑，台灣中部碑文集成，頁一二三至一二三。

[99] 轉引自李亦園：台灣傳統的社會結構，台灣史蹟源流，台灣省文獻委員會編印，民國七十年十一月出版，頁二一二。

[100] 王世慶：清代台灣的米產與外銷，台灣文獻第九卷第一期，民國四十七年出版，頁二〇。

[101] 黃俊彥：艾伯華著「征服者與統治者：中古中國的社會勢力」評介，師大歷史學報第四期，頁五三三。

資本常在數千元之鉅，雖築成後即為利藪，然亦容易引起豪強惡棍之覬覦，藉端霸佔，興訟構紛；一般奸狡佃戶恃強爭水、抗納水租，故需要官府的認可立案，以為保障。官府在這方面大都能以農田水利為重，或頒飭諭、曉諭予以立案，或頒圳照、戳記以為憑證，發揮了保護的作用。另一方面，由於埤圳是民間簽訂合約開鑿，因此合約之履行、埤圳管理人之舉充、分水輪灌、水租徵收等，都有一定之慣習，在正常的狀況下，埤圳主和佃戶大都能遵守，但若逢變故，如久旱缺水等，則爭端不免發生，官府成為糾紛之仲裁者，其處理結果往往勒石示禁，樹碑於紛爭之處，以垂永遠。

清代台灣於稻作普及後，埤圳有無決定了土地的價值，有完整埤圳可供灌溉者為上則田，有埤塘之水可供灌溉者為中則田，山田與靠天雨灌溉者為下則田，不能種植水稻者為園，其價值最低。所以在清代台灣漢人社會中，埤圳逐漸成為財產制度的重要一環，與土地緊密地結合在一起，因此埤圳和土地一樣，可以杜賣、出贌、退頂辦、胎借，變更其所有權；更特殊的是連埤圳管理人之職位，亦成財產，可代代相承，亦可杜賣典借，這可以說是把埤圳的價值發揮到了極致。

最後，必須一提的是，清代台灣民間興修埤圳水利，可謂蓬勃鼎盛，然一海之隔的中國大陸似乎一無所知。以光緒二十四年（一八九八）甘韓之「以公司興水利說」為例，該文曰：「今言興水利，有必資國帑舉作者，顧今國帑何能溥給？矧工程資本若或稍鉅，農之智不逮，農之力亦不逮，而曠棄物地無能相種弗論矣。而陂地漸竭，祈禱頂踵，不救苗槁，若是宜倣泰西設水利公司矣。」[102]合股集資以公司型態開鑿埤圳，在乾隆、嘉慶年間台灣北部即甚為普遍，而該文卻以為是西方新觀念而加以倡導，其隔閡可謂深矣。

⑩² 甘韓：以公司興水利說，清朝經世文新編續集，卷七下，頁五上。

清代台灣婚約中反映之婚制

一、前言

婚姻是指男女依照社會風俗或法律規定所建立的夫婦關係；婚姻制度則是指社會對於婚姻行為的規範。

無論是從歷史或社會的角度觀察，人類的婚姻關係皆非常複雜，具有各種層面的意義。社會學家認為，「作為人類制度的婚姻，其作用、功能及方式，則因時、因地、因法律風俗宗教信仰而有所不同；對所有社會階層而言，婚姻的意義也可能有所區別。」❶因此在人類社會中，許多因素影響婚姻制度，而婚姻制度亦反映彼時的社會狀況。在社會條件與婚姻制度的互動關係上，從任何一方來加以探討詮釋，皆是饒富意義的。

回溯婚姻的歷史研究，大都著重在婚姻禮俗方面，探討婚俗變遷的情形。事實上，禮俗的創立是基於社會的需要，而且代代相傳，但行之既久，就會引起變化而失去原來的意義。有些則因原來的需要已不存在或有了變化，而使禮俗改變，就婚姻禮俗言之，古人以六禮而為婚嫁，不厭其程序之繁雜，而樂於遵守並慎重其事，乃因注重立家傳宗的問題，而視婚姻

❶ 謝康：中國社會制度研究，台北成文出版社，民國六十九年九月出版，頁二七。

意義極為深遠，故皆能以至誠至尊的態度行之，使整個婚姻過程呈現莊嚴隆重。之後，因年代久遠或受社會環境的影響，婚姻的原有意義消失，六禮逐漸簡化，及至今日，已以訂婚結婚二禮代之。關於婚姻禮俗變遷的研究，具有文化和社會的價值，然限於體裁多流於重複。本文則嘗試從歷史學的角度，探討清代台灣的婚姻制度和現象，藉以反映彼時的社會狀況及價值觀念，更深入地瞭解一個已消逝的社會的實景。

在社會科學中，以婚姻制度來詮釋推衍社會變遷，最成功的例子就是美國學者葛伯納(Bernard Gallin)對台灣農村小媳婦制度的觀察和解釋。葛伯納認為小媳婦制度的式微，是受到許多社會因素的影響，諸如人口結構的變化、經濟形勢的改觀、公共衛生設備的改善、都市化的形成等。這些變化促使年輕人遷移的能力增加，能脫離家庭權威而獨立，膽敢反對父母長輩預先安排的婚事。葛伯納說：「我們把奧爾加·朗和費孝通對小媳婦收養和結婚制度的解釋記在心裡，就可以看出台灣農村最近幾個重要發展的相同點。首先，此地人口型態發生了顯著改變，最近數十年尤為顯著，這種改變影響了小龍村地區和台灣的性別比例。女性對男性的比例逐漸增加，到現在幾乎兩性比例相等，這一來替兒子找個適當妻子的問題，比起以前來，絕沒有那樣嚴重了。女性大量增加，和嬰兒死亡率下降，兩件事密切相關，這是公共衛生設施改善，經濟形勢全面進步，加上近十年來生活水準顯著提高的結果。女性增加和家境改善以後，就容易尋到新娘，也娶得起了，結果收養小媳婦的越來越少，原先利用這個制度收養的女孩，嫁出去的往往也越來越多。父母任意硬替年輕的人找配偶，年輕的人公開反對的日多，這也是把小媳婦嫁出去趨勢的成因，他們之所以能這樣反抗，是因為移居

都市日益容易，年輕人謀生的機會增加了。」❷

葛伯納的解釋，雖屬於人類學的範疇，然亦足以說明從相關的資料來詮釋婚姻與社會的互動關係，不僅是可能的，而且深具價值。在歷史學研究方面，亦不乏類此的例子，如近人廖素菊在研究台灣客家婚姻禮俗時，發現婚姻論財和門當戶對的觀念在客家社會特別濃厚，此乃受到粵籍人民遷台較閩籍人民為遲的影響，客家人因謀生艱難而勤儉，因勤儉而重視財富，因重視財富而求門當戶對。他指出：「在大陸人民遷徙台灣時，客籍人之移住較閩籍人為遲，無論在地理或經濟上的條件，均不如閩籍人，因而在原來極純樸保守的風習中，產生重視錢財的風氣，此種風氣乃影響到婚俗，例如婚姻論財；必須門當戶對；清末民初期間將過聘禮分為過定、完聘、送日子三禮來完成；徵聘必求豐富；宴客必求舖張，使原來莊重之大禮，流為耗財的俗禮。」❸此外，他亦指出：「粵籍遷台後，由於客家社會保守的民族性，對其原有的舊俗都牢守而不廢。惟遷台的客家人，可大別為海陸、四縣兩類。四縣客家則以梅縣為大，梅縣乃一文化、禮儀之大縣，一切水準較高，故在婚俗方面多所隆重，由是在台的客家人，來自梅縣者，其所行之婚姻禮俗，較之來自海陸一帶及其他地區者，更為依禮而行，更為隆重。」❹由以上所引資料，可知婚姻的歷史研究，亦可詮釋史實中的若干現

❷ Bernard Gallin原著，蘇兆堂譯：小龍村，台北聯經出版事業公司，民國七十年三月二版，頁一八七。

❸ 廖素菊：台灣客家婚姻禮俗之研究，台灣文獻第十八卷第一期，民國五十六年三月出版，頁八四。

❹ 同前註，頁四三。

象，開拓社會經濟史研究的視野。

關於清代台灣社會的婚姻制度研究，若從官修志書或私人記錄著手，收穫必定有限，蓋「台民皆徙自閩之漳州、泉州、粵之潮州、嘉應州。其起居、服食、祀祭、婚喪，悉本土風，與內地無甚殊異。」❺因此志書雖繁簡有別，但大略觀之，仍嫌寥寥，且究其內容，皆以儀式為主，對於社會意義則付之闕如。故本文撰寫的目的，即針對清代台灣遺存之男女嫁娶字據，加以整理，歸納其規則和習慣，佐以文獻資料，以恢復清代台灣漢人婚姻制度之全貌，同時透過大娶、小娶等婚姻方式、權利義務關係，詮釋清代台灣社會的某些特殊現象。

然而，必須說明的是清代台灣的社會是一個複合社會(Plural Societies)，構成分子有漢人和土著番族。漢人和土著番族在文化結構、社會價值觀念、語言體系等均有很大的差異，表現在婚制上就有很大的不同，所以本文以漢人的婚制為探討範圍，土著番族部份就捨而不論。此外，按照台灣的習俗，明媒正娶的嫁娶依禮俗進行，通常不訂婚約，而不是明媒正娶的變例婚姻，則皆有簽訂婚約的手續，婚約中對聘金、子女、權利義務關係均有明文規定，這種婚約大部份委託代書人書寫，由男女雙方妥當保存。本文係以婚約作為主要的分析對象，故對於變例婚姻的探討必將有所偏重，此乃資料的限制，並非刻意強調變例婚制的重要性，併此說明，尚祈明察。

二、清代台灣漢人社會的兩性問題

法律學者陳棋炎在論及婚姻法時，曾對婚姻的性質有過精闢的解析，他說：「婚姻係以自然的、社會的事實為前提之社會制度；所謂婚姻法，乃就現存事實應如何安排為其任務，而婚姻法本身，絕無形成另一事實之力量。詳言之，婚姻因自然的、社會的狀態不同而異其型態，即由群婚、對偶婚，以至於成立現在的一夫一妻之婚制，莫不皆因社會環境變遷所致。」❻由這段話可知婚姻是以自然的、社會的事實為基礎，環境的條件深深地影響著婚姻的型態。基於這個認識，在探討清代台灣漢人婚姻制度之前，我們先省視清代台灣漢人社會的兩性問題。

清代台灣的漢人社會是一個男多女寡的移民社會。在台灣的開發史上，漢人的拓殖雖早在荷蘭人據台之前已經開始，但真正奠定漢人移民台灣之基礎，乃在成功驅逐荷蘭人之後。鄭成功率其宗黨部屬移住台灣時，雖然並不單純為了殖民，但由於採取了寓兵於農的政策，而奠定了一個純粹以農業為主的漢人移民區。發展農業最重要的是需要大量的勞動力，鄭氏在台灣稍獲安定之後，深感勞動力不足，於是嚴令將士將眷屬遷台。關於令將士眷屬遷台，有下列記錄：「時以各社土田，分給與水陸諸提鎮，而各搬其家眷至東寧居住，令兵丁俱各屯墾。」❼「永曆十六年正月，賜姓嚴諭搬眷。」❽「（永曆十六年）二月，成功檄洪旭、

---

❺ 丁紹儀：東瀛識略，台銀文叢（台灣銀行經濟研究室編台灣文獻叢刊簡稱）第二種，民國四十六年九月出版，頁三二。

❻ 陳棋炎：親屬、繼承法基本問題，國立台灣大學法學叢書㈣，台大法律系出版，頁一五三。

❼ 阮旻錫：海上見聞錄，卷二，台銀文叢第二四種，民國四十七年八月出版，頁三九。

❽ 同前註，頁四〇。

黃廷同兄泰等，陸續載諸眷口過台。」[9]「國軒得泉屬諸邑，分其眾鎮守，勢稍弱。遂啟經調鄉勇充伍，並移鄉勇之眷口過台安插，庶無脫逃流弊，緩急可用，亦寓兵於農之意。經允其請。」[10]雖然鄭氏明令搬眷，但到台灣者仍多數是男子，婦女極少，鄭氏屯墾部隊中，兩性比例極為不均。關於這個現象，康熙七年（一六六八）四月，施琅請伐台灣，上「盡陳所見疏」中有曰：「賊眾散處，耕鑿自給，失於操練，終屬參差不齊，內中無家眷者十有五六，豈甘作一世鰥獨，寧無故土之思？」[11]由於男多女寡，所以販賣婦女，亦見於載籍，台灣外記記云：「時邱煇自踞達濠有年，橫行無忌，官軍無奈之何。所有擄掠婦女，悉係台灣船隻販賣，因而室家日多。」[12]朝鮮「李朝肅宗實錄」亦記云：「鄭錦大敗，……竄入海島，島名即台灣，一名東寧。……土地瘠薄，物產不敷，且居民尠少。鄭錦之兵，皆無妻子，婦女一人之價，至於數百金。」[13]由此皆可知當時台灣婦女的缺乏。

明鄭時期男多女寡的社會現象，到了清初，並未見改善。康熙二十二年（一六八三），清軍平定台灣，翌年即解除「申嚴海禁」令，允許江、浙、閩、粵人民出海貿易捕魚，為沿海居民開了一條廣大的生活之路，此一措施，不僅是一項德政，而且對於移民台灣，促進台灣的開發與經營，具有重大的意義。可是在這件事上，平台功臣施琅在其「論開海禁疏」中，則以鞏固海防為由，表示異議。施琅深恐內在「奸徒」與海上的鄭氏餘部勾結，而作不軌之圖，因此，他主張必須加以限制。清廷採納施琅的意見，康熙二十三年（一六八四）訂頒三條規定，其中一條限制搬眷，即渡台者，不准攜家帶眷；業經渡台者，亦不得招致。這個限制奇特而不近人情，其用意有二：第一是使赴台者有所顧忌，不敢在台灣為非作歹，有軌外行動；否則就要牽連到留住內地的妻孥。其次是使赴台者有所戀念，不易在台灣永久安居落戶，生養孳息；必須於春耕時前往，秋收後回籍。⓮這種限制搬眷的禁令執行起來相當困難，但也不免有遏止的作用。

康熙五十七年（一七一八），清廷採納閩浙總督覺羅滿保的建議，嚴禁偷渡。這次的禁令，一方面促成守口文武員弁貪污的機會，另方面造成台灣兩性人口的不均衡和社會不安。這個因禁令引發的問題，在「朱一貴事件」發生以後，曾爭論一時；明達之士，多認為治本的辦法，莫過於准允人民自由攜眷渡台，及在台人民回籍搬眷，曾襄贊藍廷珍平定「朱一貴事件」的藍鼎元，就是其中主張最力的一位。

雍正二年（一七二四），藍鼎元在「與吳觀察論治台灣事宜書」中，對於當時社會兩性問題，曾提出解決的辦法，他說：「客莊居民，從無眷屬。合各府、各縣數十萬之傾側無賴

---

❾ 江日昇：台灣外記，卷十二，河洛圖書出版社，民國七十年初版，頁一八一。

❿ 同前註，卷二三，頁二九九。

⓫ 施琅：靖海紀事，上卷，台銀文叢第六種，民國四十七年二月出版，頁六。

⓬ 同❾，卷十五，頁三〇〇。

⓭ 轉引自曹永和：台灣早期歷史研究，台北聯經出版事業公司，民國六十八年七月初版，頁二七四。

⓮ 莊金德：清初嚴禁沿海人民偷渡來台始末，台灣文獻第十五卷第三期，民國五十三年九月出版，頁二。

遊手群萃其中，無室家宗族之繫累，欲其無不逞也難矣。婦女渡台之禁既嚴，又不能驅之使去，可為隱憂。鄙意以為宜移文內地，凡民人欲赴台耕種者，必帶眷口，方許給照載渡，編甲安插。台民有家屬在內地，願搬渡台完聚者，許具呈給赴內地搬取，文武汛口不得留難。凡客民無家眷者，在內地則不許渡台；在台有犯，務必革逐過水，遞回原籍。有家屬者雖犯，勿輕易逐水。則數年之內，皆立室家，可消亂萌。」[15]吳觀察即台灣道吳昌祚，滿洲人。吳昌祚得書後，曾將此一建議層轉給福建當局參考，但無下文。雍正五年（一七二七），福建總督高其倬曾奏請有限度搬眷，他認為「若令全不搬眷，固非民願；若一概搬眷，歲增日益，又將有人滿之患；均非長策。」因此，他建議四點，即：在台人民，無業無田產之人，一概不准搬眷；有田產房廬之人，即行給照，令其搬往安插；佃戶、有住台經五年，而業主又肯具結保留者，准其給照搬眷；其餘一概不准。這個建議，被雍正常以「利不什，不變法；害不什，不變制」的看法，加以否決，嚴禁偷渡之事，自然照舊奉命執行。[16]

雍正六年（一七二八），藍鼎元以高安朱軾相國之引薦，朝見雍正帝，並向雍正帝條陳「經理台灣疏」。在這件奏疏中，他首先述及台灣婦女缺少的情形，其次提到要維持社會治安，根本的辦法，必須先解決兩性比例的不均衡。他說：「統計台灣一府，惟中路台邑所屬，有夫妻子女之人民。自北路諸羅、彰化以上，淡水、雞籠山後千有餘里，通共婦女不及數百人，南路鳳山、新園、瑯橋以下四、五百里，婦女亦不及數百人。合各府各縣之傾側無賴，群眾至數百萬人，無父母妻子宗族之繫累，似不可不為籌劃者也。」[17]這是康熙末年到雍正初年的實際情形，其中尤以粵民更為嚴重，「廣東潮惠人民，在台種地傭工，謂之客子。所居莊曰客莊，人眾不下數十萬，皆無妻孥，時聞強悍。」⑱所以藍鼎元建議，以妻室家累來羈縻這些強悍之徒；他認為這些無父母妻子宗族繫累的人，「今欲驅之使去，則勢有不能；縱其所如，恐為地方之害。臣愚，謂當有潛移默化之術，漸解其靡室靡家之民，必先遂其有室有家之願。蓋民生各遂家室，則無輕棄走險之思。設有不肖欲為盜賊，不能不念妻子親屬之株連。而且一妻入門，則欲食欲衣，有子有女，則衣食日繁，不得不力農負販，計圖升斗，以免妻子一日之飢寒。雖有奸豪意氣，亦將消磨淨盡，此不待禁令而自然馴服者也。」⑲家累足以銷磨豪氣，因此，他建議赴台耕種者，務必帶有眷口；在台人民，俱聽其搬眷團聚。可惜此一建議未被雍正所採納。

清初對於婦女渡台的禁令森嚴，非獨針對內地人民赴台者，就是調台官員亦復如此。康熙六十年（一七二一），清廷規定台灣文武大小各官不許攜眷；所以藍鼎元曾嘆云：「既不

---

⑮ 藍鼎元：與吳觀察論治台灣事宜書，鹿洲初集卷二，平台紀略，台銀文叢第十四種，民國四十七年四月出版，頁五二。

⑯ 大清世宗憲皇帝實錄，卷六一，雍正五年（丁未）九月二十七日（庚辰）條。

⑰ 藍鼎元：經理台灣疏，鹿洲奏疏，平台紀略，台銀文叢第十四種，民國四十七年四月出版，頁六七。

⑱ 藍鼎元：粵中風聞台灣事論，平台紀略，台銀文叢第十四種，民國四十七年二月出版，頁六三。

⑲ 同⑰，頁六七至六八。

許挈眷之官，而三載任滿，又令以陞銜再任三載。六年海外，抛棄室家，誰能無憂內顧？」[20]一直到了雍正十一年（一七三三），才准調台官員酌量攜眷，其辦法規定為：文職官員知縣以上者，年逾四十而無子嗣者，得申請攜眷。官員攜眷的限制，要到乾隆四十一年（一七七六）才完全解除，其事乃因閩浙總督鐘音，為諸羅縣知縣李倓，年屆五十五歲，尚無子嗣，奏請准其攜眷赴台，因而引起乾隆的惻隱之心，下諭廢除舊例，「嗣後台灣文武各官，無論年歲若干，有無子嗣，如有願帶眷口者，俱准其攜帶；其不願帶者，亦聽其便。」[21]此一條例的修改，給在台任官者很大的方便，且對於以往立法者的顢頇無知，給予極大的諷刺。

至於一般人民的搬眷問題，則要到乾隆五十三年（一七八八）福康安奏請明設官渡後始行解決。其間曾有三次寬放，但為時均短，第一次寬放是在雍正十年（一七三二），廣東巡撫彌達奏准有田產且安分循良之台民搬眷，但至雍正十三年（一七三五）九月即告停止。第二次寬放是在乾隆九年（一七四四），巡視台灣給事中六十七，奏准台民若有祖父母或妻子欲赴台侍奉就養者，官府給照搬養，不過這一次的寬放，為期極短，前後僅約一年，即被宣告停止。第三次寬放是在乾隆二十五年（一七六〇），福建巡撫吳士功奏准台民搬眷，但為期一年，且限於在台有業之居民，對於內地人民欲赴台謀生者，仍舊嚴行禁止。到了乾隆五十三年，福康安平定「林爽文事件」後，乃就攜眷問題，向乾隆建議云：「至攜眷之例，屢開屢禁，至今未絕，總因內地生齒日繁，閩粵人民皆渡海耕種謀食，居住日久，置有田產，不肯將其父母妻子仍置原藉，搬取同來，亦屬人情之常；若一概禁絕，轉致私渡情弊。請嗣後安分良民情願挈眷來台灣者，由地方官給照，准其渡海，移咨台灣地方官，將眷口編入民籍。」❷自從乾隆二十五年（一七六〇）以來，無人膽敢再提的攜眷問題，福康安見義勇為的提出，這是他的卓識之處；加以福康安當時顯要的地位和所受乾隆皇帝的信任，他所建議的事項，自然全被接受了。

以上不憚其煩地敍述清初的禁渡搬眷政策，除了說明鄭迄清代台灣社會兩性比例不均衡的情形之外，並藉以解析這種情形的發生是有其政策上的因素。然而就本文的主題而言，更值得注意的是由於兩性比例的不均衡所造成的社會問題及其對婚姻制度的影響。關於前者，「由於清室規定渡台者不准攜帶家眷，使社會上男多女少的現象嚴重，導致踐履斯土的移民，心理和生理同感苦悶，於是藉機酗酒、賭博、狎妓以資發洩，爭風吃醋時有所聞，影響社會治安，也造成人心的浮動好亂。」❸光緒十八年三月，福建台灣巡撫邵友濂有一勸諭台地婦女的告示，對清代末期台灣的社會風氣有深刻的描述，他說：「本部院素聞人說台地婦女多半仍不知閨教，貪愛錢財，與男子往來，以倚門接客為常事，人人傳為笑談，謂天下無

⓴ 同⓯，頁五四至五五。

㉑ 清高宗實錄，卷一七〇〇，乾隆四十一年（丙申），四月二十日（辛酉）條。

㉒ 中央研究院史語所編：明清史料戊編第四冊，大學士公阿桂等奏摺，頁三〇九。

㉓ 廖風德：清代之噶瑪蘭——一個台灣史的區域研究，台北里仁書局，民國七十一年六月出版，頁二四四。

恥之人莫如台地婦女之甚。本部院渡台以來，細察情形，深為爾等婦女叫屈。蓋爾等非真無恥也，所以甘為無恥之事者，其故約有三端：一則習俗已久，年幼無知之女，習見其姑若母之所為，不復知為可恥之事；一則明知其非，見逼於大姆，不從則詬罵毒打，故含羞忍辱而為之；一則年少無遠慮，但知暮舞朝歌之樂，不暇計失身之害。」[24]由此段告示可知清末台灣賣淫之風氣較內地為甚，而且由來已久，習以為常。

邵友濂細察弊風，剖陳利害，勸從事賣淫之婦女懸崖勒馬。然其對於此一習俗形成的原因，則百思莫解。他說：「台地閩人原籍多閩之漳、泉，粵之潮、嘉，而最以漳、泉人為多；漳泉地方自受宋朝朱文公之化，婦女最明禮法，朱公簾、朱公罩至今天下傳為美談；祖宗為天下美談，子孫為天下笑談，則非原籍之舊俗可知。台地後山生番雖冥不知法，然男女之範甚嚴，爾等均係清白良民，乃甘為娼妓無恥之事反不如粗野之番人，則非台地之舊俗可知。」[25]既非原籍習俗，亦非台地舊俗，推究原由，惟有受兩性比例不均衡的影響最為可能，蓋因男眾女寡，娼館林立，社會風氣遂一發不可收拾。

關於後者，兩性比例不均衡對於婚姻制度的影響，則可於論財重利的聘金制度及養媳制度看出一斑。成書於康熙年間的「台灣府志」及「鳳山縣志」，都提到清代台灣初期的婚姻論財，部份論者以為此種不以對方人才為選擇標準，而以對方財產多寡或家境貧富為先決條件的婚姻行為，及為講究繁文縟節的排場，不惜大量浪費金錢的婚姻禮儀，實為社會重視財富的觀念和習俗趨向奢侈所使然，至於社會風氣重視財富，則是移民社會居民生計艱難，生活較為貧苦的緣故。[26]事實上，若進一步的探討，可以發現婚姻論財和收受聘金陋俗的形成，兩性比例不均衡係其最核心的原因。由於女性稀少，「物以稀為貴」原則的支配下，女性的價值大大提高，財貨就成為婚娶重要的標準。光緒十八年（一八九二），林豪撰修「澎湖廳志」，在改革聘金陋俗下曾加按語謂：「按近時女價愈貴，娶婦亦愈難；而惟再醮者尤甚。欲仍前三十三員之數，亦未易必得。緣邇來廈門之販外洋者，每以厚價買婢載往，而當道未暇訪禁，故婢價驟貴，奸媒四處攬買，此風傳播各處，婦女亦因而增價。且產女者或多不育，故見其漸少也。從前劉通守家驄銳意舉辦育嬰堂，若當時無所阻撓，則澎民何至艱於得婦哉！是宜因時變通諭令，聘禮以舊例為程，不得因再醮而多索，庶小民無怨曠之患也。」㉗由上引可知，澎湖婦女因廈門來澎的商人以高價攬買婢女，及棄養女嬰之風甚盛，而地方長官舉辦之育嬰堂又受阻撓未辦成，故婦女人數大減，婦價因而大增，怨曠之患由是大起。

由於男多女寡，婚姻多論財物，費用浩繁，中上人家娶一妻子，動輒五、六百銀元，因

㉔ 取締台灣婦女弊風之告示，台灣私法人事編第二冊，台銀文叢第一一七種，民國五十年七月出版，頁一八八至一八九。

㉕ 同前註。

㉖ 莊金德：清代台灣的婚姻禮俗，台灣文獻第十四卷第三期，民國五十二年九月出版，頁二八至三一。

㉗ 林豪：澎湖廳志，卷九風俗志儀文篇，台銀文叢第一六四種，民國五十二年出版，頁三一二。

此一般貧困而有子嗣的人家，為顧及兒子長大後無力負擔聘金及婚禮費用，每多抱養貧家幼女為童養媳，等到童養媳長大到適婚年齡時，與其兒子相配成婚。此即所謂的小媳婦制度。奧爾加·朗(Lang, Olga)在提到小媳婦婚姻時也曾說：中國家庭往往「設法把兒子未來的妻子在自己家裡養大——這種事在南方尤為普遍。」她還觀察到，「這種習俗在中國古代大家就已知道（甚至元朝的法律也曾提及）。雖然並未普遍，但每逢經濟蕭條的時候，這種婚事就會增加。」她把非這樣安排不可的原因一部份歸於可婚婦女普遍缺少，一部份歸於結婚的花費太多。㉘由上可知，替子嗣娶親的聘金多，婚禮喜宴的開銷大，其和可婚婦女缺乏是有一定的相關。兩者相互激盪循環，遂使後來者不易釐清其因果關係。

綜言之，從清代台灣漢人社會的兩性問題來觀察，可得到以下三個簡短的結論：第一，清代台灣的漢人社會是一個男多女寡的移民社會。在移民社會中，男多女寡原本正常現象，然因清廷惟恐台灣淪為海盜淵藪，採取禁止搬眷的政策，使此一社會問題更加惡化；第二，由於兩性比例不平衡，男多女少的現象嚴重，遂使移民心理和生理同感苦悶，致使娼館林立，社會風氣敗壞，賣買婦女屢見不鮮；第三，由於兩性比例不均衡，適婚婦女嚴重缺乏，遂使婚姻論財的聘金制度和窮困人家的養媳制度風行，構成清代台灣婚姻制度的特徵。以上三個結論係就目前研究的結果所做的推論。可預測的，無論明媒正娶的嫁娶婚禮的變遷，或以契約、賣買、勞役為條件的變例婚姻的成立，兩者均受到社會因素的影響。本文即以此為假設，在浩繁的婚約的資料中尋求清代台灣漢人社會婚姻制度的基本脈絡。

三、嫁娶婚

嫁娶婚在台灣俗稱大娶，是清代台灣社會中最正式、最通行的婚姻形式。

嫁娶婚亦即明媒正娶，係經過一定的禮儀完成婚姻的程序。台灣省通志云：「台省同姓不婚，婚嫁有大娶小娶之別，凡依六禮而行者，謂之大娶。小娶，即招婿或半招嫁之謂。」[29]由此可知，婚姻正式與否，完全繫乎締結儀式。清代台灣的移民大都來自閩南、粵東，故民俗語言皆與內地相同。李文達台灣縣志記曰：「居台灣者，皆內地人，故風俗與內地無異。……婚喪沿俗，禮以貧富為豐歉，悉類內地。俗信巫鬼，病者乞藥於神，輕生喜鬥，善聚黨，亦皆漳、泉舊俗。」[30]然而舊俗亦非一成不變，以婚姻禮俗而論，除了古禮所定的問名、訂盟、納吉、納徵、請期、親迎等六禮之外，亦滲入本地風俗與社會變因，而略有變化，故陳文達鳳山縣志記曰：「婚姻論財。……雖冠、婚、喪、祭與內郡同，但縟節太煩，而真實不足；浮費過盛，而權輿難承。」[31]近人莊金德將此種以古禮所定之六禮為基礎，再雜以本地習俗的婚姻禮儀，稱之為「台灣式婚禮」。[32]換言之，清代台灣的嫁娶婚制除了具

---

[28] 同[2]，頁一八五。

[29] 台灣省通志，卷二，人民志禮俗篇，台灣省文獻委員會，民國六十一年六月出版，頁二一。

[30] 陳文達：台灣縣志，卷一，風俗，台銀文叢第一〇三種，民國五十年六月出版，頁五五。

[31] 陳文達：鳳山縣志，卷七，風土志漢俗篇，台銀文叢第一二四種，民國五十年十月出版，頁八〇。

[32] 同[26]，頁四七。

有濃厚的內地化性格外，並有區域性的特色。

在婚姻的觀念方面，清代台灣社會亦繼承我國舊制，即認為婚姻成立的目的在於為家、為祖先；男女共處，反居於次要地位；婚姻非以個人為本位，乃具有超越個人的性質。就誠如奧爾加．朗所説：「在古老的中國社會中，人們沒有被教導著期待在婚姻中得到愛和快樂，婚姻不是為個人的滿足，而是為了家庭的延續。」㉝這種情形，可從清代台灣所遺留下來的婚書或婚約中，皆以父母或尊長為簽約之當事人，婿媳本人唯命是從，非婚姻之當事人，當做明證。在傳統的婚姻中，男女僅是被結合者，因此婚禮除了是嫁娶的儀式外，也貫通了家庭和社會，呈現錯綜複雜的面貌。綜合嫁娶婚姻的此種特性，乃就嫁娶規定、訂婚與結婚、聘金與嫁妝等三方面説明清代台灣漢人嫁娶婚姻的成規和慣習。

㈠嫁娶規定

清代台灣漢人的婚姻締結以一夫一妻制為基本形式，然一夫多妻亦屬合法，一般人民娶妾，並不限制其人數。至於嫁娶，清朝律例多所規定，但不大為民間所遵守，此乃緣於台灣原本邊疆移墾社會，官治力量薄弱，幾近於無政府狀態，人民乃因社會需要而自成習俗。儘管如此，但是部份嫁娶規定仍為一般人民遵守，茲列舉説明如下：

⑴尊長作主　按照舊律及習慣，婚姻須由祖父母、父母或期親以上尊長主婚，男女本人不得違背期親以上尊長之主決。尤其父母在決定子女的婚姻時，無須詢問子女的意見；對於父母之決定，子女不得拒絕，縱使該婚姻不合己意，亦不得拒絕。若父母均不在而由其他尊長訂定時，常以其與當事人本人關係的密切程度而不同。例如分家後，伯叔與姪子之間關係

疏薄，自不能為姪子、姪女訂婚約；如尚同居共財，伯叔對於姪子，實與其已故父母無異，有與父母相同之權利，為姪子、姪女訂婚約。若父母均去世，男女本人欲訂訂婚約時，仍須徵求最近尊親屬的同意，否則該婚姻將視為苟合，而非正式婚姻。簡言之，即嫁娶不是以男女兩人同意而成立，而是必須經過尊親屬的同意才算數。

(2)同宗禁婚　同宗親戚不得結婚，不論其有服與無服，且不得與其妻妾結婚，即使是無服親之妻妾，在離婚之後，亦不得與之結婚。在外姓姻親方面，凡尊卑失序者，不得結婚，不論其為直系或旁系，亦不問其有服或無服。又姑舅兩姨兄弟姊妹亦禁止通婚。在與外姻親之妻妾結婚，祇禁止娶舅或外甥之妻妾，蓋舅甥在外姻親中最親之故，至於同母異父姊妹、妻前夫之子女、前夫之子女、後夫之子女，此等人雖非一氣，但終屬至親，故不得通婚。

在同宗禁婚方面，亦有很多例外，如兄收弟婦或弟收兄嫂，均為法律所禁止，但在民間卻往往有此習慣。台灣把弟娶亡兄妻稱為「接竹篙」(chiap-tek-ko)。㉞至於與妻之姊妹結婚，迄今仍為習慣所許，實例亦多，蓋亡妻之遺子由其姊妹照顧，比以他人為繼母更為恰當。至於姑表、姨表兄弟姊妹間，因俗尚「姑表骨肉親」，有忌避之傾向；惟鹿港地方，俗

㉝ 轉引自黃美幸：中國婚姻制度之演變，台灣風物第十七卷第四期，民國五十六年八月出版，頁七一。

㉞ 池田敏雄：台灣省人婚姻習俗語彙，台灣風物第二卷第八、九合期，民國四十一年十二月出版，頁一一。

云：「姑愛姪，同字姓。」不僅不忌避，甚至喜尚姑表兄弟姊妹結婚。至於姨表兄弟姊妹，論其血統關係與姑表兄弟姊妹雖無差異，但因俗以「姨表係別人」，故不忌避。35

(3)同姓不婚　同姓未必同宗，然世俗認為同姓即係同宗，因之予以禁止，其禁止的理由有二：一為避免婦女不殖、不繁、不繼；二為違背人倫，防淫佚，恥與禽獸同。在台灣，習俗上除了同姓不婚外，尚有同源不婚之制，例如張廖簡三姓，遠自黃帝時，原為張姓一支，故子孫互不相婚。又如陳姚胡田四姓，出自舜帝，原為同姓，故不相婚。其他如徐余塗三姓，原為徐姓一家，亦不相婚。同姓不婚之規定法律雖無明文，但無世俗所遵行，然至清末一般青年已開始有懷疑之趨向，一九三五年二月三日台灣日日新報之「處世問答」一欄，署名一台灣女性的婦女抗議說：「同姓不婚是什麼道理！祇是台灣人久來的壞習慣而已，在這文化開明的現在，同姓結婚已經不是不自然的事罷了，如果不能夠順利結婚，我們就一起到東京去，就在那兒結婚好了。我曾想：既然不是同一血統，僅為同姓而已，相信就是結婚，也毫無關係。」36這雖然是日據時期的讀者投書，然而亦可做為佐證。

(4)犯禁不婚　違反律例之婚姻，不僅無效，而且受罰。如違背身分上之限制，良賤為婚；如重婚，夫已有妻室而重娶者；如先姦後娶者，加以處罰，婦女離異歸宗；如詐欺妄冒，即隱匿關於殘疾、老幼、庶出、過房及乞養等項，欺罔對方，即予處罰，並予離異；如脅迫，即強佔良家婦女或迫守志婦出嫁者，予以處罰，被脅迫者可訴請離異；如買休或逃亡婦女，婚姻取消，將婦人離異歸宗。有以上之情形者，不得結婚。

(5)違俗不婚　一般習俗在憂戚期間，不許有喜樂之事。男女若遭逢父母、祖父母、伯叔父母、姑、兄弟、丈夫、妻子等辭世，居喪期間，不得結婚。又如有祖父母、父母犯死罪而受囚禁，亦禁止結婚。但是以上規定，亦有例外，如父母生前即已訂婚者，則於父母死後七日內，以簡略方式迎娶，以資相共居喪，俗稱為「順孝娶」(Sun-ha-chhoa)。

除了以上五項規定之外，結婚年齡雖有規定，但無強制性。依大清通禮，結婚年齡男年十六，女年十四，然實際上，男十八至廿五歲，女十六至二十歲為適婚年齡。訂婚年齡別無任何限制，所以民間甚至有「指腹、割衫襟為親」者，年幼時所訂婚約，通稱「壓定」，俗稱「自幼聘定」。上述皆為清代台灣男女嫁娶之消極條件，在積極條件方面，則是重視對方家庭的財富、社會地位及聘金妝奩的多寡。蓋清代台灣一般社會觀念，對於擁有龐大財產的地位及居有崇高地位的士紳，皆抱有一種極端尊敬與羨慕的心理，故對於男女當事人的品性、容貌，反而不大重視。除了重視對方的財產與社會地位外，其次是重視男家能出多少聘金？女家陪嫁妝奩有多少？然後決定是否接受此椿婚事，這亦即是當時嫁娶婚姻講究「門當戶對」的實際狀況。

(二)訂婚與結婚

嫁娶婚的最重要特徵是有一定的儀式以作為婚姻的形式要件，此一要件可分為訂婚、結婚兩個階段。訂婚以男女兩家之合意、婚書之交換及聘金之授受為中心，亦即是婚約的締

㉟ 司法行政部編：台灣民事習慣調查報告，民國五十八年七月出版，頁五九至六〇。

㊱ 轉引自同前註，頁五四。

結。結婚以新迎及合巹為中心，此乃成婚之儀式。依照古禮，結婚的形式要件有六：納采、問名、納吉、納徵、請期、親迎等。前四禮為訂婚，後二禮為結婚。概言之，依照古禮結婚成立之程序大略如次：男家立媒人向女家求婚，問姓名、年庚（問名）；同時贈送禮物（納采）；將年庚卜其吉凶，如得吉兆，即報之女家（納吉）；由男家贈與女家聘財，以之為婚約之證，而製作婚書（納徵或納幣）；男家擇婚期，問女家有無事故（請期）；至婚期，男往女家迎妻，在男家舉行共牢合巹之禮（親迎）。

清代台灣的婚禮則略有不同，其將我國傳統的六禮與本地習俗摻揉雜湊在一起，形成一種典型的「台灣式婚禮」。成書於康熙五十六年（一七一七）的陳夢林諸羅縣志，在卷八風俗志漢俗篇婚喪祭條，對於當時台灣的婚姻禮俗記述甚詳。茲引錄如下：

凡議婚，媒氏送甲庚月日，女先男卜吉，然後「訂盟」；非古者「男先於女」之義，亦「問名」之遺意也。「訂盟」、用庚帖及金銀釧，名曰「文定」、曰「小聘」；亦有加綵幣者。女家用庚帖，隨輕重而報之。互用庚帖者，以謹始慮終，示無悔也。諸羅議婚後，女家遣人視男家，且覘婿，名曰：「探家風」。男則母或諸姆造女家覘媳，攜金銀簪，親插其髻，名曰「插簪仔」，猶北人之云「插戴」也。禮儀輕重可勿計。乃既無庚帖，或未約聘，而貧富貴賤，先後不同，寒盟負約者有之矣。由不用庚帖，不鄭重於始也。「納聘」曰「獻采」、曰「納采」，用婚啟往復。「納幣」但束致儀物而已。此地並「納聘」於「納幣」而一之，具婚書、聘金、幣帛、雜物，簽署

「納幣之敬」；女家亦隨輕重而報之。雖曰太簡，亦不大背於禮。但必多議聘金，以番錢六十員爲最下。女家貧者或先取盡，至「納幣」時竟達空函。有金不足而勒不嫁者，有金已盡、貧不能嫁而愆期者；於是有貧而終身無婦者。「請期」、止用柬，或並日課送女家；必另具儀，所謂「更儀」也。少者番銀二十員，俗名「乞日」；或受，或否。將婚之年，例於五日、除夕，具儀物申敬岳家；至是，皆代以銀。按「明會典」：諸王納妃，六禮之外，更添一儀，遣使入門催妝，始有「更儀」之制。全士庶而效之，疑於僭；且必取盈其數，亦嗜利而已，烏知禮意乎？婿於「親迎」前數日，卜吉而冠，擇戚屬父母具慶者爲賓；倣古「筮日」、「筮賓」也。至期，置冠履、鮮衣於竹篩，微烘以火，俗云除邪穢也。賓三梳婿髮，而加之冠，「三加」之義也。既冠，拜先祖，倣「告廟」也。次父母，父醮以酒，申戒辭，倣「醮席」也。次諸父兄賓長，諸父兄賓長皆答焉，重成人之道也。笄、不用婦人爲賓。女盛飾拜謁，略與婿同；醮酒，母命之。是日，教以跪拜進退，獻於舅姑尊長之禮，謂之「教茶」。「親迎」、先期舂糯[illegible]丸，色紅白相間；分送親友。至期，張燈結綵。婿沐浴盛服，父率以古先祖，醮而命之；取竹篩，蓋其首。篩飾以朱畫太極八卦，示「相生」之義也。出悉輿，鼓樂鳴鑼，親友送彩燈前導，沿途放花炮；好事者乘馬騎牛以從；雖遇官長，不避。女家亦先期送丸親友，親友爲之粲妝（即添妝）。至期，女亦沐浴盛飾以俟。婿入女門，駐轎庭除，從者奉雁入置几案。小舅三致食物轎內，婿各具儀答之。次致荷包，婿復以練裙（新婦即於是日加著坐轎），送小舅花炮。女出廳事，父醮以酒，母命之。侍婢捧雁，女外向舉雁而拱者三。侍婢傳雁從者，新婿隨雁出。父以紫帕蒙女首，紫姑（送嫁婦也）引女登輿。奠雁、款婿御輪之禮，未有聞焉；送裙、送炮，不知於義何取？小舅致物，皆以斗覆其底。冠、笄日，或以大簸箕鋪氈於上而拜，俗取團圓；然不雅甚矣！婦入婿門，父以八卦紅篩蓋婿首。少者一人向新婦轎前揖而請，新婦以荷包贈之。婿執紅篩蓋新婦首，入房；揭蓋頭袱，交拜傳杯就席，是爲「合巹」之禮。厥明，見於舅姑，三日而「廟見」，從伊川先生所定也。拜舅姑，賜以金錢；夫婦相向再拜。「朝見」日，婦獻茶於先祖畢，獻茶舅姑；被襪、靴履、膝衣之屬以爲贄，皆拜。次拜諸父諸母，長親卑幼以次答之；分致履襪膝衣，卑幼以荷包，名曰「拜茶」。既畢，舅姑宴新婦，諸母姑妗與焉。酒數巡，起撤新婦席送婦家，儀節殺於內地。是日，婦家以食物飽女，俗曰「探房」，亦名「散茶」。次日，婦乃入廚，問理井臼蘋蘩之事。「旋車」或五日，或七日，必待婦翁之請。鼓樂前導，婿及女至，謁於先祖。奉贄於岳父母，受而別具儀物答之。獻於伯叔尊長，皆反璧；贈於小舅、內姪，受而不報。宴婿於外，女於內，酒數巡起，婦翁送席婿家答前贶。婿女俱辭歸。亦有次日再請，因設帷帳館婿與女；或一月、二月者，謂之豎月。[37]

以上不憚其煩地引述此種具有濃厚地方習俗的禮儀，乃基於此種婚禮在清代台灣漢人社會有其普遍性，嗣後歷經二百年左右，雖有些微的改變，但主要內容大體尚能保留。光緒二十九年（一九〇三）日人佐倉孫三之「台風雜記」對於當時婚儀的記錄曰：

台地行婚有六禮：曰問名、曰訂盟、曰納采、曰納幣、曰請期、曰親迎，是定法也。今人不全行，唯行其首尾而已。男子至弱冠，欲娶新婦，以女生庚帖呈出椿萱，使冰人卜其命宮貴賤、吉凶及桂子蘭孫等。既訂盟、納采，終則納金於筐中，飾以錦繡，贈新婦家；其價，大抵自四、五百金至二、三百金。又盛豬、羊、鰱魚、海參、麵線、冬瓜栳、紹興酒等於籠中，前後二人扛之，以爲納幣。新婦凝粉黛，施綾羅，乘篕輿，冰人及鼓吹引道之，女亦乘篕隨之。篕輿、其他物具，用赤布纏之。而新婦之家，父母、親族，薦祝祖宗神明。後烹煎，延親族讌饗。鳴鑼，放炮，挑燈，用八音，以祈伉儷千秋云。㊳

從以上的調查記錄，可知以往所奉行的六禮猶在，然一般人家已不全行，僅行其首尾而已，至於富裕之家似仍保留，又納采時所送的聘金，已達二、三百金至四、五百金之間，以此高價的聘金，較以往任何時期均相差太鉅，不可同日而言了。

在清代台灣婚禮中，訂婚是以婚書之寫立或私約，及聘財之授受為中心要素，其中尤以

㊲ 周鍾瑄：諸羅縣志，台銀文叢第一四一種，民國五十一年十二月出版，頁一三九至一四一。

㊳ 佐倉孫三：台風雜記，台銀文叢第一〇七種，民國五十年五月出版，頁三至四。

聘財之授受為最重要，男女雙方若就婚姻已有契約，而授受聘禮，即負有成婚之義務。在台灣習俗，訂婚通常由媒妁互相將身分、健康等明白通知對方，雙方若合意，則為立婚書而授受聘財，但婚書與媒妁非屬必要，縱令不寫婚書或無媒妁，只要有私約，而授受聘財，婚約便見成立，男女兩家均負成婚義務。然而在訂婚之後，若男女中任一方死亡，婚約自然解消，不追還財禮，生存之另一方，可任意別娶或別嫁。但訂婚之後男方死亡，有時女方仍過夫門守寡，此時其地位與已成婚之寡婦相同；反之，男方將訂婚女之神主迎至男家，此時男方與女家之親屬即有妻親關係。

除了自然死亡之外，若有義絕、犯姦盜、再聘、無故不娶或訂婚男逃亡等情形，男女雙方得解除訂婚。義絕係指男女兩家情分乖離，即使在成婚之後，亦必強迫其離異，則訂婚後有此種情形，更應解釋為得解除婚約。其餘各項因涉及財禮之歸還與否，留待聘金制度一節中說明。

至於婚事之交換，多與聘禮之送付同時舉行，女方收受聘禮，交換婚書後，即不得悔約，故清代台灣亦常以婚書之交換作為訂婚成立與否的標準。所謂婚書，即結婚同意書，限於正娶，始能製作，所以算是嫁娶婚的特徵之一。然婚書並非一定需要，在貧窮之家，往往無有製作婚書。婚書分為乾書與坤書，男家贈女家的婚書稱為乾書，用龍箋金圈寫成，茲舉一實例如下：「大德望大名譽士翁趙府專媚臺老先生大人閣下：伏以易首乾坤，實繫人倫之始；詩稱周召，端開王化之原。際茲桃夭灼灼；應念鳩賦關關。恭維媚眷兄老先生名高閥閱，德重鄉閭，躬修孝悌，外無間於人言。行備徽柔，內維求乎世德。不棄清素，曲從冰言。猥以姪女翠鸞，配及小兒載福；緣由天定，合係人為。從此宜爾室家，好爾無斁；厥後慶貽孫子，惠我無疆。緣定夫三生；昌亦卜於五世。虔修文定；用佈篚篚。統祈尊慈府賜鑒亮，不宜。時龍飛光緒十七年二月，姻眷小弟鍾鱗載頓首拜。」女家回贈男家者，則稱為坤書，用鳳柬金圈寫成，茲舉一實例如下：「大碩望大徑元鍾翁吳府尊姻臺老先生大人執事：伏以鳳集棲桐，新播求凰之籟；荔香芳圃，勝賡蕡實之草。仗世德以相成；識天心之作合。恭維尊姻家兄臺名震環區，才唾珠玉，器宇宏深，氣味足徵乎蘭桂；謨猷遠大，經濟可匡夫王庭；不嫌鄙劣，俯聽冰言，乃以令公子載福，採及舍姪女翠鸞；雖曰天作之合，要由緣定而成。但緣窓弱質，未堪覓句題詩；願爾室咸宜，早兆螽斯麟趾。敢拜徽言，用彰嘉禮，來瞻珍璧，愧之瓊琚。尚祈尊慈俯賜鑒亮，不宣。時龍飛光緒十七年二月日，姻眷小弟趙士英載頓首。」㊴婚書上之文體皆採用吉祥文字，弄詞用典，極端客套，故逐漸淪為形式，缺乏實質的意義。

以上是關於訂婚之程序與限制，至於結婚部份，前引錄之陳夢林諸羅縣志已有詳細說明，茲不贅述。惟須一提的是清代台灣成婚之儀式，以親迎及合巹最為重要，婚姻之成立與否，以曾否舉行合巹為標準。親迎在台灣亦稱為迎親，按照風俗，男子多不親自往女家迎娶，代之以新郎之弟或姪前往迎娶，在客家，則由媒妁一人前往迎娶而已。合巹在台灣稱「食婚桌」，新郎新娘進洞房後互拜，然後相對就桌，吃紅圓，飲喜酒，飲畢進床，至此禮

㊴ 台灣私法人事編，台銀文叢第一一七種，民國五十年七月出版，頁三七〇至三七一。

成。清代台灣漢人之婚禮，因地區、時期、貧富不同而有繁簡之差別，但就一般而言，民人皆重視婚姻儀式，動輒花費鉅資，毫無吝色。

(三) 聘金與嫁妝

清代台灣漢人婚姻的特色是論財重利，閩南、客家皆然，此種風氣，由來已久，康熙三十三年（一六九四）高拱乾撰台灣府志記曰：「女鮮擇婿，而婚姻論財。」[40] 嘉慶十二年（一八〇七）謝金鑾續修台灣縣志亦記載當時南部的婚俗曰：「昏喪沿俗，禮以貧富為豐歉，悉類內地。」[41] 到了清代末期，此種風氣依舊，雲林縣採訪冊記曰：「完聘：合納采、納幣為一體，用婚啟、拜帖往復，聘金銀連訂盟以四十元為率。」[42] 嘉義管內採訪冊記曰：「納采：俗曰完聘，用婚書、拜帖，書二姓合姻之禮，聘金多少不同，多至二、三百元，少則至二、三十元。」[43] 由上可知，台灣地區之聘禮大都以貧富經濟環境為標準，懸殊亦大，故影響婚嫁不大。然澎湖則不同，胡建偉澎湖紀略載云：「若聘金，澎俗不論家之貧富，女之美惡，定例用番銀三十六圓；女家回三圓，以為折買鞋襪之禮，實收三十三圓。……所云三十三圓，亦不是一次送足；乃自結親之始，以至將娶之時，陸續送完；或將糧食、牛羊他物抵兌者亦有之。如不足此數，即男至三十歲，女家亦不肯完婚。甚至有自知家貧無措，情願退婚者，實為陋俗。余於撫憲崔『札諭條稟地方事宜』內，將此一節備稟；蒙批：『澎俗婚娶，維利是尚；惟在官斯土者，勸諭化導，自能變易也。此檄。』隨即遵批出示曉諭：『嗣後結婚隨人所便，聘禮多寡，量力而行，不得額定取盈三十三圓之數。既已聘定者，男女二十以上，限半年內盡行迎娶畢婚，不得藉勒留難。』澎民無不稱便。」[44] 此乃乾隆三十一年（一七六六）澎湖之情形，當時胡建偉任澎湖海防通判，目睹勒索聘金之陋俗，加以改革，以解決怨曠之問題，由此亦可見彼時澎湖風俗，不論家之貧富、女之美惡，聘金一律用番銀三十六圓，與台灣本島因貧富定聘財之習俗略有不同。

前已論及，聘金授受與否是訂婚成立與否的根據，如不送聘財，即缺六禮，婚約自無從成立。聘金之數額，並無一定標準，在上階層，一般不言及數額，任由男方自由致送，故亦稱「禮聘」或「幣聘」，大抵於訂約時先送一部份，其餘則於完聘時付清；故聘金之性質，乃以款項代替禮品，不能算是買賣婚姻之身價銀。在中等以下階層，聘金數額，多由女家決定，經媒妁告知男方，雙方如有歧見，則由媒妁從中斡旋，妥予決定。下階層，因貧困緣故，多由女方向男方求索聘金，以資置辦妝奩，如有剩餘，概歸家長所得。

㊵ 高拱乾：台灣府志，卷七，風七志漢人風俗篇，台銀文叢第六五種，民國四十九年二月出版，頁一八七。

㊶ 謝金鑾：續修台灣縣志，卷一，地志風俗篇，台銀文叢第一四〇種，民國五十一年六月出版，頁五一。

㊷ 倪贊元：雲林採訪冊，斗六堡風俗篇婚姻條，台銀文叢第三七種，民國四十八年出版，頁二三一。

㊸ 嘉義管內採訪冊，台銀文叢第五八種，民國四十八年出版，頁三四。

㊹ 胡建偉：澎湖紀略，卷七，風俗紀婚姻篇，台銀文叢第一〇九種，民國五十年七月出版，頁一五二。

男方致送聘金後，若男女中任何一方死亡，婚約自然解消，然聘金不得追還，因清戶律男女婚姻條附例第一規定：若已訂婚，未及成婚，而男女或有身故者，不追財禮。然在其他解除訂婚的情形下，聘金之索還與否，端看曲直在何方為定。例如因義絕而解除婚約者，若義絕原因在女家，男家得索還聘金，若在男家則不可。又如因犯姦盜而解除婚約者，若因女子行為不檢者，男方得追回聘財；若因男子有犯，女家主動解除婚約，其所受的聘金仍似應返還男家。又如再聘而解除婚約者，若訂婚之後，女方再許他人，男方得解除訂婚，女家倍還男家財禮；若男方悔婚而再聘，女方得解除訂婚，男家不得追還財禮。其他如無故不娶或訂婚男逃亡，亦皆按照此一原則處理。

由於婚姻論財，故除了男家致送聘金之外，嫁娶時女家亦有陪嫁之妝奩，台灣俗稱「嫁妝」，嫁妝之多寡，完全以女家家境好壞而定，無一定之標準。嘉義管內採訪冊打貓西堡婚姻條記曰：「台俗嫁娶，古禮俗禮往往兼用。殷富世家，娶婦多依古禮，習尚豪華。嫁女厚贈妝奩，多者費至數千金，少亦數百金。男家亦然。貧家嫁娶，則草草成禮，費亦不過數十金或十數金而已。」[45]女家厚贈嫁妝的原因通常為疼愛女兒，即「男女原為一體，父母固無二心」，「鄰里鄉黨，原有相周之義，膝下小女豈無分贈之財，況小女未字在家，又能孝順無違。」[46]至嫁妝贈與之方式則有現銀、土地、妝奩租等，分別說明如下：

(1)現銀　以現銀作為嫁妝是最為普遍之方式，茲以光緒十九年王振記之遺書為例，作一說明。遺書記曰：「按壹千陸百元額作為次女妝奩。至以繼室復生諸女及庶出一女，現年尚幼，將來出閣，每人按以壹千元額為妝奩之需。共按銀柒千陸百元額，交子龍掌管，臨時照額如數提用。」[47]由以上資料可知：一、清代台灣中上人家對於未出嫁的女兒，大都預留一筆金錢作為妝奩；二、同樣婚禮，因其嫁出去的女兒為嫡出或庶出，身分不同，妝奩之多寡亦有不同，足見社會上重嫡重長的風氣仍然很盛。

(2)土地　以土地作為嫁妝在清代台灣亦頗為盛行，此可由遺存為數頗多的嫁女妝奩字據得到證明。茲舉一嫁女妝奩字說明：「立嫁女妝奩字人鄭茂炳，有明買過王湖田園壹宗，大小合共玖坵，抽出契內田壹坵，受種子壹分零壹毫叁絲正，番薯種叁千捌百餘種：東至宵太路；西至鄭本田；南至鄭本園；北至鄭本田、吳田、埔仔墘；四至明白為界，交過李學官掌管收成，以為祠業之物，與房親叔兄弟姪無干。亦無交加來歷不明，保此田果係是鄭茂炳大契內抽出作嫁女妝奩，日後子孫不得爭討。恐後來反心無憑，今欲有憑，苟立嫁女妝奩田業字壹紙，交過女婿李學官，付執存炤。」以上字據是將土地所有權完全交付給女婿，然亦有在字據上載明於女兒亡故後將土地收回，如：「其契券仍存在吾家，俟小女××身故後女婿外孫等須就此小租粟×石對佃，交還外家原主掌收。」[48]

(3)妝奩租　以妝奩租作為嫁妝在清代台灣較為少見，茲以光緒十九年魏賢森授予胞妹之

---

[45] 同[43]，頁五（打貓西堡婚姻條）。

[46] 台灣私法人事編，頁三八二至三八三。

[47] 台灣私法債權編第一冊，台銀文叢第七九種，民國四十九年十一月出版，頁八〇至八一。

[48] 同[46]，頁三八三。

喜添妝奩租穀字作為說明：「立喜添妝奩租穀字魏賢森，今日遵慈親遺命，即將祖父遺置田業一所，址在六張犁莊，願將此處租穀撥出伍拾石正，以付胞妹妍記，借作歷年花粉之需。至早季收成之日，自當依時結價，統算銀項若干，一齊支付胞妹收入。合應喜立妝奩租字一紙，付執為炤。」㊾妝奩租字據均無時間之規定，其期限可能直至收受人死亡為止。

以上是清代台灣漢人嫁娶的情形，從嫁娶的消極限制及積極條件、訂婚與結婚的效力、聘金及嫁妝的習慣均有一定的規則，這些規則大致遵循傳統的六禮，然亦摻雜了本地的風俗，儘管這些風俗亦大都從閩南傳入，但卻形成了一種典型的「台灣式婚禮」，兼具有內地化的性格和區域性的特色。

四、契約婚

清代台灣漢人社會除正式嫁娶外，就數契約婚最為普遍。所謂契約婚係指招入娶出、招婿、招夫、養媳等循著特殊習慣而成立的婚姻，俗稱小娶。

一般學者把招入娶出、招婿、招夫、養媳等稱之為變例婚姻，蓋欲有別於嫁娶之正式婚姻；本文則以此種婚姻的特點在於婚約的訂定，故稱之為契約婚。契約婚的成立不必遵循「六禮」之程序，若是遵循亦較為簡單，在婚姻成立的過程中，最重要的簽訂婚姻契約書，載明雙方所必須負擔的義務和所能享受權利。茲以同治六年（一八六七）的一則招婿合約字為例作一分析。合約云：「同立招婚合約字人黃門羅氏，生下長女，名喚蘭娘，年庚十七歲，茲因長女未有匹配，是以嬸姪商議，欲將蘭娘招夫待老。托媒引就，配與趙安觀為妻，當日憑中言定備出花紅佛銀貳大員正，即日立招婚字兩相交收足訖，選擇吉日進贅完婚，永為夫妻。自招以後，若生下長男，委係趙家之子，次男歸還黃家為孫；倘若單生壹子，兩家各半均分，其餘男女不干黃家之事。後日再置有家伙物業，俱作貳房均分，其兩家原業與此無干。當憑中議定安夫妻務要撫養羅氏至百年歸壽；若安夫妻要娶出，備足聘金佛銀肆拾大員正，交付羅氏親收供膳，不得刁難。自招婚之後，夫妻偕老，子孫昌盛，琴瑟和鳴，麟趾呈祥。此係兩家甘願，各無反悔，恐口無憑，同立招婚合約字貳紙壹樣，各執壹紙付執為照。」[50]由以上招婿合約可知，一個完整的婚約必包括立婚約人姓名、男女當事人姓名、訂婚約緣由、聘金銀、子嗣之分配、家伙物業之分配、供養義務、媒人姓名、證人（在場見）姓名等，有的甚至連喪葬、祭祀、招婚期間、罰則均一一註明。

茲就招入娶出、招婿、招夫、童養媳等四者，分別整理婚約之規定，說明如下：

(一) 招入娶出

招入娶出又稱招出婚，婚禮一如大娶，然另訂婚約，附帶男方對女家擔負約定之義務，如扶養、葬祭、嗣續等條件。招入娶出婚姻的成立，通常皆是男女兩家人丁單薄，尤其女家未育男性後嗣，恐年老無人供養，故在婚約中特重子嗣之分配及供養之義務。

茲舉一典型之招入娶出結婚字作為說明：「同立招入娶出結婚字人周老三、劉椪，緣三

---

[49] 同[46]，頁三八二。

[50] 台灣私法人事編，頁四二九至四三〇。

自昔撫養壹苗媳，取名阿妹，年登十六歲，雖無孟光之賢，亦且莊貞自守，因思男大當婚，女笄當嫁，爰是聽從媒議，招與劉椪之胞弟張芳基為妻，當日憑媒議定，椪備出聘金銀貳拾肆大圓正，即日經媒交付老三親收足訖，隨聽椪擇吉娶歸，與芳基成為夫婦。但老三此媳既聽芳基娶歸，而膝下乏人，則生養死葬全賴女婿是倚。言約每月芳基應備銀壹圓伍角，交老三收入，以作養贍之資，百歲後所有營葬諸費亦是芳基一力料理。此乃二比喜悅，各無刁難，惟願從茲進門，早卜弄璋之慶，長幼有序，預兆麟趾呈祥。從此二姓合婚，百年偕老，則兩家之所厚望云。恐口無憑，同立招入娶出結婚字壹樣貳紙，各執壹紙，永遠存照。批明：倘日後老三年老，自己難以炊飯，欲與女婿同居合食，則芳基亦不得推諉；而每月之伙食銀老三亦不得再領。倘芳基契約不將伙食銀付老三支領，芳基應再備聘金銀捌拾大圓交老三收入，以作別圖。各不得藉口生端，聲明此照。」❺❶由上引婚約為基礎，另參酌其他婚約，可獲知清代台灣招入娶出婚姻的規則如下：

(1)在子嗣的分配上，通常長男歸男家，次男歸女家，倘門祚不昌，僅生一子，則兩姓為嗣，其餘生子盡歸男家為嗣。

(2)男方必須奉養女家父母終老，或同居共食，或供給養膳銀，或按月給伙食銀，均無不可。

(3)男方必須負擔女方父母百年之後的喪葬費用，同時必須照顧女家之風水、墳墓，奉祀女家之祖先忌辰。

(4)男方必須提供勞役，甚至有規定每年二季夫婦要歸女家助耕力作者。

⑸結婚以後夫妻所聚集之財產，俱屬男家之業務，與女家續嗣無干涉。

以上是招入娶出婚姻中男女雙方的權利義務關係，由於男方義務較重，故聘金銀較一般為低，最少者僅付兩大元即可。另外亦有無子嗣之寡婦，採行半招嫁之方式，為亡夫求得子嗣，撫養至親定年齡時，交還亡夫之家傳繼煙祀。[52]故寡婦之招出婚猶如招夫，而閨女之招出婚恰似招婿，只是男子不入女家，而娶出居於男家。尚有一種所謂半招嫁，與招入娶出類似，係以較少聘禮來完聘，限一定期間內與女家同居，養護女家之人，至期限滿後，夫婦可隨意遷出，另組新家庭，或願意繼續同居亦可。這種婚姻大都因女家弟妹幼小，無法維持一家生活，故須待弟妹成人，方許夫婦遷出為條件。[53]

(二)招婿

招婿係招贅婚之一種。招贅婚又稱入夫婚姻，與嫁娶婚之男迎女嫁恰恰相反，蓋其由男子入門進贅，居住女家，奉養女之雙親，養育子女，猶如嫁娶婚中之女子。招贅婚可分為招婿與招夫兩種。

招婿即閨女或養女不出嫁，而招入贅婿，以傳宗接代，養老防饑。招婿婚發生的原因，可分男女兩方來說明：在女家方面，有因無子需招婿；有因子幼需招婿；有因溺愛其女，不

---

[51] 台灣私法人事編，頁四一四至四一五。

[52] 同前註，頁四二一至四二三。

[53] 曹甲乙：台灣婚姻一瞥，台灣文獻第六卷第三期，台灣省文獻會，民國四十四年出版，頁五六。

忍其離開家庭而為之招婿；有因家境貧困，缺乏人手，以養老為條件而招婿。在男子方面，有因孤身遊子無以為家而進贅；有因家境貧困兄弟眾多，無力婚娶而願為贅婿。茲舉例如下：

(1)無子招婿　無子招婿之情況有三：即為女兒招婿；為養女招婿；子死為媳婦招婿。為女兒招婿如：「同立主婚招贅字人陳連、林曾氏，因氏有親生女子名喊娘，今已成長，托媒議配與陳連之胞弟陳木招入，結為夫妻，永訂百年偕老。」[54]為養女招婿如：「同立招婚永遠合約字人陳寨、胞姊治涼等，因寨夫婦自早抱養張家女兒為媳，名喚九良，於今年登十五歲，自己無子配合，至今尚未配偶，爰是寨夫婦相議，欲將此媳別覓招婿。」[55]子死為媳婦招婿者如：「立甘願出招婿約字人廣儲東里北勢莊姚鬧池，同妻林氏，有親生子，名喚娘，明媒聘過大穆降街薛富涼為媳，不幸媳未生而子早喪，恐媳年幼歸家改嫁，池夫妻相議，將媳婦招婿入內，亦可為己子以待終年。」[56]

(2)為扶幼養老而招婿　女家有子，然以年幼未能掌理家務，而父母年邁，故以招婿來撫養老幼，維持家計。如：「同立招贅女婿字人陳添福，同妻蔡氏，生有一女，名喚赤娘，現因長成十六歲，爰思年已及笄，應當招婿。……蓋為小兒年幼，姑將此女招贅於人，茲聞有朱然官誠實可嘉，爰托媒引就招他為婿，以為日後半子之輩。即日同媒三面議定，以八年為期，且吾兒亦已長成矣！」[57]

(3)無力婚娶願為贅婿　男子願進贅為婿，大都是貧窮子弟，因入贅不需聘金，即使要聘金也是象徵性的。如：「立進贅承繼字人火燒坪鄉謝升塔，因父母兩亡，家計困乏，無力娶妻，適有媽宮東町池包思，前入贅陳家，有買一養女，名謹治，欲承奉陳家煙祀，托媒向塔議婚，時三面言約，將此養女謹治送為妻，以承陳家煙祀，奉養包恩終年。」㊽又如：「立招字人秀水厝莊蔡和尚，為失偶獨己，難成家事，意欲娶妻，分文俱無，因即同房親人等商議，向外言明，托引就向與鹿港杉行街施長姆，其子施掽獅不幸身故，單存媳婦黃氏，其姑主婚，憑媒說合蔡和尚與黃氏為夫婦，願入施家與黃婚合婚，共承壹房宗枝。」㊾以上不是「家計困乏，無力娶妻」，就是「意欲娶妻，分文俱無」，其窮困可知，也因而入門進贅，成家立業。

以上係就現存的婚約中舉例說明招婿婚姻形成的原因，然若因溺愛女兒而招婿、因愛情而入贅者，在婚約上通常不會言明，故無此類資料。

招贅婚姻之儀式較嫁娶婚禮者為簡單，雲林縣採訪冊記曰：「俗喜贅婿，只須訂盟，不索聘禮；或議一外孫傳嗣。贅入幾年後，方計別出居住。女家如此，男家稍貧無力者，亦往

㊹ 台灣私法人事編，頁四四三。
㊺ 台灣私法人事編，頁四七四。
㊻ 台灣私法人事編，頁四五五。
㊼ 台灣私法人事編，頁四五九至四六〇。
㊽ 台灣私法人事編，頁四五六。
㊾ 台灣私法人事編，頁五九三。

往從俗，然究鮮始終若一。」[60]嘉義管內採訪冊亦記曰：「俗喜贅婿，貧家許多但行訂盟之禮，餘皆從儉。所以贅婿者，其故有二：或因有女無男；或因年老子幼，憑媒議定。或議一外孫傳嗣；或議數年後待舅仔長成，方許娶回婿家。男家貧乏者，大抵從俗入贅。不然，完婚之時，親朋戚友恭賀新婚，無論大小，應備酒席酬謝，開費浩繁，故從俗之省之。」[61]由此可見，招婿婚姻之儀式簡單，惟若女家家境富裕，而喜舖張，自可與一般嫁娶婚禮無異。

招婿之雙方必須訂定契約，蓋因招婿懦弱，易被女家欺侮。此類婚約亦稱招婚字，上面註明進贅年限、贅婿對女家所應得的權利或應負的義務，及將來所生子女之歸屬等。茲就清代台灣遺存之婚約中，歸納其習慣，分聘金、子嗣、義務、權利、罰則等五項說明如下：

(1)聘金　招婿時男方通常不必致送聘金，僅提出少額金錢，用作宴客及置辦蚊帳、棉被等類之用，此一款項不稱作聘金，而謂之「蚊帳費」。如：「備出得佛銀捌大圓正，約有酒席、棉被、羅帳之需，准他擇吉進婿」。「張家備出喜銀叁拾陸元，付交陳家以為洞房床帳、被枕、喜筵之用。」「黃龍自備房內設備、首飾、酒諸費。」由此可知，招婿婚姻中洞房之佈置係由男方負責，猶如嫁娶婚中之女方。

(2)子嗣　求繼嗣是招婿婚最主要的目的，故婚約中對子嗣之歸屬，規定必然詳盡。例如：「三面議定，擇吉進門，以後生傳男女，兩家對分：若壹、叁、伍、柒胎男係是林家之子孫；貳、肆、陸、捌胎男，係是杜家之子孫；倘丹桂一枝，兩姓之美。」「異日仁夫妻生下初男，歸杜家為嗣；次男傳陳姓嗣；餘者生下振振，係劉家洪福；若是單生一胎男女，均作三姓共瓜瓞，各承祖宗，世代榮昌。」類似如此之規定，幾乎每一紙婚約均有，至於長男、次男之歸屬，未有定例，完全視簽約時之決議而定。

(3)義務　進贅子婿對於女家尊長有供養之義務，如：「當憑中議定安夫妻務要撫養羅氏至百年歸壽」；「情願進贅為婿，恭奉子職，養岳母終身，及小姨留望娘長成婚配。」由上可知，除了養老之外，尚須撫幼。又如：「同媒願約招入同居，共成立業，日後要作二份均分，若不能同居，另各伙食，陳氏岳母要食二女婿伙頭，一人奉侍半月，奉侍陳氏百歲以後，龍要備出佛銀二十六大圓，與為喪葬之資，又帶先祖季氏香煙，此係一比甘願，各無反悔。」「凡遇年節並郭家祖先忌辰，籃要備牲儀到郭家祭祀，候至老坤長成之日，即歸還郭家支理。」「羅氏素撫養一女，要傳繼羅家煙祀，今從此女並羅家祖先以及墳墓暫帶至王家奉祀，候至此女日後匹配定親，即交還此女奉祀。」由上引資材可知，贅婿除了養老撫幼之外，喪葬、祭祀亦需要其負擔，其中對喪祭規定尤為詳細，足以反映清代台灣社會對養生送死的重視。

(4)權利　贅婿在女家之權利，最重要是財產分配，在清代台灣社會習慣，贅婿對於女家之原有財產並無任何權利，但在招婿婚後，所增殖的財產，贅婿得與女家均分。如：「自進門之際，從前濱有自置瓦屋壹間，價錢叁百大圓；駁船貳隻，價銀叁百大圓；又茅屋叁間，價銀壹百大圓；合共價銀柒百大圓足正，從此日後守己勤儉，有大振家聲，或有買業置產，

---

60 同42，斗六堡風俗篇婚姻條，頁二三。

61 同43，打貓南堡婚姻條，頁三六。

以及家器等物，同乞均半，與別無涉。」「黃邵若入姚門之後，再發達致富，日後與郡官均分，不能貪霸圖混。」除了分進贅後增殖之財產外，若是有年限之招婿，年限屆滿時，女家亦要給予財物金錢，以作為安家之費。如：「六年滿足，傅平鼻備出伙食穀壹拾石、牛一隻、價定銀叁拾圓，以為女婿夫婦安家。」「限八年為滿，聽嗡分居，番當備出佛銀肆拾陸圓，與女婿為生活計，若得同意奉養岳父母百歲以後，家資多寡，對半均分。」從婚約中得知，贅婿如要取得權利，必須盡其所約定之義務方可。

(5)罰則　贅婿之權利與義務是相對的，而其義務通常以入贅年限最為重要。入贅時間或無限期，或六年八年，完全視婚約而定。如：「前來招贅，並無年限，不可三年五載，欲想私心搬出他處。」「洪川木既入贅於陳家，永遠不能將此紅毛娶出別住。」以上是無限期；若有年限者，通常附有罰則，即未滿約定年限即欲搬出者，必須付出高額之聘金，如：「斯時同媒人三面言約，陸年之外，挈回生家，聽從其便，面約不收聘禮；若不待陸年之約，意欲挈歸者，當備出聘金陸拾陸圓，交與林勇翁收為聘禮之資，方准挈回。」「憑媒言定，胚備出龍銀叁拾陸大圓正，付岳父陳松收入，限招六全年，自乙巳年起，至戊戌年止，年限已滿，仍將同居，重立章程；若年限未到，夫妻相商，亦欲出之，胚再備出龍銀捌拾大圓，付松以為聘金之禮。」從婚約中可看出，招婿婚之罰則通常以高額之聘金來阻止毀約的行為。

在清代台灣的社會中，雖以被招贅為恥辱，然招婿婚姻卻頗為流行，除了證明彼時社會重男輕女的觀念極為濃厚，女子無繼承、祭祀權，故需要招贅生子來繼承香煙；另外，亦可證明彼時男女比例懸殊，由於男多女寡，婚嫁耗費龐大，結婚不易，故即使招贅，亦甘願行之。

㈢招　夫

招夫和招贅同屬入夫婚姻，但招夫是寡婦為了傳衍後嗣或扶養翁姑子女，亟須男人扶持家計，而不得不招人為後夫。所以招夫與招婿似同而實異。詳言之有三點差異：第一，女子在本家迎夫者為招婿，寡婦留在夫家迎後夫者為招夫；第二，招婿之女當事人都是未出嫁的閨女或養媳，而招夫之女當事人皆為已婚者。第三，招婿入女家即冠之於妻子的姓，招夫則使後夫改從前夫之姓。62

招夫的手續甚為簡單，只憑媒人撮合，雙方訂立權利義務的契約書後即告成立，嗣後雙方如意見不合，難再共同生活，則離異也很容易。63招夫的契約書是婚姻的重心，整個婚約著重在權利義務關係，故將其列為契約婚的一種。招夫在清代台灣社會並不違反公序良俗，為大眾所承認，然招夫稍有不慎，易被視為敗德行為，故招夫的婚約上，對於招夫的目的表明得很清楚，綜合言之，招夫的目的可分為下列三種：

⑴招夫養老或養子　即招夫的目的是在扶養翁姑或前夫遺子，以扶養目的而招入。如：「立招夫養子字人西螺街頭林力之長媳婦廖氏名立娘，生下一男名番，因此公老子幼，公媒相商，欲為招夫養子。時與廖氏立娘，年方三十三歲，願為再配良人，用媒說合，招與西螺

---

62 陳顧遠：中國婚姻史，上海商務印書館，民國二十五年出版，頁一一〇。

63 同26，頁五五。

堡新街莊蕭乞食為夫。上可養公，下可養子，亦合成其夫婦百年偕老，而兩家合為一家，亦是兩全其美。」64以上婚契載明招夫的目的是既養公公，亦養幼子，可謂是因為扶養需要而招夫的典型。

⑵招夫傳嗣　寡婦因無生育或無男性子嗣，因而招夫以求男性子嗣，以冀祭祀及家業有人繼承。如：「立再醮招夫約字媽宮城內許咔，緣髮夫陳招葉不幸去世，未有子嗣，無人可靠，故願再醮，望其似續，亦可繼起亡夫煙祀。時適有安徽省池包恩來澎經營，尚未有偶，咔即托媒求贅，而包恩亦喜悅許允。於是擇吉入門，為咔繼夫，時面議日後包恩若有生子，當承繼陳家煙祀；而陳家所有遺存家宅產業，亦應歸包恩執掌。」65

⑶招夫養夫　此乃招夫婚姻中最特殊之現象，即髮夫身染重病，四肢殘廢，無謀生養家之能力，加上家貧無以為繼，為了維持生活和傳宗接代，因而招夫養夫，如：「立招夫養夫字王運發，前有娶過李三之女為妻，名叫秀淙，今年二十歲，相住經已四年。秀淙平日奉養翁姑，極其孝順；治家亦鮮聞交謫之聲。娶婦如斯，殊可安心。奈近年來，運發身染廢疾，四體不能如人；兼以家下清苦，費用弗贍，告貸無門；雖貧非死人，而思以不孝有三，則青春不再，嗣續終望何人。故夫妻日夜計議，實無別法；欲保其貞節，一家數口難為無米之炊。惟有招夫養夫，庶為萬全。爰托冰人議婚，吳九生官之長男錦文者登門進贅，成為夫妻。即日面約：不願收其聘金，惟每月須貼月費二十元正，為作需用之資。日後生子傳孫，不論多寡，俱為兩家奉祀。此係二比甘願，各無怨悔；口恐無憑，即立招夫養夫字壹紙，付執為照。」66

招夫之婚約較招婿為簡單，一般而言，婚約之重點在於子嗣之歸屬、財產之分配、養贍之義務等，其條件與習慣大致和招婿婚約差不多，故不贅述。惟有招夫應無年限始為正常，然亦有規定年限者，如：「自招之後，招夫養子，待至細子長大成人之日，聽金郎本意回家，現今兩三年不得歸家。」此乃寡婦和翁姑尊長同宅的緣故，故以幼子成年作為期限，這種情況較為罕見。

(四) 養媳

養媳即是童養媳，亦稱作養婦、苗媳、小媳婦、媳婦仔等，係以將來準備與兒子婚配為目的而撫養他人之幼女。這種以領養幼女為子婦，待其年長後再行成婚的制度，雖亦屬入家的婚姻，但因為女子未許嫁即住入夫家，成婚時不另備娶儀，故和正式之嫁娶婚有所不同。

養媳制度亦重契約，蓋因恐怕長大成人後親生父母索回，故本文亦將其列入契約婚之一種。如：「立媳婦字人郡城內樣仔林亮虎，因妻去世，遺一次女，名曰甜，年方三歲。自思在外奔走生理，不能撫，憑中蔡進涼引與馬公廟黃旦為子媳，不取聘金，聽其撫養長大，與子扁老作為夫妻，永結兩姓之好。立字之後，即擇良辰吉日，憑媒送去，永無後言。此係二比甘願，各無反悔，口恐無憑，今欲有憑，立媳婦字壹紙，送付存炤。」[67]上舉之例因女方

---

64 台灣私法人事編，頁五六四。

65 台灣私法人事編，頁五七一。

66 台灣私法人事編，頁五七一至五七二。

67 台灣私法人事編，頁六〇四。

無力撫養，而且年幼，故不取聘金。若苗媳年齡稍大，亦可索取聘金，然數額不高。如：「立苗媳字人縣口尾陳林氏，有親生女子，取名阿葉，年方七歲，因家計艱難，日食難度，爰從水議，與三爺宮蕭海觀之第二子阿臨為媳。議取聘金銀捌大元；其銀即日同中收訖，其女阿葉隨送去蕭家，俟其撫養成人，作為子婦，兩家聯姻，結秦晉之好。」㊳上舉之例因女方已有七歲，故議取少額聘金銀，以彌補生家養育之劬勞。

養媳制度產生之原因，係受到清代台灣漢人社會兩性比例不均衡的影響，前已論及，茲不重複。然詳言之，亦可從男家和女家兩方面說明如下：就男方而言，第一，由於清代台灣社會婚姻多論財物，嫁娶費用浩繁，故一般貧困而有子嗣人家，抱養子媳，待長大與子婚配，可節省一大筆聘金和結婚費用；第二，養媳自幼即入家門，接受姑翁的管教，易習於男家的家風，婚後易於相處；第三，養媳自幼入門，即開始學習做家事，幫助家務，增加人手，換言之，即可利用養媳之勞力。就女方而言：第一，將女兒送人當養媳，通常係家境清寒，子女眾多，無法全部養育，不得不割愛，以減輕負擔；第二，女家貧困，衣食不斷，故以幼女換取身價銀，以濟燃眉；第三，女家未必貧困，然以女兒易媳婦，解決婚配問題，此即是將自己女兒送人為苗媳，然後再迎他人之女為苗媳，以解決子嗣的婚配，可謂之易女而教；第四，女家誤信占卜，以為女兒剋父母之命，不利生家，即所謂「媳婦仔命」，不得不送人為養媳者亦有之。

養媳的制度不是清代台灣獨有，光緒嘉應州志記云：「州俗婚嫁最早有僅匝月即抱養過門者，故童養媳為多。」石窟一徵云：「俗童養媳已成長者，多以歲除圓房或其夫貿易遠方歸者，即以歸之夜圓房。」[69]此種習俗，台灣亦然。在清代台灣，養媳長大後，即要進行婚配，俗稱「做大人」，「做大人」時若男家清寒，則其結婚選在除夕，草草舉行，俗稱「送作堆」；若男家家境較好，則婚禮較為隆重，有的甚至將養媳送回娘家，然後依俗正式迎娶，較體面之家庭，其儀式與一般嫁娶相同。

養媳制度的產生係為適應社會的需要，解決婚配問題，然行之既久，遂發生流弊，而淪為販賣人口者亦有之。故在契約上多有載明禁止轉手，如：「倘代速生男兒，避（女名）日後長成，即為子婦；不然將避亦當擇婿婚嫁，代不敢變換轉過他人，而亦不敢多生事端，將避討贖回家。」上舉之例係未確定式的養媳，蓋所抱養之女為養媳或養女，須待日後抱養者有無子嗣，始能確定，故要特別保證不變換轉過他人。此外，養媳自幼入門，必將接受管教，牽涉到督責與虐待之爭執，故婚約中亦載明管教督責權限，如：「如有不遵婦道以及不遵家教，但憑督責，不敢異言。」養媳制度若以與子嗣匹配為目標，較為單純，權利義務一如嫁娶婚；若抱養者無子嗣，把養媳當成養女，招婿傳嗣養老，則其契約一如招婿婚姻；若男女性情不投，當事人任何一方不願意時，男家可將養媳充為養女出嫁，如不索巨額身價銀時，類似一般嫁娶婚；如索取巨額身價銀時，即成為買賣婚姻。

以上對清代台灣漢人社會契約婚的探討，吾人可獲得幾個簡短的結論：第一，契約婚之

---

68 台灣私法人事編，頁六〇五。

69 轉引自廖素菊：台灣客家婚姻禮俗之研究，頁七三。

婚禮儀式較一般正式嫁娶簡單，蓋因行契約婚者大都是貧窮單薄之家庭，無足夠財力舖張婚典。第二，由於親情的基礎薄弱，加上必須負擔較重的義務，故契約婚必須簽訂詳細之婚姻契約書，以為約束。第三，契約婚之發生，除了感情之外，往往有切身之利害衝突，故容易發生流弊，影響善良風俗。第四，契約婚完全是社會環境的產物，惟有從社會的角度觀察，才能徹底瞭解其本質。

五、買賣婚

買賣婚係以金錢交易為中心的婚姻形式，其類型可分為買賣式養媳、蓄妾、賣妻等三種。

事實上，若從婚姻的過程來觀察，每一種婚姻皆含有財婚的成分在內，如嫁娶婚中的聘金嫁妝，契約婚中的蚊帳費聘金銀，多多少少均殘存財婚的遺跡。然本文所謂的買賣婚，係以索取身價銀作為要件，同時公然載明於婚約上，把人當做物件般的交易。茲舉一賣身妾字說明：「立賣身妾字人林有章，有同結髮妻陳氏生下長女一人，名喚玉蓮，年登十五歲，當年及笄，尚未婚嫁。今因家中貧苦，日食難度，願將此長女字於人為妾，是以托媒人撮合於吳敏官，出賣以為小妾。即日三面議定身價銀貳百大元正；其銀有章同媒親收足訖，其女聽吳敏官擇日完娶過門為妾。保此女係有章同妻陳氏親生之長女，並無別收他人聘禮及拐騙來歷不明等情；如有此事，有章一力出首抵擋，不干買主之事。自過門以後，生子傳孫，繼繼承承，是有章所厚望也。一賣千休，葛藤永斷，口恐無憑，今欲有憑，即立賣身妾字壹紙，付買主收執，為後日之炤。」⑩從上引之賣身契可知該父母將女兒出賣為妾，視對方為買主，是一典型的買賣婚。由此亦可知買賣婚必有二個要件，即婚姻契約書和身價銀，合於此二要件之婚姻即是買賣行為；若一般嫁娶婚中，女方雖索取高額的聘金，以出嫁閨女、養女或養媳，然若未訂定契約者，仍視為嫁娶婚。

茲就買賣式養媳、蓄妾、賣妻等三方面說明如下：

㈠買賣式養媳

關於將親生女兒送與他人充當養媳，索取小額聘金之行為，本文將其列為契約婚論之，蓋其嫁娶之意義高於買賣之意義，其與賣女兒為養女、為女婢者大不相同。然養媳制度行之既久，流弊叢生，遂產生買賣式養媳，失去其原有之社會功能。

茲舉一例說明：「立轉賣媳婦甘願字人謝高氏，前有明媒抱過張家之女為苗媳，名喚金玉娘，年登十九歲。而此女在家不能和睦，不合家緣，自主自專，謝高氏無奈，願將此媳婦張氏金玉娘再轉賣與人，即托媒引向與田玉林官出首承買為媳婦。時同媒三面議定聘金龍銀壹百壹拾大元正；其銀即日同媒謝高氏親收足訖，謝高氏隨將此女金玉娘交付田玉林官娶去入門為自己媳婦，其日後生男育女是田家之福，與謝家無干，保此女係是謝高氏明媒買來，與親疏人等無涉，亦無來歷交加不明為礙；如有情弊，謝高氏出首一力抵擋，不干買主之事。此係二比甘願，各無反悔，口恐無憑，今欲有憑，立轉賣媳婦甘願字壹紙，併繳上手字

---

⑩ 台灣私法人事編，頁六三一至六三二。

壹紙，共貳紙，付執為炤。」71由此契約可知：一、此媳婦係張家之女，先賣給謝高氏撫養，謝高氏再轉賣給田玉林；二、轉賣的理由是該媳婦自主自專，不合家緣；三、該媳婦已十九歲，故身價銀為一一〇大元；然契約內仍寫為聘金，足見聘金與身價銀有時意義相同，很難分得清楚。

在買賣式養媳中，亦有因家境清寒，日食難繼，而將養媳出賣者。如：「立賣媳婦字人李進元，有養一位媳婦，名叫玉愛涼林氏，年登十四歲。池中無水，日食難養，乏銀應用，將媳婦玉愛涼杜出，外托媒引就與蔡天賜出首承買。即日同媒三面議定身價龍銀柒拾捌大元正；其銀同媒交付與進元手內親收足訖，隨將此媳婦玉愛付與蔡天賜炁去，任從出賣與他人，與進元及房親人等無干。此係二比甘願，各無反悔，口恐無憑，筆乃有據，立出賣媳婦字壹紙，付執為炤。」72由此契約可知，收養人在乏銀時，可將媳婦出賣，其身價銀依年齡而定，年紀愈小，身價銀愈低，至於出賣以後，究竟再為養媳，或為女婢，或淪妓館則不得而知，似可見清代台灣社會人口買賣係一件極平常的事。

將女兒送與他人作養媳，歸納而言，不外三種型態，即無條件式、收聘式、買賣式。其中買賣式的養媳最能反映出清代台灣社會中女性地位的低落，及移民社會窮困和黑暗的一面。

(二) 蓄妾

所謂蓄妾，就是在正妻之外另娶配偶。妾的名稱很多，例如小星、小妻、下妻、旁妻、側室、小夫人、庶妻、副室、偏房、細姨、姨太太等皆是。

蓄妾制度在我國有數千年歷史，可謂根深柢固。蓄妾制度產生的原因可就男女雙方說明：就男方而言：第一，為廣繼嗣，使祖先血食不致斷絕，這是蓄妾最名正言順的理由。若因正妾缺乏生育能力，為求子嗣而蓄妾，是無人所能阻止的；第二，為洩慾而納妾。通常發生在富戶，因生活富裕，為滿足情慾的享受，花錢買妾；第三，家庭事務繁雜，需人手幫忙而蓄妾；第四，因長期出遠門，在兩地設妻成家，其中後娶之妻即為妾；第五，正妻為安撫其夫情慾，避免家庭糾紛，將陪嫁之女婢升任為妾。就女方而言，通常賣女為妾者，大都家境窮苦，或負債纍纍，追討者不容寬限，情急難已，而有賣女或賣身給債權人為妾的情形。

關於蓄妾的方式，亦可分為給聘式和買賣式兩種。然不管是給聘或買賣，本質上皆是買賣行為，故本文將蓄妾列為買賣婚。茲舉例說明：「立喜配字人台南市水仙宮邊街盧鄭氏來，原籍台南廳文賢里大甲莊，與前夫王荐親生長女姓王名喚衛即，年登十五歲，辛卯年五月十二日吉時生，今托媒人說合，願配與台南市三四街林益齋官為妾，明議收過聘金光銀壹百捌拾元，即日同媒收訖。合立喜配字壹紙為據。」[73]從上引婚契可知，此一婚事極類似嫁娶婚，僅是嫁人為妾與嫁人為妻的差別罷了。因為是嫁人為妾，故必須訂訂婚姻契約書，然在聘金方面數額較高，這就是本文把蓄妾當成買賣婚的理由。

---

[71] 台灣私法人事編，頁七二七至七二八。

[72] 台灣私法人事編，頁七二九。

[73] 台灣私法人事編，頁六三〇。

此外，尚有在婚約上公開言明賣女為妾者，那更不在話下。舉例說明：「立賣女為妾字人郡城內某街□□□，有親生次女名□□，年方□□□歲，因家計窮苦，債累纍纍，追逋者不容寬限，情急難已，奚與妻□氏相商，將此女托媒引賣與□□為妾，議定身價銀三百大元；其銀即日同媒收訖，其女隨即送交□□以為側室之用。自賣以後，葛藤永斷，不敢別生枝節，亦不敢再言找贖。保此女係是□親生次女，並無來歷不明，亦無典借他人財物為礙；如有等情，自出首抵擋，不干□□之事。此係兩願，各無反悔，口恐無憑，合立字壹紙存據。」❼❹由以上契約可知，當事人負債纍纍，只好賣女為妾以濟燃眉之急；身價銀高達三百大元，足見該女甚為美貌，蓋娶妾之身價銀高低與該女之年齡、美醜有關。

由於妾係買來的，故若不和，亦可轉他售人。茲舉一例說明：「立甘願賣妾字人台南市第□區□□□街□□番戶□□□，於光緒□□年□□月曾買過同市□□街□□番戶□□之藝妓為妾，用去身價銀五百大元。本期抱衾與裯，永備小星之用，不料□自入門之後，不遵家教，屢觸母怒，□思為人子不能承親之歡，反以此貽母氏之憂，置此何益。因與母相商，仍將此妾賣與同市□□街□□番戶□□為妾，願減收身價，議定七三銀三百大元，一賣千休，藕絲永斷。保此妾係是□□用身價明買，並無來歷交加不明；如有不明，□自出首抵擋，不干□□之事。此係兩願，各無抑勒反悔，恐口無憑，合立賣妾字壹紙，並繳連上手字壹紙，合共貳紙，送執存炤。」❼❺由上引契約可知，該女原為藝妓，身價銀值五百大元，因入門後不遵家教，屢觸母怒，故將其轉售他人為妾，並減收身價，僅售三百大元，此係光緒年間事，當時日軍已據台，故有藝妓、番戶等日語用語。由此例更可瞭解妾作為買賣婚之性質。

在清代台灣社會中，丈夫納妾係合法的，既不犯重婚罪，又不能成為請求離婚的理由。妾在夫家的地位比妻低，但為家族之一員，其與夫家的親屬乃至戚友之關係，與正妻相同，所以在蓄妾契約書上不必規定權利義務關係。至於妾所生育的子女，因係庶出，所以地位亦較嫡出者稍遜。然若正妻無子而死亡，或雖有子但已亡故，而妾生有男嗣，則丈夫可將其升為妻，稱為扶正，扶正後其所生的兒子亦被承認為嫡子。由此可見妾之地位之一斑。

(三) 賣　妻

在中國婚姻制度中有所謂典婚或租妻等特殊的婚制，典婚是男女雙方以典雇方式而確定暫時夫婦關係的習俗；租妻則以租賃的方式履行典妻的契約。[76]然在清代台灣所遺存的婚約中尚未發現此種婚習，僅有賣妻的契約書出現，無論是賣妻、典妻或租妻，皆是呈現人性陰暗的一面，反映出社會的病態。

茲舉一賣妻的契約說明：「立甘願賣妻子字人謝來觀，其妻魏氏名緞娘，係是魏振觀抱養，長大戎人前，來觀與緞娘招婚，永為夫婦，以養振之年老。無如，來觀後來家庭貧乏，告借無由，日食難度，無可安飽，無親戚相助，勢出無奈。爰與振觀及胞兄相議，願將此妻、子兩人出賣他人，托媒向與林連生出首承娶，當日三面議定身價銀肆拾大元正。其銀即

---

[74] 台灣私法人事編，頁六三三。

[75] 台灣私法人事編，頁六三五。

[76] 同❶，頁四三。

日同媒新收入足訖，遂將緞娘年登二十九歲，又小兒元觀，年登二歲，同母賣過林門娶入成親，以作百年偕老。元同母抱付過門，聽從改名易姓，倘日後生子傳孫弄璋兆慶，乃是林門之洪福，與謝來觀無干之事。係是二比甘願，口恐無憑，今欲有憑，立甘願賣妻子字壹紙，付執為照。」[77]由上引資料可知：一、賣妻人謝來係贅婿，贅婿通常社會地位較低；二、賣妻的理由係貧困，告貸無門，日食難度，故賣妻以集款；三、妻子同賣，身價銀四十大元，入門後兒子改名易姓，為承娶者之子嗣。綜合推論，賣妻人因係入贅，本家窮困，似被逼而將妻子同賣他人，由此可證明贅婿在清代台灣社會中地位低落，往往為世俗所歧視，甚至淪落到賣妻鬻子之地步。

此外尚有一案例，顯示清末台灣社會將妻子任意買賣的情形。賣妻人楊片曾花三十大元，向黃全先買下弟婦曾氏為妻，後因曾氏「入內不受，難親不恁」，故將其再賣給楊品為妾，得身價錢六十八大元。該契約的內容如下：「立賣甘願字人蕭壠堡番仔草莊楊片，自置明買過學甲堡中洲莊過港黃全先之弟承來為親，入內不受，難親不恁，片一切無奈，將於事情無奈，憑媒引就，願曾氏名緞娘一人賣與本堡北頭莊楊品出首承買，三面言議著身價銀陸拾捌大圓正；其銀即日同中交訖，其人緞娘隨付銀主娶過，前去掌管為妾，不敢阻擋，亦不敢異言生端滋事。保此緞果係片明買之人，與他人無干，以及交加不明為礙；如有不明等情，片自出頭抵擋，不干銀主之事。此係二比甘願，各無反悔，口恐無憑，今欲有憑，立賣甘願字壹紙，並上手字壹紙，共貳紙，付執為照。」[78]楊片係於光緒三十年八月買下曾氏，於同年十二月賣出，轉手之間賺了三十八大元，倍蓰之利，亦屬善於經營者也歟！

從以上的探討，可對清代台灣社會中的買賣婚做幾個簡短的結論：一、買賣婚把人當成物品，索取高額身價銀，任意買賣，完全忽視當事人之意志，實是人性中最陰暗的一面；二、養媳、蓄妾等婚姻制度皆因社會需要而產生，然行之既久，流弊滋生，淪為買賣式婚姻，泯滅人性，反成有權勢者逞其私慾之淵藪；三、從買賣婚的婚約中，可見寡婦、贅婿之社會地位低落，世俗對其抱著歧視的心理，顯示清代台灣社會不公平的一面。

六、離婚與改嫁

在我國的舊習中離婚有兩種，男方主動的叫「休妻」，女方主動的叫「跳槽」。[79]但普通所謂離婚，都是指休妻而言。在古代休妻有所謂「七出之條」，即無子、淫佚、不事舅姑、多言、竊盜、妒忌、惡疾。除此之外，還有所謂的義絕，就是夫妻之間毫無感情時，也可以構成男方休妻的理由。在男方所謂的七出義絕之中，女方只要觸犯一項，即構成離婚的條件。不過亦有例外，即所謂「三不去」，即有所娶無所歸、與更三年喪、前貧賤後富貴。這是對妻權的保障，如果丈夫只知運用七出的理由，而忘了三不去的限制，那將為清議所不

---

[77] 台灣私法人事編，頁四〇四至四〇五。

[78] 台灣私法人事編，頁四〇六。

[79] 高賢治編、馮作民譯：台灣舊慣習俗信仰（鈴木清一郎：台灣舊慣冠婚葬祭と年中行事），台灣風物雜誌社，民國六十六年出版，頁二二〇。

容，甚至要受法律的制裁的。

按照我國的傳統風俗，視婚姻為人生大事，故絕對不輕易容許離婚。清代台灣的漢人亦忌諱離婚，一般人都不願替人寫離婚字（離婚書），萬一不得已必須寫時，也要在房子外面，用茶水來研墨，用過的硯台永遠不能再用。就因為有這種根深柢固的觀念，故當時離婚的人很少。茲就離婚與改嫁二方面說明如下：

㈠離婚

清代的離婚有兩願離婚及片面離婚兩種，大致與現代相彷彿。所謂兩願即雙方同意，亦稱為協議離婚，其情形通常是因為妻子不守婦道；或發生其他事故；或夫妻感情不和；亦有因貧窮而離婚的。此外若丈夫亡故，經丈夫的尊長或近族協議，女方隨時可回娘家或改嫁。至於所謂片面離婚，又稱強制離婚，即丈夫根據古代七出之條，主動休妻。七出在清代的律例中，惟「無子、去」之條，稍加限制，即㈠妻年須在四十以上；㈡夫別無子，非另娶一妻則無得子之望；㈢確知妻有不能生育之原因。至於「淫去」的解釋，則較寬泛，而不局限於姦淫或淫亂，大凡荒遊懶惰，揮霍浪費，及嗜好賭博寺，都是屬於淫佚。[80]清代律例雖有七出之條，但也保留三不去，然這種保障十分微弱，離男女平等的原則甚遠，如果婦女遇人不淑，想要離婚，而夫家不願，她也沒有辦法，因為沒有妻子可以單方面離夫之規定。

按照清代台灣風俗，協議離婚大都不寫離婚書，不過中等以上家庭，在進行強制離婚時，偶會寫一份休書，交給女方帶回娘家，並請求女家退回聘金。茲舉一休書作為說明：「立休書字人郡城內鴨母寮林昆，因自幼憑父娶小北門外陳乖之女豫涼為媳，自入門性情乖張，懶於造作，家母念其尚在稚年，未諳人事，姑置不究。今年已二十矣，無論不能育一男半女，且悍潑如故，甚至時忤家母，絕無忌憚，交謫之聲聞於閫外，萬般勸誡，置之罔聞。諺云：『惡妻孽子無法可治』，是以昆不得已，與家母相商。竊思昆覓食四方，時常在外，該氏既不能孝事姑嫜，謹守婦道，且欲安坐而食，使老母朝夕劬勞，無時休息，撫躬自問，何以為人！但氏既不孝順翁姑，明犯七出之條，義無可合，應割斷夫妻恩愛，聽其歸家，嫁與不嫁均從其便，不干昆之事。口恐無憑，合立休書字壹紙，付與存據。」[81]上引之休書僅陳述出妻之原因，因女方係養媳，故無聘金嫁妝之處理方法。茲再舉一「離緣字」，即離婚契約書說明：「立離緣字人陳九五，前年曾娶過李四之女為妻，常出怨尤之念，律以婦人四德，實有可出之條，雖欲忍以安之，奈生成若性，留亦無益。故不得已再托冰人，向外家李四重議廢親，聘金願折其半，妝奩則聽其取去，凡吾家所有之物，雖絲毫毋得干犯。此係父母之命，抑亦與吾絕緣，即日收回聘金，彼婦聽媒率去，任憑別嫁，一出千休，情根永斷。口恐無憑，即立離緣字壹紙，付執為炤。」[82]以上之離婚契約書將離婚原因、聘金妝奩的處置方法說得很清楚。因謂緣絕，故稱離緣，事實上就是離婚。

離婚時，女方之娘家為了防止日後發生糾紛，通常也有要求男方立正式的「贖身字」，

---

[80] 同❶，頁六五至六八。

[81] 台灣私法人事編，頁三八六至三八七。

[82] 台灣私法人事編，頁三八七至三八八。

裡面載明女方已把聘金退回男方。茲舉例如下：「立甘願贖身字人郭士火，有因夫妻反目，不能和順，是以規勸難合，不得已托媒，願將妻玉娘付伊生父杜宗官贖回改嫁。時三面議定依時值出身價銀貳百大圓正；銀即日同媒交郭士火親收足訖。自此割根永斷，聽伊父杜宗官贖身回家，改嫁他人，一切等情，不干郭家之事。此係二比甘願，各無反悔，日後並無滋事生端。口恐無憑，今欲有憑，立出甘願贖身字壹紙，付執為炤。」[83]

綜合以上所述，清代台灣社會中離婚之原因以不孝翁姑及夫妻反目為最多，至於無生男育女、豔妝冶遊、尋事生端等，皆是附帶之原因。在聘金的處理方面，皆要求女方父母付出贖身銀，數額不一；妝奩則任由女方取回。離婚以後，男娶女嫁，各不相干。

(二) 改嫁

在婦女改嫁方面，清代台灣社會通常有兩種狀況：一種是丈夫死亡，寡婦由娘家父母兄弟贖回再醮。如：「立甘願贖回字人西勢莊李阿德，今因兄李阿貴先年娶得內埔莊林鼎昌之女林大妹為妻，兄阿貴身故，兄嫂大妹少年，應歸改嫁。今林鼎昌之妻陳長妹托得內埔莊李阿幸前來說及，陳長妹願備銀貳拾元，贖回林大妹歸家改嫁。二比甘願，不敢反悔，房親人等亦不敢異言生端。恐口無憑，特立甘願贖回字壹紙，付執為據。」[84]

另外一種是夫妻離婚時，女方娘家貧窮，而無力退回聘金時，丈夫就可憑藉夫權，把妻子轉讓給他人，收取身價銀。此時為防止以後發生糾紛，男方必須立下「改嫁字」，交給妻子之後夫，作為憑據，上面寫明離婚理由、後夫姓名、身價銀數額等，並保證日後與女方斷絕一切關係。舉例如下：「立休書人新園里烏龍莊鹽埔仔許甲，有娶過同里新園莊舊港東王乙之妹王巧為妻。近來王巧不守婦道，逐日尋事生端，較鬧不休，以致夫妻日夜難得相安。今因無奈，願將王巧離婚，托中引就賣過港東中里車路墘莊鄭丙為妻，三面議定身價六八銀二十五元；銀、字即日同中兩相交收足訖，其王巧交付鄭丙攜帶歸家，永為長久夫妻，日後若王巧生傳子孫，許甲不敢異言生端滋事。二比甘願，各無反悔，口恐無憑，合立出休書壹紙，付執為炤。」[85]

綜合以上所言，可以獲知由於清代台灣社會男女頗不平等，所以反映在離婚上亦然，男子擁有片面離婚的權力，婦女則無法主動離開夫家。其次由於重視婚姻，把離婚當成一種不吉祥的事，因此在清代台灣離婚甚少。再者由於離婚茲事體大，牽涉到許多日後權益，為避免引起糾紛，中上家庭或書有「休書」、「離緣字」或「贖身字」。離婚之婦女或夫死之寡婦均行改嫁，守節者較少，此似亦受到清代台灣社會謀生不易及男多女寡的影響。

七、結論

關於清代台灣漢人社會婚姻制度的探討，其著眼點是在藉著婚姻制度的普遍性和特殊性，更深入的來瞭解彼時社會的實況，並由社會環境和婚姻制度的交互影響，生動地描繪台

---

[83] 台灣私法人事編，頁三八八至三八九。

[84] 台灣私法人事編，頁三九一至三九二。

[85] 台灣私法人事編，頁三九二。

灣傳統社會的有機層面。美國學者馬若孟(Ramon H. Myers)曾提到，雖然我們有很多關於民俗、家庭組織及農民和文人等社會階級的文獻，但是我們對傳統中國的社區及其生活的實質仍然知道得很少，對於台灣傳統的社會亦是如此，所以從事重建社會群體和社會結構的工作，實在是極為需要的。[86]婚姻和家庭、財產繼承、祖先崇拜等社會習俗關係密切，所以是呈現一般人家庭生活和狀況的重要窗口，希望本文在這方面有些許的貢獻。

對於婚姻制度的分析，本文係指循著內地化和區域性兩個脈絡來探討。清代台灣漢人社會，無論在婚姻的觀念或婚姻習俗，都和我國傳統的禮制無甚差異，古代六禮始終是婚禮儀式的骨幹。換言之，即內地化的色彩非常濃厚，無論是嫁娶婚、契約婚、買賣婚皆受到內地風俗的影響，當然這和台灣的移民大都來自閩南、粵東是有密切的關係。但是若進一步探討，更可發現清代台灣漢人社會的婚禮亦摻入了本地的習俗，而創造了一種典型的「台灣式婚禮」，兼具有內地化的性格和區域性的特色。

從清代台灣的開發過程來看，清代台灣社會係一移墾社會，移墾社會冒險性高，男女多寡原是正常現象，然因清廷採行禁渡和禁止搬眷的政策，使此一問題更形惡化，除了使社會風氣敗壞之外，在物以稀為貴的原則支配下，婦女身價大增；加以移墾社會，謀生不易，移民原本重財趨利。兩種因素激盪之下，婚姻論財遂成為清代台灣漢人婚姻的特色，聘金、嫁妝、身價銀等遂成為婚制的實質內容。

本文將清代台灣漢人社會的婚姻分成三種類型來探討，即嫁娶婚、契約婚、買賣婚，除了一般嫁娶仍以聘金和嫁妝作為主要內容，契約婚和買賣婚因其感情基礎非常薄弱，所以婚姻特重權利和義務關係的運作，故在婚姻進行的過程中，契約書的簽訂和金錢的交易漸漸變成不可或缺，使原本基於社會需要而形成的婚姻制度，淪為泯滅人性和富豪逞其私慾的淵藪，反映出彼時社會病態的一面。

最後必須一提的是，在清代台灣漢人社會中，尚有一些婚制本文沒有提及，如俗稱「娶神主」的冥婚，如一子雙祧的「平妻」，如「姑換嫂」等，這些婚制雖然普及全台，流行閭客，然以其有婚姻缺乏實際內涵，對於社會亦無實質的作用，故本文捨而不論，然而其亦不免有社會心理的意義，故留待日後再以專文探討之。

㊻ Ramon H. Myers原著，陳其南、陳秋坤編譯：台灣農村社會經濟發展，牧童出版社，民國六十八年二月出版，頁一三五。

海盜與海難：清代閩台交通問題初探

一、前　言

台灣與大陸因重洋阻隔，故清代閩台的交通全賴水路；然海洋風信靡常，潮流湍急凶險，港澳礁石羅列，海盜出沒劫掠，凡此種種，皆危及水路之安全，衍生無數問題，亦間接影響台灣的開發，因此清代朝野對閩台交通問題莫不予以相當之關切。

乾隆五十三年（一七八八）十一月二十一日，清高宗曾頒諭旨曰：「上年福康安前赴台灣，特賞給右旋白螺帶往，是以渡洋迅速，風靜波恬，咸臻穩順。今思閩省總督、將軍、巡撫、提督等每年應輪往台灣巡查一次，來往重洋，均資靈佑，特將班禪額爾德尼所進右旋白螺，發交福康安，於督署潔淨處，敬謹供奉。每年督撫、將軍、提督等不拘何員赴台灣時，即令帶往渡海，俾資護佑。俟差竣內渡，仍繳回督署供奉。」❶右旋白螺是否真有鎮風定波之妙用，值得懷疑，然前此一年，即乾隆五十二年（一七八七），清高宗命陝甘總督福康安攜帶欽差關防馳赴台灣督辦軍務，進剿林爽文，為免福康安有望洋之驚、風濤之險，特賜白

❶ 台案彙錄戊集，第一冊，台銀文叢（台灣銀行經濟研究室編印之台灣文獻叢刊簡稱）第一七九種，民國五十二年十一月出版，頁四七。

螺，令其隨帶渡海，結果福康安往返重洋，風靜波恬，沙平線準，上奏盛讚神物有靈，故清高宗始有將白螺發交閩省督署之舉。不過，清高宗對白螺之神妙亦未必全信，故另有「不必因有白螺，冒險輕涉，總示風色順利時，再行放洋，以期平穩」之囑咐。由此可知，清代閩省督撫大吏渡海之安全，尚勞皇帝之關注，足見閩台水路艱險之一斑。

在此之前，曾於康熙晚年參與平定朱一貴事件的藍鼎元，在議論班兵換班時，認為哨船中的舵繚斗椗各兵，不可輕率更易，否則以朝廷戰艦官兵，斷送於換班舵繚之手，實在太不值得。藍鼎元曰：「台灣洋面，橫截兩重，潮流迅急，島澳叢雜，暗礁淺沙，處處險惡，與內地迥然不同。非二十分熟悉諳練，夫寧易以駕駛哉!內地所來換班之兵，雖曉水務，畢竟礁脈生疎，不可依賴。而習熟可賴之舵工水手，則內地水師各營，俱欲留以自用，誰肯舍己讓人?縱令換班於遠，勢必以疎劣嘗試，苟且塞責。以朝廷戰艦官兵，供斯人美錦學製之具，希圖徼幸於萬一，蓋亦危矣!」❷到了雍正六年（一七二八），清世宗顧及渡海班兵之安全，乃有諭令台灣兵丁學習舵繚斗椗。清世宗諭曰：「朕思海洋操練水師，惟舵、繚、斗、椗關係最為緊要。凡在船兵丁之身命，皆操於數十人之手。若不更換內地兵丁，而常令彼地之人執司其事，似有未便。朕意舵繚斗椗等務，兵丁雖未能驟熟，但未嘗不可學習。而能應於換班之內，挑選兵丁隨現今雇募之人學習，如雇募有三十名，即於兵丁內挑選三十名隨彼學習；三年換班之時，將雇募之人裁省，留此習熟之三十名兵丁教習後班之兵丁；此種留兵丁至六年，然後換班；後班兵丁，皆照此例留換，則新舊更番迭相傳習，皆可熟知舵、繚、斗、椗諸務矣。」❸儘管皇帝疆吏對班兵渡海換班之安全有所籌謀，然有清一代，閩台水路兵船沉沒、班兵淹斃之事仍屢見不鮮。

戰哨兵船有專責監督，尚且海難頻傳，而一般商船漁船，舟小船短者更難抵風浪，往往船毀物耗，損失不貲。最值得同意的是漳泉潮汕等地人民，嚮往台灣的富庶，不惜觸犯清廷嚴酷的渡海禁令，賄賂船戶，偷渡來台，而偷渡之船大抵是漁船或舊船，數百人擠入一艙，艙蓋封釘，不使上下，乘黑夜出洋，偶遇風濤，盡入魚腹。❹關於移民渡海的苦況，「勸人莫過台灣歌」有云：「直到海墘，從省偷渡。不怕船小，生死天數。自帶乾糧，番薯菜脯。十人上船，九人嘔吐。乞水挑口，舵公發怒。托天庇佑，緊到東都。」❺船戶奸梢唯利是嗜，毫無天良；窮民迫於飢寒，罔顧行險，故渡海之安全與否，則完全聽天由命。尤有甚者，在海疆未靖之際，洋盜艇盜如毛，出沒海上，商船民船復有遭劫之憂，或失財物，或連船被他劫往，抗拒者且不免剖腹剖腸之慘。在清代閩台水路交通，海難與海盜是渡海船舶所遭遇之最大問題，戰哨兵船自可避免海盜侵擾，而商船漁船則屬海盜眼中肥肉；戰哨兵船若不積極緝盜，則商船漁船遭劫而傾家蕩產矣！道光年間任台灣道的徐宗幹曾嘆曰：「嗟乎！

---

❷ 藍鼎元：論哨船兵丁換班書，東征集，台銀文叢第十二種，民國四十七年二月出版，頁五八至五九。

❸ 劉良璧：重修福建台灣府志，第一冊，台銀文叢第七四種，民國五十年三月出版，頁二三。

❹ 王必昌：重修台灣縣志，第一冊，台銀文叢第一一三種，民國五十年十一月出版，頁六八至六九。

❺ 賴建銘：清代台灣歌謠，台南文化，第六卷第一期，台南市文獻委員會編印，民國七十四年八月版，頁六七。

洋面無兵船，則洋面皆盜船；洋面皆盜船，則洋面無商船。商船絕，而台民危矣。」❻述其依存關係，可謂一針見血之論。

當然，清代閩台交通問題不只海難與海盜二端，其他若台運問題亦值得探討。所謂台運，即清代台灣係產米區，賦其穀曰正供，備內地兵糧眷米，然大海非船不載，乃以商船赴台貿易者，依樑頭分船之大小，配運台穀，以充閩省各廳縣兵米。但配運台穀之商船往往因貿易航程之故，以銀折穀，而內地之米價與台地不一，船戶賠累甚鉅，不肖者乃取巧規避，不由正口掛驗，偷販成風，影響正規商船之獲利，導致大船漸造漸小，停駕者尤多，閩台交通因之凋萎。❼類此人為因素，亦屬清代閩台交通問題，然本文則不予討論。概言之，本文的重點在於海盜與海難，撰寫之目的即在藉此等問題，說明清代閩台交通之艱險、先民渡台拓墾之艱辛，從而進一步探討這段艱險航程對渡台移民心理的影響。

二、航程與海船

在台灣未納入版籍之前，清廷厲行海禁政策。康熙二十二年（一六八三）施琅平台後，海禁始開，准許閩粵五百石以下船舶出海貿易，台灣與大陸之水路，一時復通。然當時往來大陸台灣之船舶，僅限出入於閩之廈門及台灣之鹿耳門，違者即為偷渡，犯者問罪，失察之有司，須受制裁。乾隆以降，台灣開發甚速，僅限於鹿耳門與廈門對渡，交通頻繁，勢所不能。乾隆四十九年（一七八四）奏准加開鹿港與蚶江口對渡。乾隆五十五年（一七九〇），為便利北路台運及商民，又奏准加開八里坌與福州之五虎門對渡。道光四年（一八二四），因偷渡猖獗，禁之而不能止，乃再奏開彰化縣之五條港與蚶江對渡，噶瑪蘭廳之烏石港與五虎門對渡。至此，台灣渡航閩省的正式港口已達五個。其他如雞籠、竹塹、香山、後壠、梧棲、笨港、東石、鹽水、茄藤、彌陀、打狗、萬丹、東港等小港，亦可通船舶，然因非正口，不准私越。

自廈門達台灣，航程約七百餘里，清代往往以澎湖為界，俗呼廈門至澎湖為大洋，澎湖至鹿耳門為小洋，由閩至台號稱「重洋」。復以台海潮流，止分南北，台廈往來必須橫流而渡，故又號稱「橫洋」。赤嵌集云：「大海洪波，止分順逆，凡往異域，順勢而行，惟台與廈藏岸七百里，號曰橫洋。中有黑水溝，色如墨，曰墨洋，驚濤鼎沸，險冠諸海。」❽按台灣海峽的潮流分為兩個系統，一為赤道暖流，又名黑潮，經菲律賓群島東北海面，過巴士海峽西北注入台灣海峽。另一為發源於我渤海之寒流，沿東南海岸下，至澎湖附近海域，兩流交匯，遂造成台灣海峽之潮汐特性；漲潮時南方海面潮勢北上，北方海面潮勢南進，退潮時又依來路退返，其勢如萬馬奔騰，洶湧澎湃，一瀉千里。❾由於此種海流特性，加上風信靡常，往往影響橫洋船舶之速度，誠如東征集所云：「澎湖至台，雖僅二百餘里，順風揚帆，

---

❻ 徐宗幹：斯未信齋文編，台銀文叢第八七種，民國四十九年十月出版，頁七六。

❼ 周凱：廈門志，台銀文叢第九五種，民國五十年一月出版，頁一九一至一九二。

❽ 孫元衡：赤嵌集，台銀文叢第十種，民國四十七年一月出版，頁五至六。

❾ 蔡平立：澎湖通史，台北，眾文圖書公司，民國六十八年一月初版，頁三七七至三七八。

一日可到。若天時不清，颱颶連綿，浹旬累月莫能飛渡。」❿

在清代所遺紀錄中，由閩渡台，航行最速者首推福康安之渡台。福康安於乾隆五十二年十月十一日，在大擔門配渡，旋被風打回。十四日，得有順風，與海蘭察同舟放洋。二十三日，因風信強烈，收入崇武澳停泊。二十八日，風勢漸轉，泛海東渡。二十九日抵達鹿港，適遇退潮，不能進口，至十一月初一日晨始登岸。⓫自崇武澳開洋逕渡鹿港，費時僅一晝夜，可謂速矣！然一船船則無此可能。茲以乾隆二十八年（一七六三），由德化縣學教諭調任台灣府鳳山縣學的朱仕玠所撰之「泛海紀程」，說明由閩渡台之航程。泛海紀程載云：⓬

五月二十八日甲申，登海舶。

五月二十九日乙酉，從小擔嶼張篷出口。是日阻風，仍退泊小擔嶼。

五月三十日丙戌，五更放洋。上午以無風，且午潮將至，抛矴歇大洋。

六月初一日丁亥，回顧廈門諸山，散若斷雲，隱映斜照。

六月初二日戊子，不復有山，空絕飛鳥。

六月初三日己丑，觀日出。

六月初四日庚寅，遙望廈門同發舟，近一、二十里，遠則百里，如點墨貼空際。

六月初五日辛卯，望見澎湖島，寸碧隱隱。

六月初六日壬辰，至澎湖。下午渡黑水溝。

六月初七日癸巳，至鹿耳門。海船至此，乃將藩司所給票呈稅館掛號驗訖，始得換小船至府。

由以上記錄得知，朱仕玠之渡海航程長達八日，原因是從五月三十日至六月初五日，皆因無風，船舶隨水前漾，夜則宿大洋。六月初六日，北風乍作，故一日抵鹿耳門。

當然，航速之緩急與船舶大小、負載輕重息息相關。在海禁開放之初，清廷對船舶大小限制極嚴。康熙年間定例，出洋海船，不論商漁，止許使用單桅，樑頭不得超過一丈。至康熙四十二年（一七〇三），商船改許使用雙桅，樑頭不得過一丈八尺。乾隆年間，以台海風浪險惡，為求航行安全起見，需有較大船舶，乃特准使用橫洋船及販艚船，其樑頭得在二丈以上。嘉慶十一年（一八〇六），艇盜蔡牽侵擾，商人多私造大船資盜，議定商船樑頭以一丈八尺為率，已造之船既往不究，新造者不得超過。蔡牽覆滅後，又仍照舊例。⓭此所謂樑頭，即度商船大小之標準，清制以一丈八尺為率，自樑頭一丈七尺六寸至一丈八尺者為大船，樑頭一丈七尺一寸至一丈七尺五寸者為次大船，樑頭一丈六尺至一丈七尺者為大中船，一丈五尺六寸至一丈六尺者為次中船，一丈四尺五寸至一丈五尺五寸者為下中船，其樑頭

---

❿ 同❷，頁四七。

⓫ 莊吉發：清代天地會源流考，台北，國立故宮博物院，民國七十年一月初版，頁五七。

⓬ 朱仕玠：小流球漫誌，台銀文叢第三種，民國四十六年十二月，頁六至一二。

⓭ 同❼，頁一六六至一七一。

一丈四尺五寸以下者為小商船。[14]就此一標準，足見康熙年間時船舶大小限制較嚴，日後逐漸放寬，放寬後對於海運的發達自然有所幫助。

至於海船的形制構造，朱景英在海東札記有詳細說明。海東札記云：「海舶長約十丈餘，闊約二丈，深約二丈。船首左右刻二大魚眼，以像魚形。舶腰立大桅高約十丈，圍以丈計。購自外洋來者，曰打馬木，亦曰番木。又舶首立頭桅，丈尺殺焉。帆，編竹為之，長約八丈，闊四、五丈。尾柁長約二丈餘，巨半之，以鹽木製者為堅。柁前相距二丈餘，設板屋，廣約丈餘，深如之，左右置四小龕為臥室，曰麻離。板屋後附小龕，高約三尺，橫闊約五尺，置針盤其中，燃燈以燭。板屋前左置水櫃，深廣八尺，以貯淡水。又前則為庖室。碇以鐵力木為之，頭碇重七、八百觔，以次遞殺。巨舶四碇，次三，次二。鉛筒以純鉛為之，形如秤錘，高約三、四寸，底平，中刳孔寬約四分，深如之，繫以棕繩，約長六、七十丈，舟人用以試水，繩盡猶不至底，則不敢下碇。鉛筒之末，塗以牛油，下繩沾起泥沙，輒能辨至某處。又戴一杉板船，以便登岸，出入悉由舶側，名水仙門。」[15]以上是海船之構造，各家記載大略相同，至於船舶之種類名稱，則易地而有所不同，以形制構造而言，有曾仔船、舦舨、倚邊船、龍艚、駁船、手梯船、雙撐仔等七種，其中曾仔船、舦舨為出洋渡海之船，其餘為沿岸航行或港內使用之小船。[16]以貿易地區而言，廈門之船稱廈船，蚶江之稱蚶江船，五虎門之稱五虎船，廣番之稱南澳船，宜蘭之稱北船、南船、唐山船，府城之稱糖船為天津船等均是。以貿易功能而言，往來廈台者稱橫洋船，載糖至天津貿易者稱糖船，較小之橫洋船稱之為販艚船等。

以上所述係舊式的中國船舶。咸豐十年（一八六〇），根據天津條約，台灣開安平、淡水二港。同治二年（一八六三），安平、淡水兩港之附屬港打狗、雞籠亦開放，外國駛台之汽船、輪船日多。同治四年（一八六五），商輪台灣號開闢航路，由香港經汕頭、廈門而達淡水、安平、高雄，此為台灣定期航船之濫觴，但不久遂告停航。同治十年（一八七一），英國汽船海寧號復開闢航路，規定在安平、淡水、廈門、汕頭、香港間，每兩星期往返一次，該船僅為二百七十七噸小汽船，但經營有相當成績，乃設立德記利士輪船公司(Douglas & Co.)。光緒七年（一八八一），福建巡撫岑毓英巡視台灣，鑒於台灣孤懸海外，倘無舟楫之便，則交通甚感困難，遂商之於船政大臣，派遣琛航、永依兩汽船輪流駛台，藉以加速公文之遞送與一般客貨之搭載得有準期，此為官營汽船之開始。⑰從此以後，舊式船舶的交通功能遂逐漸為現代化的汽船所取代，閩台的水路交通也就邁入一個嶄新的時代。

三、海盜及其影響

清代官方文書往往將海盜區分為土盜和洋盜兩類。土盜者，指在沿海一帶自然發生之零

---

⑭ 范咸：重修台灣府志，卷二，規制，海防，台銀文叢第一〇五種，民國五十年十一月，頁九〇至九一。

⑮ 朱景英：海東札記，台銀文叢第十九種，民國四十七年五月出版，頁一五。

⑯ 詳見台灣私法第三卷第八章第二節第一款，船舶之種類，頁三七九至三八二。

⑰ 台灣省通志稿，經濟志交通篇，台灣省文獻委員會，民國四十七年三月出版，頁二六二至二六三。

星海盜，其船隻多屬小型商、漁船，因缺乏航行外海之大船，故祇能在濱海地區攔劫沿岸航行之小商船，不能遠離海岸前往外海劫掠越洋大商船，其為害程度較輕。洋盜者，指擁有夷艇洋砲之大幫海盜，所駕船隻較大，活動範圍遍及浙粵閩沿海數千里，為害海洋交通最列。

自明代嘉靖年間以降，海盜問題始終是東南沿海的大患，政府無力肅清，到明亡時，鄭芝龍以一介海盜而成東南之海上霸主，獨擅海洋貿易之大利。康熙二十二年，施琅平台後，海境雖告肅清，但仍有零星海盜存在。康熙末年藍鼎元嘗曰：「江浙閩廣，則自二、三至九月，皆為盜艘劫掠之時，今天下太平，非有所謂巨賊，不過一二無賴，飢寒逼身，犯法潛逃，寄口腹於煙波浩蕩之際，而往往不能廓清，歲歲為商民之患。」⑱康熙以降，因昇平日久，社會趨於奢靡，吏治隨之敗壞，營伍廢弛，作奸犯科日多，影響所及，海盜有死灰復燃之勢。嘉慶初年，閩省漳泉一帶，因災歉導致物價高漲，加以商人從事海外貿易獲得大利，為不法之徒所歆羨，從安南夷艇深入東南沿海到蔡牽由土盜變為艇盜，閩浙一帶海盜猖獗，若非文武將吏同心協力，則明代嘉靖末葉倭寇荼毒東南沿海數省之慘禍，勢復將重演於當日。

嘉慶年間，中國海盜之由土盜發展成為洋盜，與安南夷艇之來，有密切相關。關於安南夷艇入犯中國東南沿海之原因及經過，魏源曾扼要說明云：「國家自康熙二十二年克台灣，平鄭氏，二十四年大開海禁，閩粵浙吳，航天萬里，鯨鯢不波，及嘉慶初年而有艇匪之擾。艇匪者，始於安南。阮光平父子竊國後，師老財匱，乃招瀕海亡命，資以兵船，透以官爵，令劫內地洋船以濟兵餉，夏至秋歸，蹤跡飄忽，大為患粵地。繼而內地土盜鳳尾幫水澳幫亦附之，遂深入閩浙，土盜倚夷艇為聲勢，而夷艇恃土盜為嚮導。三省洋面各數千里，我北則彼南，我南則彼北，我當艇則土盜肆其劫，我當土盜則艇為之援。且夷艇高大多砲，即遇亦未必能勝，土盜狡又有內應，每暫遁而旋聚。而是時川陝教匪方熾，朝廷方注意西征，未遑遠籌島嶼，以故賊氣益惡。」⑲來自安南的艇匪是以兵船為盜船，擁有優勢的火力，使中國水師的舊式兵船不採取剿捕行為，盜船與其合作，雙方互利，閩浙當局遂束手無策。此外，艇匪的打劫方式，亦給土盜示範作用，即以大型船隻從事海上掠奪，不僅可擴大劫掠範圍，且可避免官方的剿捕，安全性大大提升，於是當時的土盜乃逐漸發展為後來的艇盜。

嘉慶初期，以土盜變為洋盜、艦盜，最著名且最有實力者為蔡牽，然蔡牽的壯大，並不是安南夷艇的幫助，而是在嘉慶五年（一八〇〇）六月，安南夷艇在浙省海面遭遇颶風被消滅之後，他們行劫的巨艇大砲落入蔡牽的手中。此一經過，魏源嘗云：「安南烏艚船百餘號，總兵十二人，分前中後三支，每支四總兵，倫貴利等其後支也。會安南為農耐王阮福映所滅，新受封，守朝廷約束，盡逐國內奸匪，由是艇賊無所巢穴，其在閩者盡為漳盜蔡牽所併。牽，同安人，狡猾善捭闔，能使其眾。既得夷船夷砲，凡水澳鳳尾餘黨皆附之，復大猖獗。」⑳由此可知，蔡牽之所以強大，是由於他在安南夷艇遭風覆溺及鳳尾水澳二幫皆殲之

---

⑱ 藍鼎元：論海洋弭捕盜賊書，鹿洲初集，台北，文海出版社，頁四一至四二。

⑲ 魏源：嘉慶東南靖海紀，聖武記卷八，台北，文海出版社，頁六六二至六六三。

⑳ 同前註，頁六六四。

後，既得夷艇夷砲，又得兩幫餘孽之歸附，所以才迅速發展成為海上的新興勢力。嘉慶八年（一八〇三）以後，蔡牽厚賂閩商，製造範圍由沿海內洋擴及台灣，成為越洋大海盜。這種情形一直到嘉慶十四年（一八〇九）七月被閩浙舟師殲滅於魚山外洋止，蔡牽始終是東南海上的風雲人物，不但其大名屢見於官方文書，即嘉慶皇帝也屢以蔡牽為言，其重要性由此可見。

洋盜與土盜肆擾海面，其目的無非搶掠和勒索財貨，故對海上的交通發生不良影響。在論及艇盜對閩台水路交通的影響之前，先讓吾人瞭解洋盜或土盜侵擾船舶的情形。嘉慶元年，劉肇紳由廈門赴台灣，欲將彌補虧空之事告知其父分巡台灣道劉大懿，回程時在外洋與沿海兩次遇盜，驚險萬分。其經過云：「一日，抵黑水洋，多半聞砲聲殷天，海水為沸，阿幫呼曰：賊至矣，奈何？舟中九十餘人，相顧無人色。有為舟師寫帳之章吉者，謂曰：事急矣，請少君衣我衣，我衣少君衣。賊至，必先點船戶名，少君應之而過，庶幾可以止命，我不忍刳腸之酷，必蹈海以死耳。余曰：子胡然舍身以救我？死則俱死耳，子胡然？章強之，相與抱頭大哭。既易衣，余乃號於眾曰：人輸有絮之被褥各一件，其價至省償之。眾曰：何為？余曰：第速出之，徐告汝。又號於眾曰：人出破爛之單衫褲各一件，價俟後償。眾又曰：何為？余曰：但輸之。既兩物皆具，急令將船中大小木植竹竿繩索均移出，於船四隅紮為欄杆，以被褥張之，繫以繩，濡以水，俾溼透，裂舊衣糾為繩，浸以油，兩端燃火。已而賊舟至，余乃令兵四十，水手十餘人，皆持銃植立艫前不發，賊首望之，亦不敢前。久之，天將曉，有執紅旗而麾者，賊舟竟揚帆去。時無風，余乃禱於神，以卜所嚮，投筊則蚶洋，吉則縛柁往西南行。時已昏莫，未能至蚶洋也，恐賊追至，危甚。詰旦見山峰遠聳，眾皆讙曰：已至蚶洋矣。見山麓列船數十，班兵謂是巡哨船也，呼之來援，俄而船至，乃賊船也。眾大錯愕，計無所出。見賊於船頂取下小艇數隻下，十餘賊登之，鳴金為先聲，鎗炮齊發。忽炮子穿船之上板，檣帆俱毀，傍人咸匿艙中。余乃令兵丁裝鎗，審視而後發，殪十餘人墜水，急燃火毬擲諸賊船，殲數人，火星迸散，飛延賊船之火藥，一舟焦灼，賊乃大駭。先是，舟中懸閩香倒掛鳥四籠，是台灣攜來的。方危急時，令我等罹患，命也，何忍使此鳥受害苦？乃解縱之。曩來海中無鳥，賊見數鳥盤旋飛舞，大驚，以為神物佑福人，則大罵開帆去。乃雇漁舟牽百丈至福州云。」㉑此事發生於嘉慶元年，則正是土盜林發枝引安南艇匪深入閩浙之際也。由此文所記，可知當時海盜劫掠船隻，在登船之前，必先鳴銃放砲威脅來船不敢繼續行駛，然後放小艇載盜登船。登船之後，則先索名冊，點名區別水手與乘客，然後肆行劫奪。海盜似乎特別痛恨官吏，如果官吏被劫，則不僅損失財物，且有刳腹剖腸之慘刑。

商船行旅航行海上，首重安全，而海盜以武力進行掠奪，商船束手無策，遂造成海上不安的因素。以蔡牽為例，凡是追劫商船漁船、打劫米柴食物、掠人關禁勒贖，所施擄掠，各類俱全；所以清仁宗再三諭旨表示：「蔡牽為洋盜巨惡，此賊一日不除，洋面一日不靖。」㉒

㉑ 張澍：書劉默園觀察蚶洋出險事，養素堂文集第四冊，台北，聯經出版公司，民國六十五年出版，頁九三三至九三六。

㉒ 清仁宗實錄選輯，台銀文叢第一八七種，民國五十二年十二月出版，頁四三。

「蔡牽在洋肆逆十有餘年，往來閩、浙、粵三省，擾害商旅，抗拒官兵，實屬罪大惡極。」㉓蔡牽海上行劫，對當時閩台交通有何影響?清仁宗實錄記曰：「（嘉慶十四年正月）庚午（初十日），諭軍機大臣等：阿林保等覆奏查明泉州糧價較貴緣由摺內，據稱，漳泉地方，向賴台米接濟，近年洋匪未靖，台灣商販較少，泉州米價稍昂，委無通盜濟匪情事。現在蔡、朱二逆常到淡水一帶劫掠商船，該逆劫得一船即用之不盡，往往放回勒贖，其無須內地米糧，已可概見，等語。杜絕接濟一事，食米最為要務，阿林保等既知盜船食米不全資內地偷運，只需將台灣商販劫掠一船，即可用之不盡，並借此勒贖，是盜匪接濟之源實在於此。」㉔由此可知，海上艇盜猖獗，商船畏懼遭劫，往往不出海，影響所及，向來依賴台灣米穀接濟的漳泉地區，米價自然昂貴。另外徐宗幹亦曰：「洋面皆盜船，則洋面無商船。商船絕，而台民危矣。」清代閩台之間的依存關係，是靠水路交通來維持，艇盜侵擾了水路交通，對閩台兩地都產生了不利的影響。

除了武力劫掠之外，海盜另外的手段是脅迫勒索。海盜肆行於海上，若單靠打劫商漁船，機會有別，生活可說毫無保障；加以若殘暴劫掠，商販漁民裹足，間接制己於死路，故亦需擄人勒索。一般而言，海盜獲得接濟之來源，除了打劫之外，尚有二端，一是奸人之貪圖厚利，例運出海；一是以擄人勒贖之法，脅迫被害人不得不以海盜所需物資前往贖人。㉕海盜為達到勒贖目的，迫使被勒贖者違法犯禁，故對不從者採取極慘酷之報復手段，焦循記曰：「賊匪往來縛人妻女，繫人父兄，以要人貨，不如約則剖心臠肉，慘不忍言，誰有官兵，莫能痛剿。㉖清仁宗實錄亦曰：「海口各商船出洋，要費用洋錢四百塊，回內地者費用加倍。此項費用，俱係給洋盜蔡牽，給則無事，不給則財命俱失。」㉗海盜進行勒索，無論是統治式的收取規費，或買賣式的「免劫票照」，或綁票式的禁押船人勒贖，皆非達目的不肯干休，否則其所藉以生存的糧食、火藥、船具、軍械等重要物資，則無從取得，故對於不應者之人質「剖心臠肉」，製造恐怖的氣氛，令人生畏。海盜所造成的這種恐怖氣氛，致使商旅不敢出洋。前引之例，嘉慶元年劉肇紳欲赴台灣時，與泉道季學錦和水師提督史某就勸曰：「子何往？傾海氛不靖，寇盜充斥，子隻身涉鯨波，烏可乎？若可急事，郵書請命可也。」㉘由於海盜的收取規費和勒贖等慘酷手段，影響商旅出洋貿易之意願，對閩台商業的發展也有一定之打擊。

尤有甚者，閩商在蔡牽的威脅利誘之下，部份商人與蔡牽互通聲氣，甚至為其製造橫洋大船。魏源曰：「賊畏霆船甚，厚賄閩商，更造大於霆船之船，先後載貨出洋，偽報被劫。牽連得大海船，遂能渡橫洋，渡台灣。九年夏，劫台灣米數千石，分濟粵盜朱濆，連艅八十

㉓ 同前註，頁一四七。

㉔ 同前註，頁一三三。

㉕ 蘇同炳：海盜蔡牽始末，台灣史研究集，台北，國立編譯館，民國六十九年四月出版，頁一六九。

㉖ 焦循：神風蕩寇記，雕菰集卷十九，台北，鼎文書局，民國六十六年九月初版，頁三〇九。

㉗ 同㉒，卷一〇八，頁四三。

㉘ 同㉑，頁九三二至九三三。

餘，狡入閩，閩師不敢擊。」㉙由於商人私造橫洋大海船資助海盜，致使朝廷疆吏不信任商人，乃令新造之商船樑頭不能超過一丈八尺。對於新造商船大小的限制，導致船舶變小，對於閩台交通自然又是不良影響。

以上是海盜侵擾洋面對閩台交通的影響，其後遺症至道光年間更為顯露，姚瑩嘗曰：「台灣昔時地方殷實，紳商頗多，每逢警變，莫不捐輸效力。……自蔡逆騷擾海上，商力大虧，生業消敗，三十餘年矣！……紳民縱肯急公，多苦捐資無出。」㉚海盜肆虐，使台灣行郊貿易大受波及，經濟力因之凋敝。蔡牽被殲後，洋面景況稍好，然而並非此後閩海台洋即無盜寇，只是無類似蔡牽之大海盜罷了。道光二十二年（一八四二），英船滋擾沿海，水師防守口岸，不能遠涉外洋哨捕，故海上盜賊滋多，是年六月，台灣道姚瑩上奏的摺件，雇商船渡送，結果在廈港洋面被「草鳥匪船」搶劫，貨物和摺件皆被搶去。㉛由此例可知，嘉慶以後，閩台洋面仍有海盜存在，只是勢力較小，所以對閩台交通的影響也就沒有艇盜那麼嚴重。

四、海難及其影響

海船遭風漂失，或觸礁沉沒，在清代台灣附近洋面是屢見不鮮的事件，遭難的船隻有兵船、商船、夷船、盜船等，各式各樣，不一而足。台海附近所以船難頻傳，導因於颱颶、海流、港灣特異，稍有不慎，即釀巨禍。關於閩台海道之險，問俗錄有云：「海道之險有三，……雲天汪洋，方面難識，全憑舵工捧指南針，以候風信，定趨向，子午稍錯，南犯呂宋或暹羅、交趾，北則飄蕩不知所之，其險一也。舟至大洋，不遇颱風，可以無患，受患多在港口。如澎湖溝有岩石，鹿耳門左右夾鐵板沙，五虎門山風閃拂，八月後正月前即難行；番挖、王宮兩口不寬深，其地偏僻，海口皆有沙線攔截，舟至港門下椗，風帆未收，風浪突起，即被沙裂，其險二也。海洋中有紅水溝、黑水溝，海水皆碧，紅黑二色，終古不淆，而黑水溝尤險，廣百餘里，袤長莫溯其源，極深無際，波濤瀠洄，舟至此，桅篷俱動，其險三也。」㉜由此可知，閩台水路除了有黑水溝之險、颱颶之憂，抵台之海口尚有危機重重，委實艱險之旅程。

鹿耳門係由閩入台之門戶，然港口天險，海船視為畏途。海東札記曰：「鹿耳門，全郡之門戶也，四周皆海。海底鐵板沙線，排列如鑄，南曰北線尾，北曰加老灣，又西南曰隙子港；兩岸沙腳環抱，中通一徑，狀如鹿耳，故名鹿耳門。商船率銜尾出入，不敢並擢。潮長，水深丈四、五尺；潮退，不及一丈，舟人必懸柁始能出入。港路紆迴，舟觸沙線立碎。

㉙ 同⑲，頁六六六。

㉚ 姚瑩：防夷急務第二狀，東溟文後集卷五，台銀文叢第八三種，民國四十九年九月出版，頁八六。

㉛ 姚瑩：摺件在洋被劫奏，東溟奏稿，台銀文叢第四九種，民國四十八年六月出版，頁一四三至一四五。

㉜ 陳淑均：噶瑪蘭廳志，規制海防附考條引問俗錄，台銀文叢第一六〇種，民國五十二年三月出版，頁四四。

於盤旋處，插竹剪布，南白北黑，名曰盪纓，一曰招子，使出入者知所趨避。或令人駕小舟導引，亦曰招船。沙岸設砲台，分兵防守。海防廳亦置一館稽查，凡由內地東渡及自此西旋者，舍此末由取道。目為天險，諒哉。」㉝由於鹿耳門海底皆鐵板沙線，橫空布列，無異金湯，而門內浩瀚之勢，宛似大海，故廈門海船欲入台，若為東風所逆不得入，門外鐵板沙不得停泊，必仍返回澎湖；若遇月黑，莫辨澎湖島澳，則必須回航廈門。㉞鹿耳門之險可見一斑。

黑水溝係台海之洋流，流速湍急，舊式之帆船橫渡時，往往倍感吃力，若逢風信不對，則漂流不知所至矣。台灣府志記曰：「自擔門放洋迤邐東南，水天一色，全以指針為信，認定方向，隨波上下。海水深碧，初渡紅水溝，再度黑水溝。紅溝色赤而夷，黑溝色墨而險，溝廣百里，自北流南，不知源出何所。廈船遠渡橫洋，固畏颶風，又畏無風。大海無櫓搖棹撥之理，千里萬里只藉一帆風力，湍流迅駛，倘順流而南，則不知所至矣。操舟者認定針路，又以風信計水程遲速，望見澎湖西嶼頭、花嶼、貓嶼為準。若過黑水溝，計程應至澎湖，而諸嶼不見，定失所向，急仍收泊原處，以候風信；若夫風濤噴薄、悍怒激鬥，瞬息萬狀，子午稍錯，北則墜入南澳氣，南則入於萬水朝東，海不返之憂；或犯呂宋、暹羅、交趾諸外也，亦莫可知。海風無定，而遭風者亦不一例，常有兩舟並行，一變而此順彼逆，禍福攸分，出於頃刻。此廈船渡台海道之險阻也。」㉟黑水溝因水勢稍窪，故謂之溝，是閩台水路交通最危險處，故朱仕玠「由黑水溝夜泛小洋」詩云：「舟過黑水溝，舵工顏如墨。畏驚驪龍睡，檣艣快掀擊。回瞻黑奔渾，弱膽尚餘惕。」㊱舵工視渡黑水溝為畏途，足見其險也。

在港口、海流之外，最令海船憂懼者為颱颶，海船遭逢颱颶，百不存一。關於颶風與颱風的區別，台灣府志云：「風大而烈者為颶，又甚者為颱。颶常驟發，颱則有漸。颶或瞬發倏止；颱則常連日夜，或數日而止。大約正、二、三月發者為颶；五、六、七、八月發者為颱，九月則北風初烈，或至連月，俗稱為九降風。間或有颱，則驟至如春颶，船在洋中遇颶猶可為，遇颱不可當矣。」㊲台灣地當颱風行徑之要衝，夏季常有颱風過境，海船遇之，必覆無疑；海洋倏發倏止之颶風，海船遇之，尚有僥倖，然漂流何處則莫由知之。

茲舉一例說明船舶遭颶之險狀。道光十五年（一八三五）十月，蔡廷蘭自廈返回澎湖探視老母，途中遭颶，被漂流至安南而獲救，其在「滄溟紀險」中云：「初，舟人稱西北有黑雲數片，俄而東南四布，馳驟若奔馬，轉瞬間狂飈迅發，海水沸騰，舟傾側欲覆。余身在艙內，右左旋轉，不容坐臥。驚悸中聞舟人呼曰：東向且迫岸，急轉柁回者！風烈甚，柁曳水下金膠固，十餘人擁推之不少動。乃下篷，棄所載貨物，冀船輕得走。天明，四顧迷茫，白

㉝ 同⑮，頁一二至一三。

㉞ 同⑦，頁一三八。

㉟ 同前註，頁一三七至一三八。

㊱ 同⑫，頁一二。

㊲ 高拱乾：台灣府志，卷七，風土志，風信，台北，文海出版社影印本，頁一六四。

浪如山，孤舟出沒波濤間。……移時，媽祖旗飄動，風轉東北，叫嘯怒號，訇哮澎湃，飛沫漫空，淋淋作雨下，濕人頂踵，毛骨生寒，眾相視無顏色。忽然一聲巨浪，撼船頭如崩崖墜石，舟沒入水，半瞬始起，艙蓋木板皆浮，水傾盆瀉艙底矣。余淹仆，自分必死，家弟手一繩，泣令束腰間，強扶掖出船上，俯伏告天乞命。舟人悉嗷啕大慟。余顧謂出海曰：哭無益，速砍大桅！桅折墜水中，風始穩，隨波泛泛若輕鳧。」㊳該舟四、五日後漂至安南，而其經歷之險狀，可謂窮極駭異，艱險備歷，亦足見狂風駭浪之可畏也。

海船遇難，除了兵船之外，絕少留下紀錄。清代閩台之間，因有班兵制度之實，故兵船往來頻繁，然遭風擊碎者亦復不少，且都留有紀錄。近人黃衡五曾就明清史料戊編第七本中有關閩海沉船事件加以統計，發現從雍正七年（一七二九）至道光十八年（一八三八）間，有八十六艘戰哨及與公事有關之商船沉沒，而歸納其情況有二點值得注意：第一，從沉船的月令看來，每個月都有過船隻遭風的事件，而以陰曆六、七月為最多；第二，船隻沉沒的處所，大多數都在澎湖列島不遠的外洋，所以彼處是海船的危險地帶。不過，船隻沉沒最重要因素是風，所以處所與船之沉沒的因果關係並不密切，颶風突發時，海岸附近的船隻照樣遭殃。㊴從以上資料可知，在颱風季節出洋，或航行在黑水溝之上時，最有發生船難之可能。

海難發生，往往必須處理善後。以夷船為例，外國船隻來往於廣州至上海間，就近取道台灣海峽，遇風或觸礁失事，自所不免，而船上人員漂流台灣本島，常有被沿海居民殺害、拘禁、搶奪等情事發生，在處理時釀成國際交涉事件。咸豐十年台灣開港後，往來閩台的外國商船，亦有遭難被劫而引起交涉之案例，如咸豐十一年（一八六一）十一月，美商雙桅帆船柔間地厘(Iskanderia)號至打狗港購運白米，旋於駛赴廈門途中，突被颶風捲至嘉義縣屬布袋嘴洋面，於距離台灣府十英里（約三十華里）處擱淺，船身半沒入沙，無法移動。當地不法之徒，乘機上船劫掠，所有財物，被搶一空。船主路得士(Frank J. Ruders)等事先前赴台灣府城請求援助，由於當地官員行動遲緩，比及所派官兵趕到出事地點，已於事無濟。路得士認為地方官怠忽職責，未能按照中美天津條約之規定，及時救護，以致該船貨物及船員財物等盡被劫掠，總值計達一萬八千元；因向廈門美副領事海雅特(T. Hart Hyatt, Jr.)處申訴，要求中國官府負責賠償。海雅特一面據以轉報美國駐華公使，一面與閩台當局交涉，要求賠償，文書往來，終未獲致滿意之結果。㊵類此案件，不勝枚舉。由於清廷對船難事件採沿推拖辦法，閩台當局則顢頇如故，等到美船羅妹(Rover)號事件發生，美國對台政策隨而轉變，幾乎釀成不可收拾的局面，間接亦影響同治十三年（一八七四）日本出兵台灣之事件。

在船難事件中，有最完善之處理者為戰哨兵船在洋遭風擊碎或因風漂失。雍正六年（一

㊳ 蔡廷蘭：海南雜著，台銀文叢第四二種，民國四十八年六月出版，頁二。

㊴ 黃衡五：台灣海峽沉船事件之紀錄，台南文化第五卷第二期，台南市文獻委員會，民國四十五年七月出版，頁七八至八五。

㊵ 黃嘉謨：美國與台灣，台北，中央研究院近代史研究所，民國五十五年二月初版，頁一九五至一九六。

七二八），清世宗曾有諭旨云：「查康熙五十三年內，福建台灣、廣東碣石有海洋遭風傷損官兵之事，聖祖皇帝特頒諭旨，令地方大使，加以恩卹，並令嗣後通行。但向來未曾分別官兵，詳著為例，恐地方官奉行不力，或至日久廢弛，亦未可定。朕思海洋危險之地，凡官弁、兵丁等若因公事差委，遭風受困者，當照軍功加恩；倘有不幸至於身故者，當照陣亡之例優卹。」[41]清世宗要九卿分別詳細定議具奏，後來究竟如何議定，不得而知。但在乾隆四年（一七三九）六月閩浙總督郝玉麟之題本曰：「查定例：內洋內河船隻因公差委，被風飄沒，身故兵丁照陣亡例減半給與卹賞銀兩，落水得生兵丁照二等傷例減半賞給。又定例：兵丁陣亡給銀五十兩；如無妻子親屬，照例給奠銀二兩，遣官致祭；二等傷給銀二十五兩。」[42]不久又小有修改；乾隆九年（一七四四）六月間，閩浙總督那蘇圖之揭帖曰：「查定例：沿海弁兵因公差委、遭風溺水，幸獲生全者，官照軍功加一級，兵照軍功頭等傷例賞給。又定例：軍功頭等傷給銀三十兩。」[43]以後就一直遵行未改。就此撫卹辦法而言，尚稱優渥，故對閩台官方的交通而言，自有其正面的意義。

至於商船遭難，則無此幸運，除了貨物傾耗之外，又需貼賠船戶。以鹿港泉郊為例，郊商與船戶之間訂有失事賠償標準如下：一、訂船戶如犯風水損失，有救起貨額，船貨兩難，其杉、磁、茶葉、藥材，此無可稽之貨，例應不在攤內，應與船另議。二、訂船戶遭風損失器具，惟桅、舵、碇三款，應就照貨若干，船主應開七分，貨客應貼船三分，其餘細款，胡混難稽，不在貼款。三、訂船戶攔漏，貨額濕損，缺本若干，貨客應開七分，船主應貼貨三分；船之修創，應費多少，船主應開七分，貨客應貼三分。[44]航海貿易，贏利可觀，然重洋遠涉，其風險亦大，不幸遭風遇難，郊商貨物沉失，尚需貼賠船戶，其損失重矣！故姚瑩慨嘆：「商船遭風，歲常十數，貨物傾耗，……昔之富商大戶，存者十無二三。」㊺劉家謀海音詩亦嘆吟：「鹿耳門前礁石多，張帆尚未出滄波，賒來水利重添載，一夜飄流付孟婆。」㊻由此可知，因閩台海道艱險，颱颶特多，商船風險大，損失慘重，直接影響閩台水路交通之通暢，間接影響閩台兩地經濟的發展。

五、結論

在咸豐十年台灣開港之前，閩台的水路交通完全依賴舊式的帆船，其最大者樑頭在二丈以上，然亦不乏小型商船，由於台海水道海流凶險，颶颱無常，港灣特異，所以船難事件層出不窮；復以嘉慶初期，安南夷艇及海盜蔡牽肆虐東南沿海，閩台交通之風險更是提高，導

㊶同❶，頁一。

㊷同前註，頁四。

㊸同前註，頁一三。

㊹詳見鹿港泉郊會館規約，據日本明治三十八年臨時台灣舊慣調查會編印，臨時台灣舊慣調查會第二部調查經濟資料報告下卷，頁三〇〇至三〇一。

㊺姚瑩：上督撫言全台大局書，中復堂選集，台銀文叢第八三種，民國四十九年九月出版，頁一二一。

㊻劉家謀：海音詩，台灣雜詠合刻，台銀文叢第二八種，民國四十七年十月出版，頁一〇。

致商旅畏於出海貿易，船舶漸造漸小，停駕者尤多，影響所及，造成道光年間台灣經濟力的凋敝，而閩省所需之台米，亦往往因商船不通，米價騰貴，妨害民生至鉅。

在戰哨兵船方面，有因出洋巡哨而遭難的，有因配載班兵赴台或由台內渡而遭難的，有因運載餉銀或兵穀而遭難的，有因載送軍裝赴省修理或運軍械赴台而遭難的，也有哨船駕廠拆造或在廠修竣回營而遭難的，無論何種情形，按照定例，均可補造，身故官兵，則加以卹賞。此外，在船舶保養方面，戰哨兵船亦較有制度，三年小修，六年大修，九年後若堪繼續使用，仍行大修，否則拆造。戰哨兵船由於台灣兵備的需要和具有完妥之善後處理辦法，所以在閩台交通上始終保持一定之順暢，維持閩台關係於不墜。

閩台水路交通的艱險，除了對閩台二地的經濟產生影響之外，對於由閩赴台的移民亦造成心理上的影響，划水仙和媽祖信仰即是其例。所謂划水仙，郁永河在裨海紀遊曾解釋曰：「划水仙者，洋中危急不得近岸之所為也。海船在大洋中，不啻太虛一塵，渺無涯際，惟藉櫓舵堅實，繩椗完固，庶幾乘波御風，乃有依賴。每遇颶風忽至，駭浪如山，舵折櫓傾，繩斷底裂，技力不得拖，智巧無所用；斯時惟有叩天求神，崩角稽首，以祈默宥而已，爰有水仙拯救之異。」[47]在海上遭颶風，除了求助天神之外，別無他途。關於划水仙之方法和靈驗，郁永河曰：「余於台郡遣二舶赴雞籠淡水，大風折舵，舶腹中裂，王君雲森居舟中，自分必死；舟師告曰：惟有划水仙可免；遂披髮與舟人共蹲舷間，以空手作撥櫂勢，而眾口假為鉦鼓聲，如五日競渡狀，頃刻抵岸，眾喜倖生，水仙之力也。余初不之信，曰：偶然耳！豈有徒手虛框而能抗海浪、逆颶風者乎？」顧君敷公曰：「有是哉！曩居台灣，仕偽鄭，從澎湖歸，中流舟裂，業已半沉，眾謀共划水仙，舟復浮出，直入鹿耳門。……迨八月初六日，有陳君一船自省中來，半渡遭風，舟底已裂，水入艙中，鷁首欲俯，而舵又中折，輾轉巨浪中，死亡之勢，不可頃刻待。有言划水仙者，徒手一撥，沉者忽浮，破浪穿風，疾飛如矢，頃刻抵南嵌之白沙墩。」[48]在凶險詭譎的海上航行，往往發生許多不可解的現象，遂使鬼神之說深入人心，作為移民商旅心理之慰藉。官斯土者亦不能免，如台灣道徐宗幹在祭祀海洋溺亡官兵民人的「祭海文」中曰：「年來帆檣來往，諸多安穩，此固仰賴海若保全，而履險如夷，冥冥中爾眾與有力焉。」[49]亦是以鬼神之說，鎮撫人心，影響所及，遂使台灣迷信之風更為普遍、執著。

閩台水路艱險的另一影響，是使媽祖信仰在台灣普及化。清代台灣除了海船、行商、漁民奉祀媽祖外，一般民人亦信之誠篤，使其成為台灣民間信仰的主要神祇，廟宇分布頗眾，祀典盛大。媽祖原為中國沿海各省居民尊奉的海上守護神，自古以來即有各種靈異傳說，「凡海船危難，有禱必應；多有目睹神兵維持，或神親至救援者，靈異之蹟，不可枚舉。」[50]然明鄭時代台灣並無媽祖廟，台灣之媽祖廟始於施琅。施琅平台之役利用媽祖信仰之力量

---

[47] 郁永河：裨海紀遊，台銀文叢第四四種，民國四十八年四月出版，頁六〇至六一。

[48] 同前註，頁六一。

[49] 同[6]，頁一四。

[50] 同[47]，頁五九。

對明鄭官兵發動心戰攻勢，宣傳媽祖顯靈之事跡。從此以後，歷次征台，媽祖顯靈陰佑之說不絕，媽祖儼然成為清兵之守護神，清帝亦頒匾加封，大力提倡。清世宗曾頒「神昭海表」御書及匾式，命於湄州、台灣、廈門三處天妃宮摹製懸掛。清高宗以官兵渡台，多獲平穩，疊徵靈異，皆賴天后助順，故先後降旨修葺天后宮，並御書聯額二份，於廈門、興化兩處懸掛，及平定林爽文後又降旨在天后舊有封號上加增「顯神贊順」四字，並御書「佑濟昭靈」匾額一面，交福康安等於沿海口岸廟宇敬謹懸掛。[51]由於朝廷和官吏的提倡，台灣媽祖廟漸漸增多。然而，媽祖隱然有取代關聖帝君成為民間最主要信仰的原因，乃是渡台的漢人移民心理上多少覺得受到媽祖的庇佑，始能安然渡過閩台之間的重洋阻隔；這個酬恩的心理因素，正是媽祖信仰在台灣普及化的基礎，而追根溯源，則又可歸諸於台灣海凶險風濤帶給移民的心理震撼，這趟艱險航程已宿命地成為他們難以忘懷的夢魘了。

[51] 同[11]，頁七二。

清代台灣的吏治與營規

一、前言

清道光年間，台灣道徐宗幹致友人王素園的書信中云：「各省吏治之壞，至閩而極；閩中吏治之壞，至台灣而極。然猶是民也，猶是官也，豈其無可治之民，無可用之官，而卒至束手無策者？一言以蔽之曰：窮而已矣。搶擄之罪，生死未定，尚在後日；號寒啼飢，目前別無恒業，流至海外，更無家可戀，不能坐守飢斃，只可鋌而走險，是民以窮不能治，聽之愈頑，殺之愈悍，此治民之難也。疏防之咎，參劾未定，尚在後日；工食賞耗，目前別無經費，官於海外，已捨性命而來，無從虧挪告貸，只可苟且偷安。是官以窮而不能馭，劾之不能自新，舉之亦復如舊，此為官之難也。事莫重於人命；而不求償命，但求得錢，豈真重財不重命？窮到無可奈何，只好要錢不要命。且地方官不能振刷精神，為其伸冤理枉，只可以錢了之。官不知民之代為將就以保全考成，反謂輕命重財之民不可治，甚且有此成見，而亦置之不治。台陽居海外無所謂限期之說，為重洋阻滯也；故吏治之易，至閩中而極；閩中吏治之易，至台灣而極。豈知今日之難，皆自數十年來以為易之所致耶。」❶從以上書信內容

---

❶ 徐宗幹：答王素園同年書，治台必告錄第三冊，台銀文叢（台灣銀行台灣文獻叢刊）第十七種，民國四十八年七月出版，頁三四九。

可知，清代台灣因僻處海外，移民因窮困而鋌而走險，官吏因窮困而貪瀆，造成吏治敗壞，進而推諉卸責，謂台民輕命重財，任其糜爛。在徐宗幹的這段話中，尤以「各省吏治之壞，至閩而極；閩中吏治之壞，至台灣而極」的說法流傳最廣，在涉及台灣政治史的書籍，幾乎已達無書不引的地步，影響不可不謂不大。然事實上台灣的吏治究竟如何？是不是整個中國最糟糕的？如果是，那原因又是什麼？這是本文撰寫的第一個動機。

再者，中國素來有「官逼民反」的說法，認為變亂發生與吏治不良關係密切，揭竿起事者亦往往以吏治不良作為藉口。台灣一向以多亂聞名，在清代統治的二百一十二年間，發生了七十多次的反清民變。台灣省通志記曰：「在清代二百一十二年間，台灣發生四十二次民變，二十八次械鬥，合共七十次動亂，平均約每三年發生一次，故『三年一小變，五年一大變』之說，大體不誤。」❷清朝統治下的中國，變動頻仍，多少與政治腐敗吏治不良有關，台灣的反清民變，捨此之外也難得到較完全合理的解釋。吏治不良是許多時代與地區的共同現象，然而台灣情形似較特殊。所以吏治不良是不是台灣民變發生的惟一因素？如果是，那麼官吏差役究竟在反清民變中扮演何種角色？這是本文撰寫的第二個動機。

自康熙二十二年（一六八三）清廷平台後，一因征台目的在於驅逐鄭氏勢力，二因治理尚未就緒，所以廷議一度欲棄台灣，幸施琅力主經營，始設官治。其後清廷雖統治台灣，然本意不在經世濟民，故態度消極，視台民為海外遺民，為防其變生肘腋，不用台民為兵；加以在台駐兵，所費不貲，故採用班兵制度，即抽調福建省原有的額兵來台防守，「兵無廣額，餉無加增」，的確是配合時宜的制度。然而班兵制度推行未久，但已營務廢弛，軍紀腐化敗壞，自康熙以降，不但未見改善，反而每下愈況，每遇變亂，聞風潰散，不堪一戰。同治末年，沈葆楨來台，目睹台灣營伍廢弛，曾建議徹底整頓台灣營制。劉銘傳亦認為，台營「暮氣日深，將貪兵惰，虛名空缺，習為故常，竟成積重難返之勢，若不切實整頓，籌餉於萬難之中，養此遊手好閒，無事非煙即賭，有事非潰即逃，何以備捍亂保邦之用？」❸班兵制度何以迅速敗壞？營規廢弛、軍紀隳毀的結果究竟對台灣的治安有何影響？這是本文撰寫的第三個動機。

總之，本文的研究目的即在探討清代台灣吏治與營規的實際情形，進而分析吏治的敗壞始於何時？營規的廢弛始於何時？造成吏治敗壞，營規廢弛的因素有那些？有那些有識之士曾加針砭或整飭？成效如何？吏治和營規的不良對台灣政治社會造成那些影響？同時並以全中國的觀點，探討台灣吏治營規的普遍性與特殊性，對一些習以為常的說法加以檢討，以期對清廷統治下的台灣政治社會有一更深刻、更普遍的瞭解。

二、清代台灣的統治系統

在探討清代台灣的吏治與營規之前，應先瞭解清廷在台灣建置的文職與武備統治系統。茲就文職、武備與監督等三方面說明如下：

---

❷ 台灣省通志，卷二，人民志，人口篇，台北眾文圖書公司，民國六十一年六月出版，頁一三一。

❸ 劉銘傳；劉壯肅公奏議，台銀文叢第二七種，民國四十七年十月出版，頁一三七至一三八。

(一) 文職系統

清代的地方機構，分省、府及縣三級。康熙二十三年（一六八四），清廷以台灣為福建之一府，置一府三縣，即台灣府下轄諸羅、台灣、鳳山三縣。按清制，府設知府一人，初制官秩正四品，乾隆十八年（一七五三）後改從四品，掌總領屬縣，總匯屬縣刑名錢穀，支放兵餉，經理鹽收。平時宣布教條，興利除害，決訟檢姦，任滿三年，負責察舉屬吏賢否，職事修廢。簡言之，即「掌一府之政，教養百姓，為州縣表率。」❹光緒元年（一八七五）增設台北府。光緒十三年（一八八七）台灣建省，以前台灣府為台南府，另設台灣府於中部，共三府。知府之佐官，因地而異，多寡不一，最重要者有同知（正五品）、通判（正六品），清代台灣曾設置台灣海防同知、淡水捕盜同知、北路撫民理番同知、中路撫民理番同知、南路理番同知、基隆撫民理番同知；澎湖海防通判、噶瑪蘭撫民理番通判、基隆海防通判、埔里社撫民通判、南雅撫民理番通判等。光緒十三年並設台東直隸州，直屬於省，治理花蓮台東。

縣則設知縣一人，正七品，主一縣之政，親理民務，其具體職掌為「掌一縣之政令，平賦役，聽治訟，興教化，勵風俗，凡養老、祀神、貢士、讀法，皆躬親厥職而勤理之。」❺其下又設縣丞，以分掌糧稅戶籍緝捕諸務；設巡檢以掌捕盜賊，詰姦宄諸事。縣署則延用幕賓，襄辦筆墨，佐理案牘；設置胥吏，當理簿書；設置差役，奔走公家，執行雜役。清廷領台之初，置台灣、鳳山、諸羅三縣，雍正元年（一七二三）增設彰化縣，光緒元年又增設恒春縣、淡水縣、新竹縣、宜蘭縣。光緒十三年，易舊台灣縣為安平縣，另增設台灣、雲林、苗栗三縣，共十一縣。

就行政體制而言，台灣知府上承督、撫，下領屬縣，應為台灣最高行政長官，但事實上，台灣知府用人行事皆受台灣道牽制，故建省以前實質上台灣地方長官為分巡台灣道。按清制道原非正式行政單位，清初守道乃承宣布政使的屬員，兼參政參議銜，職司宣化承流；巡道則為提刑按察使司屬員，兼副使、檢事銜，掌振揚風紀，澄清吏治。乾隆中，道去兼銜，逕稱道員，正四品，成為司府之間一級，錢穀刑名守巡遂皆其職掌。康熙二十三年（一六八四）福建省設分巡台廈兵備道兼管台灣與廈門。康熙六十年（一七二一）去兵備，為分巡台廈道。雍正六年（一七二八）專設分巡台灣道，統台灣、澎湖。乾隆三十二年（一七六七）加兵備銜。乾隆五十三年（一七八八）再加按察使銜。台灣道加銜兵備，後再加銜按察使，官正三品，得專銜上奏，其權大任重概可略見。乾隆四十七年（一七八二），楊廷樺於布政使任後領布政使銜，從二品，出任台灣道，其地位尤其崇高。❻

光緒十一年（一八八五）清廷將福建巡撫改為台灣巡撫，常川駐紮。嗣後以台灣自立一省，器局未成，猶須與福建唇齒相依，內外相維，光緒十三年（一八八七），乃援照甘肅新疆例，改為福建台灣巡撫，以總理全省一切政事，同時兼理學政事務。是年亦設布政使，掌

---

❹ 清朝文獻通考，卷八七五，台北，新興書局，民國四十七年出版，頁五六一八。

❺ 清朝通典，卷三四，台北，新興書局，民國四十八年出版，頁二三一一。

❻ 楊熙：清代台灣：政策與社會變遷，台北，天工書局，民國七十四年二月出版，頁三四至三五。

管戶版、稅役、錢穀、田畝等政，台灣道的權責由是輕矣。

以上是清代台灣文職系統之大概，簡言之，即光緒十一年之前，係以道、府、縣三級方式治理政事；之後則改以省、府、縣三級統御百姓。巡撫、布政使之設置，取代了台灣道的地位。

(二)武備系統

康熙二十二年(一六八三)七月施琅平台後，清廷以為明鄭勢力已消滅，無反側之憂，打算僅守澎湖，而墟置台灣，經施琅力爭，才決定將台灣收入版籍。其實，清廷對台灣並非一無興趣，只因在台設兵經濟上並不許可。三藩之亂平定後，各省軍隊略有裁減，然清廷財政仍感拮据，施琅深知關鍵之所在，所以他想就福建額設的官兵中，抽調一萬名兵至台防戍，三年一易，即所謂班兵制。不過因台澎初入版圖，蠲豁各稅，需三年後才開徵，故一萬兵的兵食要全由朝廷供給，清廷不得不加以深慮。隔年四月，錢糧侍郎蘇拜及福建督撫提督上疏建言，應如施琅所議，設置營伍鎮戍，清廷遂採納之。❼

清廷最初在台分設綠營十營，每營兵一千名，並設總兵一，副將二，參將三，游擊八，守備十，千總二十，把總四十；例馬二百六十二匹，船九十隻。總兵是清代台灣最高的武職官，稱之為鎮，為正二品，居台灣府城，管轄各營。副將為從二品，僅次於總兵。參將、游擊、都司、守備為綠營中的中級軍官，為提督或總兵之偏裨，分別為正三、四、五、六品。❽千總、把總為綠營中下級軍官，為從六品、正七品。最下階層則為外委和兵丁。

清初台灣地區的開發，以嘉南平原為中心，北起半線(彰化)，南至下淡水，西到斗六門、下加冬等地，十營綠營的兵力，除澎湖兩水師營駐守媽宮外，其餘陸路五營、水師三營皆駐守此一範圍[7]。其防禦的單位，或為營，或為汛（設弁帶兵曰汛），或為塘（僅安兵者曰塘），或為堆（凡城內置兵宿守者曰堆），皆視其地之重要與否而分設。營汛之增添或裁改，常因亂事或土地開闢而有所變更。

由以上武備系統觀之，台灣總兵為正二品之武職官，品級最尊，然在實際運作上，略等於地方文職系統中之道員，並往往以鎮道並稱，且囿於重文輕武的習慣，在公務上總兵不能侵道員之權，即較低之地方文官亦不聽其旨意。台灣總兵有數次重大變革，如康熙六十年（一七二一），總兵由府城改駐澎湖；雍正十一年（一七三三）[8]，為使台地之文、武相埒，將台灣總兵缺改為掛印總兵，即可以行使刑事審判權、可以調遣軍隊、可以直接上奏皇帝。光緒元年（一八七五）撤印再復印。光緒十一年（一八八五），台灣設巡撫後，總兵歸巡撫節制，自然需再掛印，就連光緒十二年（一八八六）設立的澎湖總兵也同在台灣巡撫的管轄中。

(三) 監督

清代台灣的文武官員，按照行政體制，應受隔海的提督、巡撫、總督，乃至福州將軍的監督節制，然而由於台海天塹，兩地文書往返不能剋期，連絡不便，導致閩台隔閡，台灣成

❼ 許雪姬：清代台灣武備制度的研究——台灣綠營，台大歷史所博士論文，頁七。

❽ 雍正十一年以前台灣沒有都司一級。

為半獨立狀態，「文恬武嬉」，軍政廢弛。此種弊病至朱一貴之亂時完全暴露。康熙六十年（一七二一）五月，朱一貴豎旗起事，數日之間，即進攻台灣府城，台灣分巡道梁文瑄及知府以下文武各官爭先登舟遁走澎湖，總兵歐陽凱帶兵往剿，不幸戰死，不一月全台俱陷。清廷有鑑於此，乃在朱一貴之亂平後，有巡台御史之設。

康熙六十一年（一七二二）起，清廷特設巡台御史，來台督察文武，「釐覈案牘，查盤倉庫，閱視軍伍，周巡南北疆圉。」❾御史兩員，滿漢各一，駐台灣府治，一年期滿更換。御史官秩不高，因其為代天巡狩，權勢不小。雍正五年（一七二七）漢御史巡台兼台灣提督學政，負責台地科考。乾隆十二年（一七四七），鑒於御史巡閱南北，差費浩大，乃使兩御史分途巡閱，一南一北，節省不半的費用。乾隆十七年（一七五二），巡台御史改為三年一任，事畢返京，不必駐留。乾隆三十年（一七六五）再改為「請派」，即有特殊需要才派。當時福建布政使顏希深竭力主張廢止巡台御史。到了乾隆四十六年（一七八一）就不再派遣，而乾隆五十三年（一七八八）正式廢止。此一制度維持了六十六年。❿

巡台御史制度廢止後，清廷改採閩省大員來台巡閱之制。林爽文事件平定後，乾隆以向來所派之巡台御史「職分較小，且不能備悉該處情形，屬有名無實」，遂將巡台御史之制停止，但又怕停了巡查之例，鎮道扶同徇隱，遂令福州將軍、閩浙總督、福建巡撫、水師提督、陸路提督，每年輪派一人往台灣巡察。然此一制度自乾隆五十三年至嘉慶十一年（一七八八至一八〇六）從未實施。嘉慶十一年，清廷下令自該年始，閩省六員必須輪次親赴台灣。嘉慶十五年（一八一〇）將巡閱期間改為兩年一次。二年後又改為不拘期前往台灣巡

閱。⓫

同治十三年（一八七四）牡丹社事件發生，沈葆楨以船政大臣為欽差，奉命來台處理中日事宜。事平後，建議朝廷將福建巡撫移於台灣，仿江蘇巡撫分駐蘇州之例。⓬清廷令福建督撫議奏，總督李鶴年，巡撫王凱泰認為閩台關聯甚巨，彼此相依，不可遽分為二，因此議定自光緒二年（一八七六）起，福建巡撫冬春駐台，夏秋回省。光緒五年（一八七九），清廷有鑒於福建巡撫必須處理閩中事務，無法定期來台，故採李鴻章之建議，恢復嘉慶十五年督撫提督每兩年來台巡閱一次的舊規定。光緒七年（一八八一）中日琉球懸案未決，恐日人侵台，李鴻章再度以提督劉銘傳督辦台灣軍務，旋任為福建巡撫。光緒十一年（一八八五）九月，軍機大臣醇親王奕譞、北洋大臣李鴻章聯銜奏請將福建巡撫改為台灣巡撫獲得同意後，劉銘傳就任台灣巡撫，閩浙大員來台巡閱之制乃成過去。

清廷對台灣文武官員的監督，由巡台御史至閩大員輪流巡閱，皆基於事實之需要，對於吏治和營規也確實發揮作用，可惜來台官員中藉機收賄，虛應故事者，亦不在少數，遂使其效用大打折扣。

---

❾ 朱景英：海東札記，台銀文叢第十九種，民國四十六年出版，頁四三。

❿ 許雪姬：清代台灣的綠營，中央研究院近代史研究所專刊第五四種，民國七十六年五月出版，頁一九四至一九五。

⓫ 同前註，頁一九五至一九七。

⓬ 沈葆楨：福建台灣奏摺，台銀文叢第二九種，民國四十八年出版，頁三。

三、吏治營規的敗壞

清代台灣吏治營規在平台初期較佳。關於此種情形，郭廷以曾言：「康熙中期渡台人民特多，在此期間，台灣亦頗有幾位有才識的良好官吏，對於開發經營，實多貢獻。如首任知府蔣毓英之『安撫土番，招集流亡』，『相土定賦，以興稼穡』，『振興文教，創立義學』。諸羅知縣張尹之招墾曠土，『流民歸者如市』，及先任台灣知縣，後任台廈道陳璸之獎勵讀書紡績，賑恤窮黎。外如沈朝聘（台灣知縣）、季麒光（諸羅知縣）、孫元衡（台灣府同知）、靳治揚（台灣知府）、王毓政（台灣道）等均有政聲，無形中實大有裨於招徠。」⓭高拱乾修之台灣志描寫蔣毓英任滿離台的情景云：「榮行之日，攀轅送者無慮數千人，咸感泣數行下；公慰撫之，亦涕涔淫不自禁。既去，郡人復就公所建書院，塑像祝之；以比周人之愛甘棠云。」⓮由此可見台人愛戴之一斑。

對於平台初期吏治較佳之原因，論者以為因台灣新納版籍，故清廷挑選賢良之士擔任治台官吏，如台灣史云：「至於吏治，於有清一代，惟康熙初為稍善，蓋以初闢巖疆，職官多揀選賢能之士任之；故舊志所載循吏，不少概見。如台灣知府蔣毓英、靳治揚、衛台揆，台灣知縣沈朝聘、李中素，諸羅知縣季麒光、張尹，分巡道陳璸等，不但以廉能稱，而且多學識有素之士。」⓯即是此一種說法之代表。事實上，台灣的吏治是整個中國吏治的一環。雖然貪污之風早盛行於清初，順治時，兵科給事中薛鼎疏奏：「今日之求治平者，莫不以懲貪為第一要務。」世祖也嗟嘆：「貪污何其多也！」⓰但康熙畢竟尚是賢明之君，任人行事自有其準繩，然而到了晚年，「聖心寬大慈祥，未曾將蝕國帑，貪取民財之人置之重典。」

[17]於是造成吏治嚴重的敗壞，貪風大熾，各省庫項虧空，動盈千萬，百姓困苦至極。

茲就台灣吏治惡化營規廢弛的情形及造成吏治營規敗壞的原因，說明如下：

㈠吏治的惡化

康熙末年，貪官污吏肆行朘削，百姓財盡力窮，日不聊生，此種情形，全中國皆然，台灣自不例外。而台灣的情形可以從康熙六十年（一七二一）爆發的朱一貴之亂看出吏治惡化的情形。康熙五十九年（一七二〇），台灣知府王珍攝理鳳山縣事，將政事委於次子，結果弄得百姓念怨，大失民心。朱一貴的供詞曾說：「去年知府王珍攝理鳳山縣事務，他不曾去，令伊次子……（向民）間要糧，每石要折銀七錢二分，眾人俱各含怨。續因地震，海水泛漲，眾百姓合夥謝神唱戲，知府王珍又令伊次子去說百姓無故拜把，拿了四十餘人監禁；又拏了破竹的二、三百人，把給錢的放了，不給錢的責四十板，俱逐過海，攆回原籍。又民間耕牛，每隻給銀三錢打印方許使喚，不給銀即算私牛，不許使喚。每座糖磨鋪要銀七兩二錢，方許開舖。又向米隆砍藤人俱勒派抽分，騷擾民間」[18]從以上供詞，可知當時官吏貪墨

---

⑬ 郭廷以：台灣史事概說，台北，正中書局，民國七十三年十月出版，頁九七。

⑭ 高拱乾：台灣府志，藝文誌，蔣郡守傳，台北，國防研究院，民國五十七年十月出版，頁二五三。

⑮ 台灣省文獻委員會編，台灣史，台北，眾文圖書公司，民國七十三年四月再版，頁二七三。

⑯ 楊啟樵：雍正帝及其密摺制度研究，台北，源流出版社，民國七十二年九月初版，頁一四四。

⑰ 同前註，頁一四五。

⑱ 明清史料戊編，台北，中央研究院歷史語言研究所，民國六十一年三月再版，頁二一一。

苛擾的情形。而論者也大都同意此種吏治不良是朱一貴之亂的背景與導火線。⓳

曾參與平定朱一貴之亂的藍鼎元，亦曾指出彼時吏治之情形云：「時承平日久，守土恬熙，絕不以吏治民生為意，防範疏闊，一貴心易之。」⓴又云：「台灣治亂之局，迥出人情意計之外。其地方數千里，其民幾數百萬，其守土之官，則文有道、有府、有縣令、大小佐貳雜職若干員，武有總兵、副將、參將、游擊、守備、大小弁目若干員，其額兵七千有奇，糧儲、器甲、舟車足備。又當國家全盛，金甌靡缺，而朱一貴以餵鴨小夫，欻焉倡亂，不旬日間，全郡陷沒，此豈智能所及料歟！太平日久，文恬武嬉，兵有名而無人，民逸居而無教，官吏孳孳以為利藪，沉緬樗蒲，連宵達曙。本實先撥，賊未至而眾心已離，雖欲無敗，弗可得已。」㉑由上述可知，藍鼎元認為官吏貪污腐化是致亂的原因。道光年間，姚瑩追述朱一貴之亂的原因時，亦云：「太平日久，文恬武嬉，惟聲色宴樂是娛，不講訓練之方，不問民間疾苦，上下隔絕，百姓怨嗟，故使姦人伺隙生心，得以緣結為亂，倉卒起事，文武官弁，猶在夢中。」㉒

康熙晚年，吏治究竟敗壞到什麼田地?雍正元年元旦頒與督撫、藩臬、提鎮、府道等十一道上諭中略有透露，其中最嚴重的莫過於官吏的貪污和無能。譬如諭總督中提到有些官吏「暗通賄賂，私受請託」；諭巡撫中提及州縣積穀備荒，卻「半為胥吏中飽」，屬員缺出，巡撫「以缺之美惡，定酬賂之重輕」；諭提督中指出「虛名冒餉，侵漁扣剋」的弊端；諭布政使及諭知府中揭露加派火耗，朘剝小民的情形。㉓這些上諭所指固非僅拘台灣一地，然而台灣自不例外。雍正即位後，視獎廉懲貪為一大課題，貪黷遂漸次減輕，惜僅在位十三年即遽而暴卒，人亡政息，吏治的整飭也就停頓下來。

大致說來，雍正一朝對台灣的措施較為積極，如添設彰化縣、淡防廳；台廈道改為台灣分巡道；准居民攜眷入台等。及乾隆繼位，政策又返於消極。乾隆元年（一七三六）重申禁內地人民偷渡之令，乾隆五年（一七四〇）不准台民搬眷。由於清廷對台灣政策趨於消極，不積極干涉，亦不積極倡導，只是跟著人民所製造的既成事實去決定方針與設施。缺乏強而有力的監督，台灣的吏治與營規已逐漸腐化，到了乾隆五十一年（一七八六）林爽文之亂爆發，整個吏治問題又浮現出來。

林爽文之亂雖是由天地會領導的台灣反清民變，然跟吏治的不良亦有關係。丁紹儀曾云：「故老傳說，朱一貴之起，由知府王珍任意苛斂，淫刑以逞；林爽文之變，由知府孫景燧始則因循彌縫，繼則輕舉妄動；張丙之反，由知縣郡用之貪瀆偏執，知府呂志恒不卹民隱。」㉔林爽文之亂爆發後，乾隆曾為官吏的貪瀆痛心疾首，論云：「福建台灣府孤懸海

---

⑲劉妮玲：清代台灣民變研究，台北，師大歷史研究所專刊之九，民國七十二年九月出版，頁一三二。

⑳藍鼎元：平台紀略，台銀文叢第十四種，民國四十七年四月出版，頁一。

㉑同前註，頁二九。

㉒姚瑩：台灣班兵議，治台必告錄，台銀文叢第十七種，頁六三。

㉓同⑯，頁一四四。

㉔丁紹儀：東瀛識略，台銀文叢第二種，民國四十六年九月出版，頁九三。

外，遠隔重洋，地方遼闊，民情刁悍，無籍奸徒，往往借端滋事，皆由地方官吏任意侵婪，累民斂怨，而督撫遇有台灣道府廳縣缺出，又以該地土豐饒，不問屬員能勝任與否，每用其私人，率請調補，俾得侵漁肥橐。所謂各員，不以涉險為虞，轉轉以調美缺為喜。到任後利其津益，貪黷無厭，而於地方案件，惟知將就完結，希圖了事，以致奸民無所畏憚。始而作奸犯科，互相械鬥，甚至倡立會名，糾眾不法，遂爾釀成巨案，總因歷任督撫闒冗廢弛，地方官吏，竟不可問。」[25]因林爽文案被戕害的官員，在事後的議卹中，李侍堯奏云：「台灣府知府孫景燧，在任三年；台防同知劉亨基，先後在任八年；原任台灣縣知縣程峻，先後在任五年；署諸羅縣事原任台防同知董啟埏，在任三年有餘；署諸羅縣唐鎰，在任十月。以上，聲名俱屬狼藉；而劉亨基、董啟埏、唐鎰三員為尤甚。此五員平日既貪瀆斂怨，其被害亦由於自取。若復濫邀卹典，無以昭懲勸而儆官邪，應請毋庸置議。」[26]以上奏言，乾隆完全照准。乾隆晚年倦勤，吏治固然腐敗，其軍備不修，營伍廢弛，武員貪黷，較之文職尤甚，此點於營規時再予探討。

自乾隆以降，歷嘉慶、道光變亂時起，吏治更為糜爛。嘉慶初年曾任嘉義縣教諭的謝金鑾曾指出當時的情形說：「今之為令者，其視民也，如魚肉；而民視令也，如虎狼。凡有下鄉，皆為得錢而來，不得錢，不知有百姓也。人之親魚肉也，為欲食之也；而其畏虎狼也，畏其食之也。嗚呼安有虎狼而可與人親，安有人而與虎狼親者哉？其避之惟恐不速也！固也，上下睽乖，縣如無官之縣，民如無官之民，自相爭、自相擄、自相刑、自相殺。一至其鄉，則壯役數十以臨之；一家犯罪，合鄉走匿。是尚可以為治乎？」[27]在這種情況下，吏治敗壞已極，官民之間視若寇讎，難怪稍後之台灣道徐宗幹要發出「各省吏治之壞，至閩而極；閩中吏治之壞，至台灣而極」的慨嘆了。

台灣吏治敗壞，官員為一般習氣所染，始息偷安，遇事推諉，貪瀆苛索。官既如此，吏差更不待言。吏差原為地方官之耳目手足，為其推行政令，然吏差往往藉機收賄、索取陋規、剋扣囚糧、侵吞食糧等等，需索財物，故吏差又被稱為衙蠹、蠹吏或蠹役，實有其原因。吏差舞弊，為害人民，以台灣一地最為嚴重。乾隆五十三年（一七八八）上諭云：「此等蠹役，自係地方官倚為耳目，不肖者縱其貪婪，昏瞶者受其蒙蔽，以致該役等有恃無恐，擾害良善。於吏治、民生大有關繫。台灣既查有此弊，恐各省亦有所不免。」㉘台灣道徐宗幹亦指出道光年間台灣的鄉治中，吏差危害人民的情形，他說：「各處為民害者，不外盜賊、訟師、蠹役三項；而台屬尤甚者，則三者合而為一。胥役勾通匪徒為盜窩；及事主報官，又與訟師代為搯告。愚民無知，訟累經年，贓物絲毫未得，又添出許多費用。卒之盜匪與棍徒逍遙事外。在官受累者，大半皆被牽良民；於是胥役既分盜贓，又得訟費。失事者固冤無可伸；而未失事者，亦不知禍從何來？諸僚屬非不肯辦事者，一則言語不通，難得其

㉕ 大清高宗純皇帝實錄，卷一二九五，乾隆五十二年十二月庚戌，上諭，頁八。

㉖ 欽定平定台灣紀略，台銀文叢第一〇二種，民國五十年六月出版，頁八八九。

㉗ 謝金鑾：泉漳治法論，治台必告錄，頁一〇八。

㉘ 轉引自戴炎輝，清代台灣之鄉治，台北，聯經出版公司，民國六十八年七月初版，頁七一〇。

情；一則動須會帶兵勇。好官不肯累民，即須自捐；而缺分非昔比，費用無出，即報解，一切種種為難，得忍且忍，姑求無事為福，苟安目前。地方奸徒亦明知官之無可如何；於是律例煌煌，皆成虛設。」㉙從上引文字，可知吏差較之盜賊、訟棍更為可惡，蓋其以合法掩護非法，與盜賊串通，坐分盜贓，敗壞至此，又有何事不敢為。

徐宗幹另有「諭差役」一文云：「爾等入衙門當差，名為官役，還是本地百姓，皆我子民。要爾等做好人，不可凌虐愚弱，魚肉鄉鄰；不可患通匪徒，擾害良善。如問出搶奪擄掠，曾與爾等結識者；究出盜賊竊劫，曾經爾等包庇者；訪出糾鬥滋事，曾同爾等串謀者；查出刁告架訟，曾由爾等指引者；即提至堂下，或囚木籠，或斷其脛骨，必置之死地以示眾。爾等各有父母妻子，但求足以養家餬口，小心當差，勿造惡孽，鬼神亦保知爾；如任意索詐害人，本司道衙門，即陽間之速報司也。凜之。」㉚本文旨在勸誡差役不可枉法造孽，但另一方面正暴露了差役的橫行霸道。

在道光以前，可說全國各處皆是貪污成風，最有名者如乾隆寵信之和珅，道光寵信之穆彰阿，均是貪贖不堪之人，擅權欺罔，聚斂自肥，各省督撫要保全祿位，皆須賄賂，上行下效，政治敗壞。而台灣因遠在海外，吏治惡化的情形尤其嚴重。

㈡營規的廢弛

八旗和綠營為清廷軍隊的兩大支。八旗即滿洲、蒙古及漢軍八旗；而綠營則為入關後所設立，以漢人為主的軍隊。綠營創始於順治初年，經過康熙、雍正、乾隆的大力改革，到乾隆朝已是個極優良的兵制，嘉慶、道光之後綠營漸漸地腐化。台灣綠營的演變也同此例。㉛

清代台灣綠營營規的廢弛，可從乾隆五十一年的林爽文之亂瞧出端倪。在此以前，營攻雖有墮隳，但基本上清廷仍有監督控制的能力，例如康熙晚年發生朱一貴之亂，當時駐台班兵員弁多望風潰走。鳳山縣志說：「時承平日久，台兵抽撥者，多市井無賴，換名頂替，倉皇調集，股慄不前。」㉜所以朱一貴起事後不及一週即佔有全台，然及清廷大軍東征，抵台後也不過一週即收復府治。但是到了林爽文之亂，在台的班兵不能遏亂於未萌，及事起之後迅速潰敗，毫無保安平亂的能力，此一亂事蔓延了一年兩個月，清廷動用數萬大軍，屢易主帥，方克平定。在在顯示在台綠營已弊病百出。

林爽文之亂平定後，清廷處理善後，嚴究文武官吏之責任，其中以台灣鎮總兵柴大紀貪污瀆職而遭正法一案，最為嚴重。事實上，乾隆晚年倦勤，吏治固然腐敗，其軍備不修，營伍廢弛，武員貪黷，較之文職尤甚。台灣鎮歷任總兵貪縱牟利，恣意受賄，深染綠營惡習。綜合柴大紀一案之供詞、奏摺、上諭等資料，可歸納出當時營規的弊端有下列五項：㉝

1.賣放班兵：總兵柴大紀將所轄戍守兵丁縱容外出，貿易牟利，以致戍兵所存無幾。據

㉙徐宗幹：致僚屬毛札，治台必告錄，頁三八五至三八六。

㉚同前註，頁三五五。

㉛同❿，頁七七。

㉜王瑛曾：鳳山縣志，台北，台銀文叢第四九種，民國四十六年十一月出版，卷十一，頁一二七。

㉝莊吉發：清代天地會源流考，台北，國立故宮博物院，民國七十年一月初版，頁三五至三八。

當時閩浙總督李侍堯調查，柴大紀將福建派往台灣之班兵賣於私回，留在台灣者，惟上游延津等兵留在營中當差，而漳泉兵則聽其在外營生，因其等與當地居民大半同鄉，言語相通，故作生意較為方便，而台灣土產除米糖二項外，無可興販，各兵亦無資本，多在街市售賣檳榔、糕餅，或編織草鞋，作為添補衣履之用；其汀州兵丁因擅長製造皮箱、毛毯，多於皮貨舖中幫做手藝。此外還有包庇娼賭，販賣私鹽，恣為奸利。而鎮將等令其按月繳錢，若兵丁獲利甚厚，又須另有餽送。

2.吃空缺：台灣班兵額數原有萬餘名，李侍堯查其實數，僅七千五、六百名，其餘無著兵丁共有二千三、四百名，而柴大紀所開戍兵原單內，台灣府城存兵一項，戍兵有三千七百名，據台灣道府請兵稟內則稱府城內僅有戍兵五百名，數目懸殊甚大。

3.荒廢操演：由於賣放缺額，所以戍兵經年不操演，迨各兵換班回來，鳥槍俱已鏽澀難用。出外營生之各兵丁既日逐微利，閒散自由，憚於差操拘束，每月出錢二百文至六百文不等，雇請同營兵丁替代防汛，名為包差，且各操防兵丁又不照內地原營歸整安設，一營之兵分作數十處，以致南北兩路處處有包差情事，各營守備等亦從中零星派繳錢文。

4.兵營傾圮：台灣兵房營汛，統計約二千四百餘間，或被焚燬，或任其傾圮，所在已十無一二，多數兵丁藉口無可棲身，欲租賃民房，而力有不贍，娼房留兵居住，兵丁既省房租，兼可寄食，南北兩路相習成風，置操防於不顧，營制遂不可問。

5.貪污：柴大紀在台灣擔任總兵二年，當時總兵廉俸每年不過二、三千兩，而其兩年所得竟有五萬兩之多。所以乾隆在查抄柴大紀原籍家產後諭曰：「柴大紀祇係總兵，自調任台灣不及兩年，即剩有餘貲，料亦不過二、三千金而止，據伊子供出兩年之內所得約有五萬餘兩，並查出金條金錠金葉數百餘兩之多，若非私令兵丁渡回內地貿易牟利，及別項貪黷，何至擁有厚貲，合計金銀竟至萬兩！」㉞柴大紀在被解送京師後，軍機大臣審問，亦招供承認，其曰：「我係浙江江山縣人，年五十九歲，武進士出身，由海壇鎮總兵於四十八年調任台灣。是年我往南北兩路各營巡閱，聞得從前總兵查閱各營，具備人夫抬送行李，後來就折送酒席銀兩。我糊塗貪小，照營分大小舊有規程收受。我共巡過四次，每次番銀三千圓，共得受過一萬二千圓。再我拔補各營外委，經巡捕鄭名邦、高大捷等說合，得受過余登魁、劉欽、林上春、余永信、柴景山五人番銀，各七、八十圓及一百餘圓不等。又外委甘興隆班滿要回內地，求我早發了委牌，給過我番銀四十圓。又鹿耳門海口管理稽查，將弁向來都有陋規，每月各繳銀一百圓至三、四百圓不等，我因鹿耳門春季船隻較多，曾叫他們每月加增二百圓，都是有的。再我巡查時，經過廳縣，都送盤費銀二、三百圓不等，共得過番銀七千二百餘兩。又每年收受營員生日節禮香銀三千七百餘圓，亦是有的。」㉟由上引文亦可知貪污的項目包括夫價、廳縣餽送盤費、生日節禮、海口陋規等。

營規的廢弛，積弊已深，到了嘉慶、道光年間蔡牽、張丙等相繼舉事，情況更為嚴重。嘉慶年間，營伍普遍攤扣月餉，影響士氣。嘉慶二十四年（一八一九）清廷下令禁止攤扣月

㉞ 廷寄：台北，台灣省文獻委員會，民國四十三年六月出版，頁二九七。

㉟ 同㉝，頁三六。

餉，但是為賠補公項，攤扣兵丁餉項之事，仍時有所聞，而被扣餉的兵丁只好另謀生活。帶兵的將領，其餉亦薄，且常遭到扣餉的處罰，於是上扣下，兵官怕為餉薄所困，營伍焉得不壞？嘉道年間，營伍的廢弛，清廷亦採取一連串的補救措施，其一是慎重選將，加強軍隊訓練，可惜效果不彰；另一是裁兵加餉，就餉練兵，希望以厚餉來固結軍心，加強訓練，磨練戰技，但亦未達預期的效果。

道光十三年（一八三三）閩浙總督程祖洛來台巡閱各營時，所看到的竟是台灣的慘狀，「兵與兵既未相融，兵與械又不相調」，只好呈陳軍政考選緩期。㊱姚瑩任台灣道時，也曾痛切指出台營積弊云：「班兵收營後每私自請假，別出生理，並不在伙房汛地，此種蓋去十之三，又伴當四行等人去十分之一，其餘十分之六而已。平時到處則苦兵多，有事調遣則苦兵少，而汛地兵少，不能如額。」㊲此種情形和乾隆末年並無兩樣。

從以上所述可知，從乾隆末年到嘉道年間，台灣的營規一直處於廢弛的狀態，和內地汛兵的窳敗如出一轍。換言之，台灣營制的敗壞是整個綠營兵制敗壞的一環，原有其內在與外在的因素，而台灣營政特別嚴重，則另屬於台灣的特殊環境，此點留待後面申論。

四、吏治營規的整頓

咸豐以降，滿清帝國一方面承繼著內憂外惡，另方面吏治營規的敗壞，更加不可收拾，官吏武弁收取陋規，視同必然，略不為諱；此時台灣亦受影響，變亂紛起，吏治營規遂成為治台之癥結。太平天國之亂後，清廷號稱同治中興，其時內有奕訢、文祥等主持朝政，外有曾國藩、左宗棠、李鴻章等鎮撫巖疆，似乎景象一新，頗足有為；就台灣而言，由於外人覬覦，清廷亦開始積極經營，對於吏治營規也更加關心。

㈠吏治的整頓

同治五年（一八六六），閩浙總督左宗棠在「籌辦台灣吏事兵事請責成新調鎮道經理摺」中云：「台灣物產素饒，官斯土者，推務收取陋規，以飽私囊。廳、縣有收至二萬餘兩者。台道除收受節壽禮外，洋藥、樟腦規費，概籠入己。知府於節壽外，專據鹽利。武營以虧挪為固然，恬不為怪。交代延不結算，自副將至守備多者十二任，少者八、九任，四、五任，並無結報；侵呑款項，不知若干？非廉明鎮、道徹底清釐，何從窮其底蘊。見據吳大廷稟，擬將道署陋規、樟腦洋藥等項，悉數歸公，永革節壽陋規，以昭清白。劉明燈亦毅以裁陋規、革節壽為請。是皆正本清源之策，所不容己者，惟陋規既已裁革，則必別籌津貼，以資辦公；庶廉吏可為，乃收正己率屬之效也。」[38]由上引資料可知台灣道有洋藥、樟腦之規費可收，台灣府有鹽利可收，台灣鎮更是虧挪侵呑，一筆爛賬，所以台灣道吳大廷、總兵劉明燈表示要裁除節壽陋規，以昭清白。

同治十三年（一八七四）欽差大臣沈葆楨受命前來察看台灣，指出吏治之弊病有二：第

㊱ 道光朝宮中檔，第〇六四八六八號，轉引自許雪姬，清代台灣的綠營，頁七八。

㊲ 姚瑩：上孔兵備論辦賊事宜疏，東溟文集，治台必告錄，頁一四一。

㊳ 左宗棠：左文襄公奏牘，左文襄公文集，台北，文海出版社，民國五十三年印行，頁四〇三。

一，禁令不守：台地文武官吏，惟務收取陋規，以飽私囊，民人不願與官吏交涉，是以雖有各種禁令，如禁內地民人渡台及私入番境、禁娶番婦、禁軍器及私藏寸鐵、禁私造旗幟、禁私運米出洋販賣、禁私煎硝磺、禁販賣鐵、竹等，但民仍私自干犯，如有露敗，則託以人情賄賂。第二，蠹役之盤踞：府縣差役雖領工食，但不足以自贍，遑論養活妻子，所以藉端收取費用，以圖餬口，勢所必然，加以台灣遠隔海峽，監督不易，更為嚴重，蠹役有恃無恐，盤踞各處，公事勒索陋規，挾制官長，並包賭包娼，揩油抽頭，毫無顧忌，民怨已深。㊴

沈葆楨目睹此一情形，認為其解決之道，惟有從制度方面加以改良，所以在「請移駐巡撫摺」中，建議將福建巡撫移駐台灣，將可一舉數得。沈葆楨認為將福建巡撫移駐台灣對吏治的整頓有以下七個優點：㊵

1.鎮、道雖有專責，事必稟承督撫而行；重洋遠隔，文報稽延，率意徑行，又嫌專擅，移駐巡撫，則有事可以立斷。

2.鎮治兵，道治民，本兩相輔也，轉兩相妨，職分不相統攝，意見不免參差，上各有所疑，下各有所恃，不賢者以為推卸地步，其賢者亦時時存形跡於其間，移駐巡撫，則統屬之武，權歸一尊，鎮、道不敢不各修所職。

3.鎮、道有節制文武之責，而無遴選文武之權。文官之貪廉、武弁之勇怯，督撫所聞與鎮道所見，時或有異，巡撫駐台則不待採訪，而耳目能周，黜陟可以立定。

4.妥撫駐台，對城社之巨姦，民間之冤抑，睹聞親切，法令易行，公道速伸，人心帖服。

5.福建地瘠民貧，州縣率多虧累，恒視台地為調劑之區；不肖者骫法取盈，往往不免。有巡撫以臨之，貪黷之風得漸戢。

6.向來台員不得志於鎮、道，及其內渡，每造蜚語中傷之；鎮道或時為所挾，有巡撫駐台，則此技悉窮。

7.台民遊惰可惡，實戇直可憐，所以常聞蠢動者，始由官以吏役為爪牙，吏役以民為魚肉，繼則民以官為仇讎。詞訟不清，而械鬥、紮厝之端起；奸宄得，而豎旗聚眾之勢成，有巡撫駐守，則能預拔亂本而塞禍源。

由以上七點，可知沈葆楨把福建巡撫移駐台灣，認為是整頓吏治的特效藥，他說：「欲固地險，在得民心；欲得民心，先修吏治營政；而整頓吏治營政之權，操於督撫。」❹然而沈葆楨的建議，僅著眼於台灣的整頓，未考慮到福建巡撫駐台對福建的影響，最後清廷採取折衷的辦法，即巡撫每年冬春兩季駐台，夏秋兩季駐省。巡撫於冬春半年駐台，則吏治營規自能親臨進行整頓。

光緒元年（一八七五）元月，福建巡撫王凱泰巡台，認為吏治營規不可不整肅，得其人

---

❸❾ 張世賢：晚清治台政策，台北，私立東吳大學中國學術著作獎助委員會出版，民國六十七年六月，頁七五至七八。

❹⓿ 沈葆楨：福建台灣奏摺，台銀文叢第二九種，民國四十八年二月初版，頁三至四。

❹❶ 同前註，頁四至五。

則治，非其人則治功中輟，賞罰分明，則臻上理。清廷亦諭以「台灣孤懸海外，風景敻殊，現在極圖整理，自當於吏治營規實力講求；而欲挽回積習，則民風、士習尤應設法移轉。」㊷王凱泰在台受瘴扶病回省，不久即去世，遺下任務由丁日昌續辦。

丁日昌出身貧困，深知民間疾苦，故對整飭貪官污吏不遺餘力。其任職江蘇時曾厲行整頓吏治，引起同僚之反感，但卻贏得民心。當其在京陛見時，太后曾面諭：「爾在江蘇，官場雖恨爾，然百姓卻感激爾，我也知道。」其任福建巡撫二年任內，文武官員因營私舞弊被其參革者，不下數十人之多。丁日昌整頓吏治深具魄力，他曾說：「驟欲除蠹，則謗書盈篋，眾怨必致害身；虛與委蛇，恐委靡成風，因循又將誤國，但值此時事艱難之日，豈臣子懷安自便之時，惟有不避怨尤，實事求是。」㊸而其對台灣的吏治也有深刻瞭解，他說：「（台灣）吏治黯無天日，衙役恃官勢，嚇詐鄉里，所欲不遂，輒即私押勒索，被害者往往賣妻鬻子，權產傾家。」㊹「牧令能以撫字教養為心者，不過百分之一二，其餘非性耽安逸，即剝削膏脂，百姓怨讟頂毒已深，無可控訴，往往鋌而走險，釀成大變者。」㊺另方面清廷亦給其支持與信任，下旨「福建吏治廢弛日深，亟應力為整頓」。基於以上之條件，所以丁日昌雷厲風行，台灣吏治為之耳目一新。

丁日昌整頓吏治之方式有二：其一是親歷南北兩路，沿途訪聞，將顢頇無能、貪污不法的官吏革職查辦；其二是慎選官吏以補空缺，其所選的官吏均屬潔己愛民，精明幹練，向有政聲者。茲以台北府為例：光緒元年清廷准設台北府，知府人選始終未能決定。蓋台北府戶口繁滋，商賈輻輳，轄區遼闊，政務殷繁，必得資望素著之實缺人員悉力經營，方能逐漸就緒。丁日昌發現江蘇海州直隸州知府林達泉，器識閎達，潔己愛民，於極難措置之事，尤能毅然獨往，力求其是。於是在光緒三年奏請該員試署台北府。㊻

自丁日昌以降，福建巡撫之挑選皆甚為慎重，故其後之吳贊誠、岑毓英、張兆棟、劉銘傳、邵友濂均可謂一時之選，對於吏治之整頓皆有貢獻。其中績效最為卓著者為劉銘傳。劉氏以巡撫銜督辦台灣軍務，於光緒十年抵台，光緒十一年首任台灣巡撫，光緒十三年台灣建省後，任福建台灣巡撫，直至光緒十七年（一八九一）稱病離職，在台將近八年，在防務、洋務、吏治方面皆有輝煌的成就。劉銘傳雖是白丁出身，一向任軍職，未曾治州縣，故其謙稱「一介武夫，不諳吏治」，不過從其治軍經驗，可窺知其為吏治長才。劉氏撫台後，因貪墨瀆職而被革職的官吏就有二十三人之多；武職官被革職的亦有二十四人。就光緒一朝整頓台灣吏治的史實，更能夠看出澄清吏治的績效，茲表列如下：㊼

㊷ 大清德宗皇帝實錄，台北，華文書局影印，民國五十三年出版，頁一四。

㊸ 清季申報台灣紀事輯錄，台銀文叢第二四七種，民國五十七年八月出版，頁六〇八。

㊹ 同前註，頁六八三。

㊺ 同前註。

㊻ 同㊴，頁一八四。

㊼ 光緒朝整頓台灣吏治營政表，張世賢，前揭書，頁三三四至三三七。

時間	職官姓名	事蹟	處罰	資料來源：（大清德宗景皇帝實錄）
二年三月丙辰（二月十四日）	同知衔黃德沛	在台灣經理營務，與參將黃得桂通同舞弊，有盜用關防、私賣功牌，侵蝕銀等情。	參將黃得桂著即先行革職同知銜黃得沛，著即斥革文福州將軍文煜等嚴行查辦。	卷二十八
二年四月甲戌（十三日）	花翎福建補用道遇缺即補知府凌定國	經營建造台灣安平口三鯤鯓砲台，任意侵蝕，經查出浮冒各款已有一萬四千餘兩之多。	著即革職，嚴訊究追，倘延不措完，即行嚴參治罪。	卷二十九
二年八月丙申（初八日）	署嘉義縣知縣楊寶吾	謬妄不職。	革職，並查辦。	卷三十八
二年八月丙子（十九日）	署理嘉義縣知縣何鑾	收受書吏稅契陋規，不惟不肯酌減，且欲多增。	著先行革職，倘查有需索逼勒情弊，即行從嚴參辦。丁日昌以誤保在前，自請議處，著加恩寬免。	卷四十
三年二月癸卯（十七日）	署台灣淡水廳同知鄭元杰	延不獲犯。	革職。	卷四十八

光緒五年正月丁未（初三日）	代理彰化縣知縣候補道通判鐘鶴逵。	於沿海居民擁搶金榮利遭風船隻及徐獻廷被控不遵堂斷各案，不認真訊辦，而違例科罰銀兩，以修理衙署爲名，藉作開銷。又因生員吳重昆之弟聚賭及縣差蕭源管犯不慎，輒各將其家產查抄，實屬荒謬。	著先行革職，交閩浙總督何璟等督飭台灣道夏獻綸徹底根究，嚴行懲辦，以儆官邪。	卷八十五
七年八月癸亥（初四日）	台灣縣知縣潘慶辰	染患痰痊，辦事顢頇，家丁因而作弊。被參藉修神廟苛罰勒捐。	著先行革職審訊。	卷一三四
九年四月庚午（二十日）	澎湖通判鮑復康 彰化縣南投縣丞王沅 署嘉慶斗六門縣丞金職	辦事乖謬，聲名狼藉。 任性妄爲，頗滋物議。 行止不檢，操守平常。	均著革職，以肅官方。	卷一六二
十一年五月甲子（二十六日）	台灣道劉璈	奸商呑匿釐金，道員通同作弊。	著即撤任，聽任查辦。	卷二〇八
十一年六月庚寅（二十三日）	滬尾通商委員浙江知府李彤恩 道員朱守謨	不審敵情，虛詞搖惑，以致基隆被踞。 於軍務吃緊之時，輒敢擅用公款，乞假規避。	著即驅逐回籍，不准逗留台灣。 著即革職，永不敍用。	卷二一〇
十一年七月甲辰（初八日）	同知胡培滋 知縣周志侃	與劉璈朋比爲奸，通同作弊。	一併革職。	卷二一一

十一年十月癸未（十八日）	知府劉濟南	在台年久，聲名平常素行不檢，物議滋多。	革職。	卷二一八
十三年二月壬申（十四日）	候補縣丞凌雲品	行止卑污，遇事招搖。	革職。	卷二三九
	候補知縣劉廷輝	藉差需索，舉止輕浮。	革職。	
	候補縣丞楊天偉	辦理鹽務，聲名狼藉。	革職。	
	候補知縣李烇	始勤終懈，清丈不力。	撤銷知縣保案。	
十三年五月己亥（十九日）	鳳山縣知縣張星鍔	捕緝無功。	革職。	卷二四三
十四年二月戊子（初六日）	滬尾、打狗二口稅務員防禦餘慶	玩誤課款。	暫行革職。	卷二五二
	花翎同知銜林東青		摘去翎頂，勒退追繳。	
十四年二月癸卯（二十一日）	六品頂戴卓勳	在台灣鎮署內管帳不安本份。	勒令回籍，不准逗留。	卷二五二
十四年八月癸未（初四日）	前署台灣宜蘭縣知縣林鳳章	虧短銀兩。	革職並勒追。	卷二五八
十四年八月癸未（初四日）	署嘉義縣知縣，試用知府羅建祥	勘丈田畝，蒙混欺飾並漠視民命，廢弛公事。	革職，聽候查辦，並勒令賠繳經費。	卷二五八
十四年九月甲戌（二十六日）	代理鳳山縣知縣候補通判吳元韶	承辦清丈，敷衍粉飾。	暫行革職，仍責令隨回勘丈，以觀後效，並勒令賠繳經費。	卷二五九
十四年九月甲戌（二十六日）	代理埤南同知福建候補布庫大使陳燦	不卹番情，挪用口糧苛派學費情事。	革職聽候查辦。	卷二五九

十四年十二月戊寅（初一日）	代理台灣鳳山縣知縣高光斗 署彰化縣知縣李嘉棠 訓導施家珍 稟生施藻修 台灣機器局委員候選知縣洪熙	捕務廢弛。 徇隱庇匪。 徇隱庇匪。 侵吞公款。	革職，仍勒協緝。 革職拏辦。 斥革拏辦。 革職永不敘用。	卷二八一
十六年二月壬辰（二十二日）	候補知縣徐石麟	慫恿爲奸。	革職永不敘用。	卷二八一
十八年二月壬寅（十三日）	雲林縣知縣李聯珪 候選縣丞劉殿英	貌似有才，行爲貪暴。 辦理三角湧撫墾，改名蒙保，聲名狼藉，舞弊營私。	革職。 革職，並著俟經手事件，查辦完竣，驅逐回籍。	卷三〇八
十八年一月壬寅（十三日）	補用知府沈啟濼	辦理大嵙崁撫墾，玩弄事機，致開番釁。	革職，並著俟經手事件查辦完竣驅逐回籍。	卷三〇八
十九年正月戊寅（二十四日）	候補通判王培莆 選用貴隸州知縣陳長慶	罔利營私，肆無忌憚。 譸張爲幻，物議沸騰。	革職。	卷三二〇
二十年四月己丑（十九日）	火藥局委員經歷銜監生蕭殿芬 局員蘇紹良	火藥廠失事，傷斃工匠，轟毀房屋、機器，未能先事防範。 有兼轄之責。	斥革。 交部議處。	卷三三九

這些案子中，最著名的就是台灣道劉璈，與奸商共同作弊，吞匿鳌金，而被撤任查辦；提督高登玉、都司李德福、同知胡培滋、知縣周志侃因與劉璈朋比為奸，通同作弊，一併革職。[48]

咸同以降，吏治的整頓已成治台的癥結，所以許多有識之士，均著眼於此。左宗棠、沈葆楨、丁日昌、劉銘傳是其中的佼佼者。沈葆楨建議福建巡撫駐台，係從制度上進行革新，而丁日昌、劉銘傳則劍及履及地進行整飭。晚清整個中國吏治已江河日下之時，台灣吏治能耳目一新，而建設為最現代化的省份，則完全是他們的功勞。

(二)營規的整飭

同治年間，閩浙總督左宗棠曾指出福建省兵制敗壞的原因有三：[49]

1.糧餉太薄。

2.書識、號令、看管軍裝、軍火、分撥塘汛等不能入操之兵太多。

3.千、把、外委、額外外委，至參、遊、都、守層層管束，十羊九牧，額數多歸私役，氣勢不能整齊。

左宗棠的看法是一針見血的，所以他建議裁汰老弱疲乏之兵、吸食洋煙之兵、虛名占伍之兵、塘汛零星之兵及各標協營的聽差、傳號、書識等不預操之兵。總計裁掉四成，而以所裁之兵的廉俸薪乾加給存留五成餘之兵。[50]左宗棠的建議受到朝廷的重視，於是福建省在同治七年(一八六八)開始裁兵。台灣於咸豐初年因內地亂事頻傳，班兵停止換回，到了同治初年，存營者不及三分之一，名冊有兵，而實無兵，因此裁撤並未產生重大的問題。同治八年（一八六八）台灣的額兵有七千多人。光緒元年（一八七五）福州將軍兼署閩浙總督文煜奏請「台灣水陸各營兵，汰弱留強，暫停召募」，❺❶再經福建巡撫丁日昌、台灣鎮總兵吳光亮等人的續裁，台灣額兵只剩四千五百名。光緒十三年（一八八七）閩省又裁減水陸額兵一成以節餉需，戶部咨台灣巡撫，台灣是否還可裁？劉銘傳覆曰：「台灣地段遼闊，額設兵丁歷之裁減，僅存四千五百餘名，現在改設行省分治，開山拓地日廣，設汛益多，實已不足分布，不能再行裁減。」❺❷故自建省至台灣割讓，台灣的綠營兵雖疲弱已極，但仍維持四千多名的經制額兵。

左宗棠等的減兵加餉、就餉練兵，成效不彰。同治十三年，沈葆楨在「請移駐巡撫摺」中提到當時班兵之惰窳曰：「台民煙癮本多，台兵為甚；海疆營制久壞，台兵為尤。良以弁兵由督撫提標抽取而來，各有恃其本帥之見。鎮將設法羈縻，只求其不生意外之事，是以比

---

❹❽ 同前註。

❹❾ 左宗棠：上總理各國事務衙門，左文襄公全集奏牘，台北，文海出版社，民國五十三年出版，頁一〇〇。

❺⓪ 左宗棠：閩浙兵制急宜變通謹擬減兵加餉就餉練兵以期實際摺，見福建省例，閩省各營裁兵加餉章程，頁五二九。

❺❶ 大清德宗景皇帝實錄，台北，華文書局，民國五十三年出版，頁三〇八。

❺❷ 薛紹元：台灣通志，台銀文叢第一三〇種，民國五十七年出版，頁七一二。

戶窩賭，如賈之於市、農之於田。」[53]次年，在「請改台地營制摺」中亦提到台灣班兵積弊之深尤所罕見，而積弊是「汛弁干豫詞訟，勒索陋規；兵丁巧避差操，雇名頂替；班兵皆由內地而來，本係各分氣類，偶有睚眦之怨，立即聚眾鬥毆；且營將利弁兵之規費，弁兵恃營將為護符；兵民涉訟，文員移提，無不曲為庇匿；間有文員移營會辦案件，又必多方刁難需索，而匪徒早聞風遠颺矣！」[54]所以沈氏認為這種種積習相沿已久，皆由於台灣遠隔海外，文員事權較輕，將弁不復顧忌，非大加整頓不可。

光緒一朝，台灣武職官因營務廢弛、習氣太深而遭參革者有三十六人之多。所以營官之整飭為彼時整飭營伍之重點。茲將光緒朝整頓營規的情形，表列說明如下：[55]

---

[53] 同[12]，頁三至四。

[54] 同前註，頁六二至六三。

[55] 同[39]，頁三三二至三三八。

時間	職官姓名	事蹟	處罰	資料來源：（大清德宗景皇帝實錄）
光緒二年三月癸巳（初一）	北路營官參將黃得桂	一營勇丁只有三百八十餘名，短數至一百二十餘名，虛耗勇糧劣跡甚多。	即著福州將軍文煜、閩浙總督李鶴年、福建巡撫丁日昌查明嚴行參辦。	卷二十七
二年八月丙申（初八日）	前署台灣北路協副將郝富有 嘉義營參將洪金升	聽任汛弁營書圖利蒙聳，將無辜民人陳葉作爲陳愠命案幫兇，送縣訊辦，拖累良民，又將已栽營汛濫委軍功藍得勝，以致誣良窩匪，釀成命案，復爲營兵迴讓開脫。 營務廢弛，才不勝任。	著即行革職，永不敘用。 降爲都司，留於福建補用。	卷三十八
三年二月癸丑（二十七日）	副將李光 北路協副將樂文祥 都司趙品	台灣防剿生番，輕敵失利。 玩視捕務。 玩視捕務。	暫革職，戴罪自贖。 摘去頂戴。 暫革職，仍留任勒限嚴緝。	卷四十八
三年四月己亥（十四日）	北路協副將林珠	在押潛逃，擅騙得贓。	革職，並發往軍台效力贖罪。	卷五十
三年六月丁酉（十三日）	滬尾營水師守備嘉朝泰	平日不能約束兵丁，整頓營伍，以致該營犯事及老弱充數至五十餘名之多，荒怠不職。	著即革職，永不敘用。	卷五十二

十年六月丙子（初四日）	署台灣鎮總兵楊在元	前於同治年間在台灣鎮署任，曾因濫委營缺，侵冒營糧，革職勒追，嗣以銀兩照數賠繳奏結，此次重至台南，軍民無不忿詈。	台灣地方緊要，似此貪冒不肖之員，豈能得力？楊在元著即行革職，勒令回籍。	卷一八七
十一年七月甲辰（初八）	提督高登玉 都司李德福	與劉璈朋比爲奸，通同作弊。	一併革職。	卷二一一
十一年八月庚辰（十四日）	副將潘高陞	台灣南部率芒董底兩番社與七家山番械鬥，潘高陞辦理乖方。	革職。	卷二一三
十一年八月乙酉（十九日）	都司范治鈞	託病離營。	革職永不敘用。	卷二一四
十一年十月癸未（十八日）	副將張福勝	在台年久，聲名平常素行不檢，物議滋多。	革職。	卷二一八
十二月九日乙未（初五）	記名提督方春發 總兵桂占彪	剋扣餉銀，聽任各勇吸食煙土，營伍廢弛減發銀兩，扣發存餉。	革職。	卷二三二
十二年九月丙午（十六日）	參將張欣	防兵缺額。	革職。	卷二三二
十二年十二月庚午（十二日）	記名提督柳泰和	勇數空額營務廢弛。	革職。	卷二三六
十三年二月壬申（十四日）	總兵吳忠勝 守備候作美	逗留新竹，招搖滋事。 壟斷煤務，訛詐地方。	革職。 革職。	卷二三九
十三年十一月己巳（十六日）	台灣鎮總兵吳光亮	軍政索賄。	撤任查辦（後降三級調用）。	卷二四九

十四年二月癸卯（二十一日）	署恒春營游擊劉全	挾嫌妄控。	革職永不敘用。	卷二五二
十四年八月癸未（初四日）	副將鄧炳南 雲騎尉洪磐安	操防廢弛，聲名狼藉。	革職。	卷二五八
十四年十二月戊寅（初一日）	鹿港營游擊鄭榮	徇隱庇匪。	斥革拏辦。	卷二六二
十六年二月辛卯（二十二日）	游擊翁曦	習氣太深	降爲都司	卷二八一
十六年二月壬辰（二十二日）	游擊鄭有勳 守備張安珍	假冒鑲銀，故違軍令。	革職即行正法。	卷二八一
十六年二月壬辰（二十二日）	游擊湯仁貴 副將林福喜	習氣貪滑。 才識平庸。	革職。 降爲游擊。	卷二八一
十六年三月丙戌（十七日）	提督李定明 副將龍斌概	狡猾虛詐，臨事逗留不進，習氣油滑，不堪任使革職。	革職，並褫去黃馬掛，撤銷勇號。 革職。	卷二八三
十八年二月壬寅（十三日）	駐防大嵙崁營官高登玉	玩誤事機，致開番釁。	發往軍台，效力贖罪。	卷三〇八
十八年四月辛亥（廿五日）	斗六營都司凌定國	擅押斃命。	革職。	卷三一二
十九年六月己巳（十九日）	艋舺營參將陳友定 嘉義營栽備何永忠	挾私互訐。	降爲游擊。 降爲把總。	卷三二五

在班兵的整頓方面，丁日昌採取汰粗留精，以期餉糧不虛糜而兵歸實用，故令會商福建水師提督彭楚漢，會同總兵吳光亮認真查辦各營，將精壯者選留，老弱者剔退，慎擇營官，實心訓練，無用荒山，撤去紮營，以節餉需。除了班兵汰弱留強，裁汛併練之外，各項陋習亦多革除。丁氏為確實整飭營規，乃於早晨裝作出店入模樣查營，是時應各操演，而孰知兵皆睡熟，丁氏怒極，立將哨官入諸囚籠。56由於丁氏革除積弊，整頓軍務，當時申報云：「惟台灣一隅，將見氣象一新矣！」57

經丁日昌大力興革後，營規腐化的情形稍見改善，然政隨人亡，丁日昌離台後，綠營再度腐化，其在戰場上之戰鬥力遂為勇營所取代。所以劉銘傳感慨地說：「（台營）暮氣日深，將貪兵惰，虛名空缺，習為故常，竟成積重難返之勢，若不切實整頓，籌餉於萬難之中，養此遊手好閒，無事非煙即賭，有事非潰即逃，何以備悍亂保邦之用？」58台灣道劉璈亦指出台營八弊。59

由上述可知，台灣綠營營規在同光年間，經過左宗棠、沈葆楨、丁日昌等整頓後，氣象一新，但隨即腐化，乃因綠營積習已重，病入膏肓。戰鬥力喪失的結果，使其為勇營所取代。綠營是清廷統治的工具；勇營是為平亂而不得不設的私人武力，故當綠營為勇營所取代之後，滿清帝國也就日薄崦嵫了。

五、結論

有清一代，吏治營規的腐敗，是全國各地普遍的現象，並非台灣所獨有。不過，內地監督較易，官治組織較完備，不致過分囂張；台灣則遠隔大洋，肆無忌憚，督撫遠在閩省，難以監督。故在台之大員良吏，如徐宗幹、姚瑩、沈葆楨、丁日昌、劉銘傳等所言，大致不差。戴炎輝曾經在論述清代台灣的地方官治組織時說：「台地非無良官，但廉正、負責且有遠見者，究屬少數。就一般言，官員貪污、偷安、遇事推諉，不以民生為意。官既如此，胥吏和差役，使盡其需索、嚇詐之能事。」[60]此可謂持平之論。

論者在探討清代台灣吏治敗壞、營規廢弛的原因時，往往從人事政策、文武官員事權之相互牽制、俸給制度、吏差苛擾、班兵制缺失等著手。[61]事實上，事權不專，文武相互牽制；薄俸、收受規費、公務上的扣罰攤捐；胥吏無給職、差役工食微薄；班兵腐化墮窳等都是全中國的共同現象，嘉道之來政治敗壞，軍備不修皆導因於此。而台灣更為嚴重的肇因何在？簡言之即僻處海外和明鄭故地的緣故。由於海峽隔絕，朝廷耳目難周，信息不得速聞，對地方不易收監督之效，民有冤抑不滿，下情不得上達，訴告無門，官吏肆無忌憚；復以重

---

[56] 申報，光緒二年十二月初六，整頓台務。

[57] 同[3]。

[58] 同前註。

[59] 劉璈：函致福建藩司沈論存餉點檢由，巡台退思錄，頁一四四。

[60] 戴炎輝：清代台灣之鄉治，台北，聯經出版事業公司，台灣六十八年七月，頁六二七。

[61] 同[19]，頁三六。

洋遠隔，台多瘴癘，官吏視為畏途，故任期惟短，任滿必升，以為鼓勵，官吏存有三日京兆之心，因循苟且，吏治營規遂不可聞。

復以台灣係明鄭故地，清廷本有墟地遷民之議，故防範甚於經營，官斯土者，清廷對之亦不放心，有不准攜眷之規定，官吏不免有「人既視我為異己，我又何必效其死力」的心理，於是不安於位，不克其職，官貪吏猾，營制腐敗，遇有豎旗變亂，則歸罪卸責，謂台民好亂。誠如金東所云：「從來治台者，類皆苟且安常，不知遠慮，視其官如傳舍，以方面為兒戲。幸而方地方一日無事，彼即一日龐然民上，處優養尊，貽譏尸素。迨至一旦潰裂，揭竿群起，猶不愧己之失治所致，輒諉曰台民好亂。」[62]

台灣的吏治營規，可以同治十三年作一界線。因受外侮的刺激，清廷紛紛派大員來台巡閱，欽差大臣沈葆楨、冬春兩季駐台的福建巡撫、建省以後的台灣巡撫，都能親履斯地，耳目逐漸熟詳，用能淘汰庸劣，簡拔賢幹，務使吏治營規臻上軌道，而富蓬勃之朝氣。以淘汰庸劣言，革職的文武官吏已不盡是消極之違法舞弊、虛扣勇糧而已；凡未能積極發揮才幹，致營務廢弛，或盜賊逃逸，捕緝無功，以及才識平庸者亦均予革職。所以同治十三年以後，台灣吏治已有所改善，營務已有所加強，比諸內地諸省建設，台灣至割讓日本前夕，已成為全國最現代化的省份。

附帶必須說明的是台民對官吏的態度，到了同光年間為之一變，在此之前，台民仇視官吏，藐視官吏，視官吏如寇讎。但是到了光緒三年三月，台灣民、番聞丁日昌請假歸里，感格難忘；於小春朔日時，竟有製就「德政」萬人衣、傘、牌、匾十數副，會集各莊紳老及前後山番目，數十人踴躍歡忻，附「長勝」輪船內渡，直至謁邑敬頌，以表輸誠。內地男婦老幼，聞生番到汕登岸，異言異服，莫不爭觀。63又如光緒十五年台灣士紳林維源等聯名呈請在台建沈葆楨專祠，施士洁等稟請建吳贊誠專祠等，皆可見同光年間官吏施政績效深入民心之一般。

---

62 金東：上某兵論治台書，清經世文編選錄，台銀文叢第二二九種，民國五十五年七月出版，頁四一。

63 申報，光緒三年十二月八日，台番向化，頁六。

沈葆楨早期的識見與事功(一八五〇—一八六四)

一、前言

沈葆楨，字翰宇，號幼丹，清嘉慶二十五年(一八二〇)生於福建侯官縣。光緒五年(一八七九)卒於兩江總督任內，享年六十。

沈葆楨一生對清廷的貢獻，可從其死後皇帝兩次諭悼窺見一斑。其一諭曰：「兩江總督沈葆楨，秉性沉毅，練達老成，歷受先朝恩遇，由翰林外任知府，洊擢封圻，前在江西巡撫任內，籌辦軍務，悉協機宜，嗣因殄除粵匪餘孽，賞給一等輕車都尉世職。朕御極後，擢任兩江總督，於地方利弊認真整頓，任事實心，不避勞怨，前因舊疾增劇，賞假兩月，方冀調理就痊，長資倚任，茲聞溘逝，悼惜殊深，加恩追贈太子太保銜，入祀賢良祠。」❶旋又諭曰：「已故兩江總督沈葆楨，自咸豐五年出守九江，調署廣信，當粵逆鴟張之際，嬰城固守，力戰解圍，嗣補授吉南贛寧道、幫辦江西團練事務。同治元年，奉命巡撫江西，該故員膺兩朝特達之知，力圖報稱，維時粵逆併力窺伺江西，沈葆楨相機堵剿，連戰皆捷，保全實多。厥後綜理船政，殫心竭慮，創立規模。其巡視台灣，於撫番開山各事，尤為不辭勞瘁，

---

❶ 沈葆楨：清史列傳卷五三，中華書局印行，民國五十一年出版，頁四五。

弭患無形。迨總督兩江，實心實力，整頓吏治，保惠民生，與巡撫江西時先後一轍，實屬功績昭彰，著將該故督政績宜付史館立傳，並准其在江南省城及立功各省份，建立專祠，以彰忠藎。」❷從以上兩道悼諭，足見清廷對其一生事功之肯定。

然而，沈葆楨之成就絕不僅止於堵剿太平軍或整飭吏治而已，蓋因其一生經歷中國當時所謂的空前大變局；鴉片戰爭時他二十一歲；太平軍建國時他三十歲；自強運動發端時他正好四十歲；及其去世，正值中日會商琉球案及中俄會商伊犂條約時。沈葆楨面臨中國的內憂外患，憑其蒿目時艱的警覺，憂國憂民的熱忱，努力虛心觀察思慮，致力於各方面之改革，期望能抵抗外患，臻國家於富強之境。同治六年（一八六七），在左宗棠力薦之下，沈葆楨出任福建船政大臣；同治十三年（一八七四），日軍因牡丹社事件侵台，清廷授沈葆楨為欽差辦理台灣等處海防兼理各國事務大臣，主持台灣防務；光緒元年（一八七五），清廷因沈葆楨經營船政及主持台防得宜，升任為兩江總督兼南洋通商事務大臣。沈葆楨無論身居何職，皆能力任艱巨，兵略吏治，政聲卓著；洞達外情，為近代化奠基，為中興名臣之一。郭廷以先生稱譽沈葆楨為「近代中國的有膽有識的政治家，是一位不可多見的人物」。❸

綜觀沈葆楨一生，可大略區分為以下六個階段：

㈠早年：嘉慶二十五年至道光二十六年（一八四六）。其間，在道光十九年（一八三九）和表妹林普晴（字敬紉）結婚，林普晴是林則徐的次女，也是沈葆楨母親的姪女。同年，沈葆楨亦中舉人。

㈡翰林院時期：道光二十七年（一八四七）至咸豐四年（一八五四）。道光二十七年參加殿試，榜發後沈葆楨中了二甲進士，朝考成績優良，入翰林院為庶吉士。道光三十年散館，被授為編修。咸豐元年（一八五一）充武英殿纂修。

㈢御史時期：咸豐四年至咸豐五年。咸豐四年五月，補江南道監察御史；次年六月，掌貴州道監察御史，迄十二月外放江西九江府知府止，沈葆楨在柏台約一年八月。

㈣任官江西時間：咸豐五年十二月至同治六年。咸豐五年（一八五五）十二月任江西九江知府。次年六月，調署江西廣信府知府。咸豐七年（一八五七）閏月，擢升為廣饒九南道。咸豐十一年（一八六一）任江西巡撫。

㈤船政大臣時期：同治六年（一八六七）六月十七日，沈葆楨接任船政大臣，至光緒元年四月被命為兩江總督。其間曾以欽差大臣名義，主持台灣防務。

㈥兩江總督時期：光緒元年至光緒五年卒於兩江總督任內。

本文係以沈葆楨與太平軍之役為研究主題，時間範圍從道光三十年（一八五〇）至同治三年（一八六四），大約是沈葆楨的翰林院、御史時期及任官江西時期。研究目的則在探計初入宦途的沈葆楨，如何在太平軍之役中嶄露頭角，而受朝廷重用，奠定一生輝煌事功之基礎。

---

❷ 同前註。

❸ 郭廷以：台灣史事概說，正中書局，民國七十年七月七版，頁一五八。

二、御史時期的識見

道光三十年（一八五〇）十二月，太平軍於廣西桂平縣金田村起事。咸豐元年（一八五一）太平軍攻下永安，洪秀全自稱天王，封楊秀清為東王、蕭朝貴為西王、馮雲山為南王、韋昌輝為北王、石達開為翼王。清欽差大臣賽尚阿以兵力分散，決定暫時置其他各會匪於不顧，集中全力進攻太平軍。太平軍受此重大壓力，祇得改變戰略，銳意北竄。咸豐二年（一八五二）四月，太平軍自永安突圍，直逼桂林，清將向榮先期率兵入守，太平軍圍攻三十日，不克。六月，陷全州。自後洪秀全乃沿湘水北上，各地聞風附入者眾，聲勢壯大，勢如破竹。九月攻長沙，無功而退。十二月，陷岳陽、漢陽。咸豐三年（一八五三）元月，陷武昌。二月，順長江東下，沿江所過重要城鎮，一一盡入太平軍手中。三月，太平軍入南京，遂定都，改南京為「天京」。

太平軍起事之時，沈葆楨正值翰林院散館，授編修。咸豐元年充武英殿纂修；二年五月，大考二等；八月，充順天鄉試同考官；三年，記名以御史用；四年五月，補江南道監察御史；同年十二月，記名以知府用；五年六月，掌貴州道監察御史；十二月授江西九江知府。❹

關於沈葆楨在御史時期的作為，李元度「沈文肅公事略」中記云：「咸豐四年，改御史，時曾文正公帥師克武昌，有旨命署湖北巡撫，公奏曾某躬典水陸軍，宜乘勝東征，不當羈以吏事。疏上，詔別簡巡撫。」「公以賊所過無不殘滅，疏請令卅縣吏主兵，而責以戰守，部格不行，然文宗特達之知，自是始。」❺清史則概括記曰：「遷御史，數上疏論兵事，為文宗所知。」❻由此可知，沈葆楨在擔任御史期間，曾對當時軍事、吏治、財政多所研討，而有成熟的見解，並且陳奏皇帝，雖未克施行，但已受皇帝的注意與重視。

然而，要詳細探討沈葆楨在御史時期的識見，卻也困難。蓋因其逝世後所刊行的「[illegible]書」，祇有從同治元年江西巡撫開始的奏摺，而缺少了咸豐時代以御史上奏的摺稿。幸好沈氏後人曾影印其「台諫」時期的奏稿三篇問世，即㈠奏請弁兵分隸郡縣摺，㈡奏請飭統兵大臣乘勝東下摺，㈢奏請變通錢法摺。❼這三篇奏摺，有關於財用者一，有關軍事則二，各有其卓越的見解，堪稱為救時的良策，尤可資以證明沈葆楨在當時已具有成熟的修養及高超的才略。

「奏請弁兵分隸郡縣摺」上奏於咸豐四年，即沈葆楨補江南道監察御史之時。彼時太平軍已建都於金陵，奄有長江中下游地區，復發兵西征，再克武漢，清廷所受壓力，日見嚴重，沈葆楨檢討戰局，乃上此有關兵制的奏摺。

清代經常兵制有兩種：一為八旗，一為綠營。但皆因承平日久，營務廢弛，遇敵輒靡，不堪一用。另方面，清廷又採軍民分治，不相隸屬，知府、知州、知縣等地方官向不予營中

---

❹ 同❶，頁三五。

❺ 李元度：沈文肅公事略，國朝先正事略卷二七。

❻ 沈葆楨傳，清史卷四一四，國防研究院印行，民國五十年，頁四七六九。

❼ 林崇墉：沈葆楨與福州船政，台北，聯經出版公司，民國七十六年，頁一二二。

之事，導致文武相輕，軍民不睦。其中更不合理的是地方官無守土之資，卻有守土之責，例須與城共存亡，而不得苟全其性命。他們守而殉難者有之，逃而身受嚴譴者有之，而在守亦死，逃亦死之外，有人則向太平軍講和，即以彼此相安無事的方式，祇管保全自己應守城池，而不問敵方動向之將糜爛全局。這種作法助長了太平軍避實就虛、迂迴前進的策略，由是自桂入湘，經湘入鄂，所過郡縣，通行無阻，雖經清軍以大兵守住了桂林，保全了長沙，仍無礙於他們進軍長江，乘勝東下，而達到直擣金陵的目的。

沈葆楨在「奏請弁兵分隸郡縣摺」中，根據當時現實情況，提供了部份補救的辦法。沈葆楨在奏摺中首先說明守令不能力捍城池的五個原因，其曰：「去不肖守令聞警先逃者，無論矣！其闔門殉節罵賊被害者，身家既非所愛，豈不願力捍危城，以答君父，而力不從心，其故有五：一則守令不知兵也。尺籍伍符，本非其職，平日營務，漫不經心，倉卒登陴，號令不知所出。一則兵不用命也。非其素所統轄，則賞不足勸，威不足懲；非其素所訓練，則令之不行，諭之不信。一則文武不相下也。武弁平日疑文員之輕己，文員臨事疑武弁之居奇，彼此互猜，各有意見，呼吸之頃，號令匪所適從。一則兵勇不相能也。文員帶勇，武員帶兵，上各護其下，下各恃其上，見利則交相爭，見敵則互諉。一則兵民不相安也。平日兵民交涉事件，武弁每多徇庇，臨事尤易藉端滋擾，寬之則民怨，嚴之則兵怨。此五者，皆素不相統攝所由來也。」[8]基於以上五種原因，沈葆楨認為「爭勝敵國，責在將帥，將帥得其職，則武功成；誅鋤奸民，責在郡縣，郡縣得其職，則邪源絕。夫郡縣有守禦之責，必予以守禦之資；有守禦之資，而後可責以守禦之效。」[9]如此便可「令各郡縣皆能相持數月，以待外援，彼烏合之眾，不戰自屈，何至蹂躪若是」。

他並追溯古代兵農不分制度的優點，即有莠民而無叛民；漢代「兵農雖分，文武未判，郡縣之兵，未令統之，訓練有素，聞警輒發，間有寇盜，不致蔓延」。所以他認為以郡縣守令統兵，實有制止變亂擴大的效果，而他的辦法是「千總以下，隸於知縣；都司以下，隸於知府，平時責以校閱，其有兵額不足，軍政不修，唯該府縣是問」。沈葆楨認為實行這個辦法，將可獲得「十便」，即㈠訓練是其專責，一切營務，關係考成，戰守機宜，先時研究，不致臨時周章；㈡等威既辨，奉命唯謹，一旦有急，善良者識親上之義，桀驁者生畏法之心，不致臨時潰散；㈢城之存亡，責無旁貸，無取各出意見，以亂軍心，兵審所聽從；㈣統兵之吏，即臨民之吏，以民養兵，以兵衛民，兵民一體，嫌隙不生；㈤兵力不足，藉資鄉勇，畛域不分，賞罰一律，無兵勇互鬥之害。㈥招勇抽丁，非不教之民，即無賴之輩，令兵隸郡縣，則未經行陣者，有素所訓練之兵以倡率之，桀黠難恃者，有素所撫循之兵以羈縻之，民勇可期得力；㈦大小相維，聲勢連絡，賊分則各城有以自守，賊合則大兵專向一隅，屢出不足以疲我，多方不足以誤我，本省兵力足以制其死命，無庸多調客兵；㈧盜賊之始，不過百十為群，伺隙劫掠，郡縣不能制，必須會營稟請，又移動淹時日，致賊遠颺，漸成巨黨。今兵隸郡縣，則隨時徵召，飆發電掣，絕其萌芽，事半功倍。㈨郡縣會營，需索供費，

---

❽ 沈葆楨：「奏請弁兵分隸郡縣摺」，沈氏影印本。

❾ 同前註。

不滿其欲，則不行；守令只顧目前，遂以諱盜為得計。今兵隸郡縣，賞罰得行，兵弁無從需索，守令不致養奸。㈩守禦既固，莠民不敢生心，良民無從被擄，編戶知為善之樂，遠人消叵測之情，新賊不增，則舊賊可盡。❿

其文武合一、兵民一體的方略，確是針對時弊，實不失為制太平軍的應變方法，可惜清廷有未採納。然究之於事實，平定太天軍之湘軍將領，除了多為書生外，亦大都以地方官的名義領軍，而建立殊功，證明以文官統帶兵勇，為事實所需，而沈葆楨則有先見之明。

咸豐四年八月，亦即沈葆楨上奏「奏請弁兵分隸郡縣摺」後不久，曾國藩兼督水陸各軍，與塔齊布、羅澤南、楊載福等人進攻武漢，二十三日，同時克復武昌省城、漢陽府城，二十七日馳摺奏聞。咸豐皇帝於九月初六接到捷報，立即降旨，「曾國藩著賞給二品頂戴，署理湖北巡撫，並加恩賞戴花翎。」⓫曾國藩當時訓練水陸各軍，其志在於規復東南各地，雄心不小，然清廷卻在武漢大捷之後，要其轉任地方官吏。沈葆楨盱衡時局，深知除曾國藩外，無人能領袖群倫，統率水陸兵勇，肅清長江兩岸，以敉平太平軍，因此立即具摺奏「請飭統兵大臣乘勝東下」，建議清廷「仍令塔齊布、曾國藩等，督率水陸官兵，乘賊喘息未定，倉皇無措之時，順流而下」，他樂觀的預測，「我軍至九江，則安慶、廬州之賊，必且驚心喪膽，不擊自潰，然後乘勝長驅，合皖省之兵，直擣金陵，與向榮、托明阿等上下夾攻，賊雖剽狡，正如釜魚檻獸，何難一鼓蕩平哉！」⓬

沈葆楨此一奏摺，首即強調「東南情形甚於楚北，會剿事勢急於善後」，應乘收復湖北省會兩城之聲勢，水陸並進。次則指明塔齊布與曾國藩，一有勇，一有謀，兩人戮力同心，乃能謀勇兼資，克敵致果；若以曾國藩署理湖北巡撫，塔齊布統帥南下，不特有勇無謀，而且湘軍水陸員弁必大部份隨曾國藩留在湖北，塔齊布餘兵無多，將何以制勝。最後籲請朝廷收回曾國藩署撫之成命，使之與塔齊布督帶水陸發兵順流而下，以收一鼓蕩平之效，並請將湖北巡撫一職改命湖廣總督楊霈兼署，並責其一手經理湖北善後事宜。沈葆楨上奏後七天，即九月十三日，文宗改變了原有的安排，收回曾國藩署理湖北巡撫的成命。詔諭曰：「曾國藩著賞給兵部侍郎銜辦理軍務，毋庸署理湖北巡撫；陶恩培著補授湖北巡撫，未到任以前，著楊霈兼署。」⓭清廷新的人事措置，恰如沈葆楨所奏，故此篇奏摺發生的決定性作用，是可斷言的。

關於此一奏摺的重要性，林崇墉曾評云：「試想當時假若國藩不得不屈就湖北巡撫的話，慘澹經營的湘軍將無用武之地，那些出類拔萃的才俊都將失去出頭的機會，清廷的江山將靠誰來重整呢？塔齊布嗎？他固是一員難得的猛將，但若上無像曾國藩那樣領導人物，中無像羅澤南、李續賓兄弟、彭玉麟、楊岳斌等人水陸傑出人才之密切配合，下無千錘百鍊的湘勇之堅強奮鬥，憑他一夫之勇，能有多少成就，果能肅清江面，從九江、安慶一直打到金

---

❿ 同前註。

⓫ 東華續錄，咸豐三九卷，台北，文海出版社，頁一。

⓬ 沈葆楨：「請飭統兵大臣乘勝東下摺」，沈氏影印本。

⓭ 曾文正公年譜，卷三，頁九。

陵嗎？就在轉移清廷一念之間，而後曾國藩領袖群倫的地位得以不動，而後那些風雲際會的人物，如胡林翼、左宗棠、李鴻章乃至沈葆楨本人，都出任封疆，協力同心，而為清廷奠定了中興之局。」⓮

從前述兩篇奏摺，足見沈葆楨在翰林院六、七年的進修，肆力於致用之學，尤其從太平軍起事後，戰火蔓延各地，情勢急殆，更使他對軍事有深刻的探研，所提出的意見針對時弊，堪稱救時良策，因而先聲奪人，引起清廷的重視，奠下日後成功之基。

三、廣信之役

咸豐五年十二月，沈葆楨出任浙江杭州府，因為慣例須迴避祖籍，故改任江西九江知府。⓯新命發表時，九江早已為太平軍二次攻陷，而清軍迄未能予以收復。當沈葆楨抵達江西時，江西八府五十餘縣，大半皆為太平軍所陷，所存僅有南昌、廣信、饒州、贛州、南安五郡而已。⓰那時曾國藩奉命督辦江西軍務，進圖克復九江，沈葆楨以九江府知府的身分，自當聽其調遣。沈文肅公事略記曰：「五年，出知九江府，郡久淪於賊，曾文正檄充營務處。」⓱沈葆楨傳亦曰：「咸豐五年，出為江西九江知府，九江陷，從曾國藩筦營務。」⓲由上可知，沈葆楨抵達江西的最初幾個月，曾在曾國藩軍中參贊營務，是為兩人共事之始。

咸豐六年六月，沈葆楨奉調署江西廣信府知府。那時奉派主持廣信等屬防務的是侍郎廉兆綸。是年八月，沈葆楨會同廉兆綸赴離廣信約百餘里的河口，勸告人民輸將軍餉。詎料沈葆楨離開府城後，太平軍大將楊輔清自吉安，率所部萬餘人，越過山區，破新城、瀘溪、金溪，連攻陷貴溪、弋陽，逼近廣信。當時廣信守兵僅四百人，聞風潰散，吏役紛逃。沈葆楨夫人林敬紉身處危城，乃於八月五日刺血作書，乞援率部駐玉山的安義鎮總兵饒廷選。六日，沈葆楨自河口馳歸廣信。七日，饒廷選覆書，答應拔隊前來，但河水涸，船不能下。八日，大雨不止，信江漲二丈餘。九日，饒部乘舟抵廣信城下，沈葆楨徒步迎入城。十日，饒部守備畢定邦、賴國翔，奮勇出戰太平軍，斬數十人，人心始定。十三日，太平軍大至，合圍廣信城，沈夫人執爨犒勞兵士。十五日，兩軍大戰，破太平軍長圍。十七日，太平軍撤圍退兵，廣信終獲保全。[19]

廣信府城位於信江上游，接近浙江省。廣信府曾被太平軍攻陷，而在咸豐五年九月始告收復。[20]然未幾太平軍在翼王石達開的領導下，反攻江西。迄次年二月間，撫州、進賢、東鄉、安仁等地相繼失陷，省城亦為太平軍所包圍，當時督辦江西團練的在籍侍郎廉兆綸在三

⓮ 同❼，頁一五七至一五八。

⓯ 武林沈氏遷閩本支家譜，頁四二。

⓰ 曾文正公全集，大事記，光緒二年刊本，卷一，頁一二。

⓱ 同❺。

⓲ 同❻，頁四七六九。

⓳ 沈葆楨：室人林夫人事略。

⓴ 東華錄，咸豐三五卷，台北，大東書局，民國五十七年，頁四。

月間上奏求援。清廷在接到廉兆綸的奏摺後，即諭知曾國藩、江西巡撫文俊等，迅速選擇要地，分別攻剿，諭曰：「廣信、饒州兩郡為該省完善之區，未容再有疏失。……即著曾國藩等飛催各該省援兵，分別由建昌、廣信等前進，既以保衛饒、廣，即可援救省城，其饒、廣各屬要隘，並著廉兆綸督飭耆齡等，就現有兵力，實力堵禦。」[21]

廣信、饒州係當時的軍事重鎮，為了保全支援蘇杭湘軍的餉道，以及鞏固福建、浙江兩省的邊防，這二處地方對東南各省的影響極關重要。所以曾國藩在咸豐六年四月二十一日，曾針對上引諭旨奏稱：「臣等悉力籌商，目前剿辦之法，惟當力保廣饒，以通蘇杭之餉道；先剿撫、建，以固閩浙之藩籬，此江西本省之兵勇所能竭力以圖者。」[22]

廣、饒既為軍事重鎮，勢在必守，所以在廣信解圍之後，曾國藩馳奏「邊錢會匪圍攻廣信浙兵援剿解圍摺」中，對沈葆楨讚譽交加，推崇備至。曾國藩奏曰：「臣等伏查此股會匪，初本不甚猖獗，即旬日之間，連擾數縣，亦實無兵勇與之拒禦，非果由賊勢之兇悍。迨廣義軍潰於貴溪，於是逆燄遽張，裹脅愈眾，遽敢圍逼廣信，梗塞江省咽喉之路，大局幾不可問。幸知府沈葆楨先馳入城，得以豫請援帥，與參將榮壽、知縣楊昇、千總胡為陞四人者，立志堅守，提調援師，保全要郡，實屬危而獲安。沈葆楨係原任雲貴總督林則徐之甥，又係其女婿，講求有素。此次守城，吏民散盡，衙署一空，其妻亦同在危城，無僕無婢，躬汲爨，具壺漿，以餉士卒。沈葆楨與楊昇等，徒步登陴，晝夜辛勤。兩年以來，江西連陷數十郡縣，皆因守土者先懷去志，惟汪報閏守贛州、沈葆楨守廣信，獨能伸明大義，裨益全局。」[23]奏摺中再三強調廣信一役，沈葆楨「獨能伸明大義，裨益全局」，不僅是「保全要郡，危而獲安」而已。

關於廣信之役，沈葆楨日後亦有所憶述，其曰：「伏念臣於咸豐六年待罪廣信，巨逆楊輔清由吉安率數萬眾長驅直入，所過輒陷。廣信防軍潰於貴溪，郡城存兵寥寥，登時駭散。臣在河口籌餉，星馳回郡，城已一空。臣一死之外，毫無長策，幸升任總兵饒廷選聞警，即提所部千餘人，卷甲疾趨，兵至而賊亦至，前浙江撫臣何桂清陸續濟兵濟餉，饒廷選七戰皆捷，乃得轉危為安。」㉔沈葆楨在此非常自謙，將廣信解圍的功績推讓給赴援的饒廷選及浙省大吏，事實上，其夫人血書求援、躬親執爨犒軍，激勵士氣，功勞匪淺。

廣信之役中，沈葆楨夫人林敬紉血書乞援，千載之下，膾炙人口。血書云：「將軍漳江戰績，嘖嘖人口，里曲婦孺莫不知海內有饒公矣！此將軍以援師得名於天下者也。此間太守聞吉安失守之信，預備城守，偕廉侍郎往河口籌餉招募，但為勢已迫，招募恐無及；縱倉促得募而返，驅市人而戰之，尤所難也！頃來提報，知昨日貴溪失守，人心皇皇，吏民舖戶，遷徙一空，署中僮僕，紛紛告去，死守之義，不足以責此輩，只得聽之，氏則倚劍與井為命而已！太守明早歸郡，夫婦二人受國厚恩，不得藉乎以報，徒死赴咎，將軍聞之，能無心惻

㉑ 同前註，咸豐三八卷，頁三。

㉒ 曾文正公全集，奏稿「江西近日軍情片」，卷七，頁五七。

㉓ 同前註，卷八，頁一九至二〇。

㉔ 沈文肅公政書，卷一，「恭報馳赴新任片」，台北，文海出版社，頁三。

乎？將軍以浙軍駐玉山，固浙防也。廣信為玉山屏蔽，賊得廣信，乘勝以抵玉山，孫吳不能為謀，賁育不能為守，衢嚴一帶，恐不可問。全廣信即以保玉山，不待智者辯之，浙大吏不能以越境咎將軍也。先宮保文忠公奉詔出師，中道齎志，至今以為心痛，今得死此，為厲殺賊，在天之靈，實式憑之！鄉間士民，不喻其心，以輿來迎，赴封禁山避賊，指劍與井示之，皆泣而去。太守明晨得餉歸後，當再專牘奉迓，得拔隊確音，當執爨以犒前部。敢對使百拜，為七邑生靈請命。昔睢陽嬰城，許遠亦以不朽，太守忠肝鐵石，因將軍所不吝與同傳者也。否則賀蘭之師，千秋同恨。惟將軍擇利而行之！刺血陳書，願聞明命。」㉕血書內容盡情盡理，使饒廷選受感動而發兵急難。

沈夫人刺血乞援，所以博得崇高評價者，乃因一紙血書，導致饒廷選迅速赴援，維護了江、浙兩者的交通要衝，穩定了幾不可問的大局。再者沈氏夫婦堅守危城，視死如歸，風聲所播，扭轉了聞警先逃的惡習，樹立了堅定的軍心，奠定了清廷爭取勝利的根基。

廣信之役使沈葆楨名聞天下，開拓了日後仕宦的坦途。事實上，沈葆楨署廣信府時，其才幹已受曾國藩重視，蓋當時江西全域糜爛，各守城者往往聞風潰逃，廣信為軍事重鎮，鎮守人選的節操便關係著全局安危，沈葆楨任曾國藩幕僚，管理勞務處的表現，想必深得曾國藩的欣賞，因此得被提拔為署廣信府知府，鎮守廣信城，更可貴的是沈葆楨臨危受命，以一介儒士，身負保全閩、浙二省安危之重任，除了表現臨危不懼之氣魄外，更是盡忠職守，總算是不負朝廷所望，完成使命；對於時局，則有振衰啟聵，激勵民心的貢獻。

四、江西巡撫任內的軍功

咸豐十一年(一八六一)十二月,沈葆楨在曾國藩的薦舉下,被超擢為江西巡撫。

在此之前,沈葆楨以廣信一役,聲譽鵲起,於咸豐七年閏五月,被擢為廣饒九南道。次年三月,沙溪太平軍屢次侵擾貴溪、弋陽,而廣豐、玉山等處也被由福建中部竄出的太平軍所侵犯。沈葆楨此時負責接濟李元度援軍的任務,再度保全了廣信城。而彼時曾國藩移駐建昌,進入沈葆楨的轄境,便劄委其兼管糧台,所有兩湖、江西協濟的糧餉軍火,均委交其派員轉解,由是沈葆楨兼負調兵調餉的雙重責任,足見曾國藩對其倚畀甚深。

他一向重視吏治,認為吏治為軍政之根,故在廣饒九南道任內,當來犯太平軍勢力稍衰時,即開始從事整頓地方的行政。而當時在信江中游安仁及東鄉水上游馬家村之間,地勢險阨,若干遊民散勇於是據地稱亂,五年不繳納賦稅,復燒殺擄掠,無所不為。沈葆楨痛下決心,要徹底整頓這一帶治安,於是帶領著練勇三百人到這一帶靖亂,地方縣令對於沈葆楨此舉不表贊同,甚至還以所帶兵丁過少為辭,勸其勿往,然沈葆楨仍毅然行之,最後終於攻下該地區,強迫他們繳清歷年積欠的賦稅,並將倡亂者正法,在此雷厲作風下,這批遊民於是銷聲匿跡,不復為亂。㉖

㉕ 轉錄自林崇墉,林敬紉與乞援血書,中央研究院近代史研究所集刊第七期,民國六十七年六月,頁二九二。

㉖ 福建省通志局編,福建通紀,列傳,清八,頁三九。

在廣饒九南道與吉南贛寧道任內雖實心任事，並沒有得到上級的激賞與支持，反而因為耿直的個性而開罪上級，並因而受到牽制。清季官場風氣廢弛，人情亦復淡薄，真正有心之士處在這種環境之下，非有艱苦貞定的志節與宏忍之胸懷，是不容易達到理想的。沈葆楨雖有治安之熱忱，但在當時位卑權微之下，是無法施展抱負的，所以在咸豐九年九月以回籍侍奉年老雙親為由，辭官返鄉，而當時江西巡撫先後為滿人文俊、耆齡。曾國藩在「請起用道員沈葆楨摺」中，據實說其「以二親年老，又事多掣肘，力請告歸」。㉗胡林翼在「敬舉賢才力圖補救」中，更明白說沈葆楨「與長官不諧，乞假歸養，奉身而退」。㉘

沈葆楨引退之時，江西正處於遍地烽煙之局面，正如胡林翼所言，像沈葆楨這樣的「道府之傑士」㉙，是不可能久藏湮沒的。咸豐十一年十月，清廷在曾國藩力薦之下，下詔要他迅赴曾國藩軍營聽候委用，並敕曾「查看才具，如能勝重任，不必拘守常格，迅速保奏」。㉚彼時曾國藩任兩江總督，統轄江蘇、江西、安徽三省，並節制浙江軍務。是年十二月，沈葆楨被超擢為江西巡撫，清帝諭曰：「前任江西吉南贛寧道沈葆楨，朕久聞其德望冠時，才堪應變，曾明降諭旨，令赴曾國藩軍營聽候錄用，本日復降旨超擢江西巡撫。該撫雖係回籍養親之員，然賊匪一日未平，則臣子之心一日不得自安，況移孝作忠，古有明訓，朕以該撫家有老親，因擇江西毗鄰省份，授以疆寄，風土不殊，迎養亦近，且係該撫曾任仕宦之區，將來懋建殊勳，尤足光榮門戶，以承親歡。該撫讀書明理，經朕如此體卹，如此破格委任，諒不至再有瀆請。現在江西辦理善後，撫綏閭閻，正需才德兼備之員，著即馳赴新任，認真辦理，儻仍以養親等事，希冀辭讓，朕亦不能允准也。」㉛從以上諭旨，可見清廷對沈葆楨的重視，沈葆楨也只有感泣赴任了。

在江西巡撫期間，他主要的政績在軍功方面。因為江西不設提督，兵事由巡撫兼任，故沈葆楨乃有軍功之表現。當時江西的情況，正如他所言：「江西為四戰之地，賊所必爭，兵燹十年，創痍未起，現在衢嚴，遍地荊棘，廣信適當其衝，雖經督臣曾國藩，會同署撫臣李桓，布置謹嚴，可無他慮，惟恐該逆繞越閩界，窺伺江右，則由廣信以迄撫建南贛，延袤幾及千里，頭頭是道，兵單餉匱，防不勝防。」㉜更危殆的局勢是在前此一年，即咸豐十一年十二月，太平軍忠王李秀成再陷杭州，浙江郡縣都望風投降，是月底，李秀成回軍江蘇，沿途所經奉賢、南匯、川沙諸地都唾手佔領，軍威直迫上海。

當時，曾國藩對太平軍的策略係採三面進兵之策，以曾國荃軍沿長江進兵，攻佔金陵；以左宗棠軍專任浙江軍事，以圖浙江；以李鴻章之淮軍乘外國輪船，衝太平軍沿江營壘而過，直抵上海，以援淞滬。而曾國藩自駐安慶，以為三路策應。㉝沈葆楨在當時任務有二：

㉗ 曾文正公全集，奏稿卷十一，請起用道員沈葆楨摺，頁一〇七。

㉘ 胡林翼：胡文忠公遺集，台北，文海出版社，據同治六年丁卯季夏刊本影印，頁九。

㉙ 同前註，頁六。

㉚ 同㉗，奏稿卷八。咸豐六年八月三十日。

㉛ 同㉔。

㉜ 沈文肅公政書，卷一，「補授江西巡撫謝恩摺」，同治元年二月初五日。

㉝ 羅爾綱：太平天國史綱，翻印本，頁七七。

一是督飭江西各營防務，以防太平軍攻襲；二是支援左宗棠部之餉項軍火。㉞

沈葆楨為了長治久安，建議整頓額兵，以固根本，他的原則是「留本地之財，養本地之勇，衛本地之民」。沈葆楨建議清廷曰：「江省地處腹中，額兵較他省獨少，然通省計之，亦萬二千有奇。臣擬嚴汰老弱，增補精銳，分作兩班，一班調省及兩鎮操演，一班留本營汛彈壓，半年一換，除在本營汛者，照舊領餉外，其調赴操演者，酌加練費，以資津貼，較募勇之費，不及其半，練熟之後，責成兩總兵輪流帶赴皖浙助戰，俾智勇出眾者，得以及時自效，萬一江省有警，自拔而歸，則士卒皆曾經戰陣，不致畏縮不前。」㉟沈葆楨認為整頓額兵後，有五個益處：㈠所費少，而所成就多；㈡尺籍伍符，按戶可稽，將備千把，本有常職，節節相生，鈐束較易；㈢營汛可恃，土匪不敢生心，稍有萌芽，立即撲滅，銷患未然；㈣一人學戰，教成十人，臨時慮兵力太單，責成每兵募一精健餘丁，給予勇糧，其事易集，此項餘丁，有兵缺可補，無煩遣散；㈤行伍精強，將來軍務肅清，散勇有所憚而不敢滋擾，永杜後患。

由於沈葆楨奮發有為，所以到任後除整頓行伍之外，並大量募兵，先後增募繼果、韓字等營八千人，移調精毅、精惟等軍萬餘人，各府募守勇五百人，兵數日增，軍費支出龐大，而江西財政原本不佳，沈葆楨曾奏曰：「伏計江省進款三宗，曰釐金，曰漕折，曰地丁。釐金收數較贏，盡輸皖浙軍餉；漕折則提京餉四十萬，又提皖餉每月四萬，原額九十一萬有奇，除因災豁免及流亡實欠外，所收不過六、七十萬，已不敷解款；地丁原額一百五十餘萬，屢遭賊擾，凋敝之後，積欠甚於漕，加以今歲水患頻仍，雖極力催徵，不過得半而止，而兵餉出其中，勇糧出其中，接濟浙軍及過往兵勇出其中，坐支各款亦出其中，所以江省拮据情形，有過於被兵省分者。」㊱由於江西財政拮据，而兵額又增，所以沈葆楨必須開闢財源，遂與曾國藩發生衝突而交惡。

曾國藩所領導的湘軍並非經制軍，其餉項必須自行籌計，因此雖立功屢屢，但仍備嘗飢困。咸豐十年閏三月，江南大營潰敗，證明八旗綠營已無法保疆戡亂，地方客勇開始肩負重任。曾國藩因而實授兩江總督、欽差大臣，節制四省軍務，主持全局，他拔薦李續宜、沈葆楨、左宗棠、李鴻章、胡林翼、毛鴻賓等擔任安徽、江西、浙江、江蘇、湖北、湖南等省巡撫，六省被兵之地，結為一體，聲氣相通，形成對太平軍全面之作戰集團。曾國藩既為地方最高長官，並負責全面軍務，在軍事方面固然可以節制指揮，而在餉項的規劃指撥上亦有最高權力，加以六省巡撫皆出其識拔薦舉，理當軍務順手，詎料卻因湘軍餉項，竟與沈葆楨關係決裂。

沈葆楨就任江西巡撫時，省內的太平軍已大致肅清，然仍受鄰省太平軍之威脅，故其增兵添額，加強防務。就任之初，即同治元年九月，即上奏「請留漕折接濟軍需摺」，將每月

㉞ 沈文肅公政書，卷一，「江省邊防妥籌布置摺」，同治元年二月二十二日。

㉟ 沈文肅公政書，卷三，「江西稅釐仍歸本省經收摺」，同治三年二月二十六日。

㊱ 沈文肅公政書，卷一，「請留漕折接濟軍需摺」，同治元年九月五日。

協撥湘軍之五萬兩漕折，奏留作本省防務之用。37 沈葆楨截留漕折之後，又取沿江釐金，使湘軍有斷食之虞，雖未直接威脅到曾國藩本人，但卻也使其大為不滿，而開始計較起來。

之後，曾國藩乃循正途，逕奏請朝廷，指明江西洋稅，每月撥解三萬兩接濟湘軍軍餉。自同治二年三月起，九江關道蔡錦青解交湘軍安慶大營先後六萬兩。及曾國藩六月奏准，自八月蔡錦青循奏案解款，僅一萬五千兩，然未經沈葆楨批示，沈葆楨大怒，以為蔡錦青專擅，一面諮詢曾國藩，一面請假開缺。曾國藩見沈葆楨以去就之堅決態度力爭洋稅，只好將原來解款退還九江關。後清廷准沈葆楨四個月的假，但未開缺。同治三年初，沈葆楨復行視事，由於需款緊急，無法籌措，於是在二月二十六日上奏「江西稅釐仍歸本省經收摺」，奏請將原供湘軍之茶釐牙稅改留本省徵收，至此徹底斷絕了湘軍的供給。然曾國藩統率之湘軍，需款殷繁，而今沈葆楨再三遏制湘軍餉源，委實鬱怒難忍，故亦於三月十二日上奏「江西牙釐請照舊經收摺」，據理力爭，強調釐金是分內應籌之款，並要求派大員視察，看看到底那一地方更需要這筆款項，措詞激烈，可說是其生平所未有。

沈葆楨和曾國藩的餉項之爭，經朝旨下戶部議覆，戶部竟兩執其平，議准此項牙釐半留江西、半歸湘軍。曾國藩不服，抗疏力爭。清廷為避免圍攻金陵之湘軍飢潰，乃於三月廿一日由總理衙門奏准，將購買外洋輪船退還變價款五十一萬餘兩，由上海撥解金陵大營，以解燃眉之急。雖然朝廷改撥巨款以息曾沈之爭，然曾國藩是居失敗之一方，而沈葆楨卻也因此得了「局面狹隘」之譏。38

儘管有曾沈之爭，然對大局並未發生多大的影響。蓋自同治元年湘軍三路進攻太平軍之後，太平軍的陣線就漸縮小於江南。同時，在江北方面，英王陳玉成自援安慶失敗後，退守廬州，四月廬州失守，逃至壽春，為稱雄皖北的土豪苗沛霖誘擒送清營誅死。在四川方面的翼王石達開，亦在同治二年敗死。太平軍只剩李秀成一軍在江南支撐殘局。同治二年十月，李鴻章攻下蘇州。同治三年二月，復攻下嘉興。是月，左宗棠攻下杭州。四月，李鴻章攻下常州。於是江浙諸縣都次第克復。而金陵方面，曾國荃的圍師同時愈急，時天京城中糧食久絕，軍民以草根樹皮為食，天王洪秀全見大勢已去，乃於四月末自盡，六月十六日城破。李秀成保護幼主洪福瑱出城，後李秀成被俘，洪福瑱被堵王黃文金部迎到湖州。七月，湖州陷於清兵，洪福瑱於昭王黃文英保護下，再逃至淳安，三逃至江西廣信，四逃至石城縣黃谷澗，被俘，抽解到南昌，凌遲處死。[39]

由於太平軍之殘部竄入江西，被俘的除了幼主洪福瑱之外，尚有干王洪仁玕、卹王洪仁政、昭王黃文英等。沈葆楨因係江西巡撫，清廷為此以擒首逆功賞他「一等輕車都尉世職著頭品頂帶」之榮銜。從上諭可見其作為甚受肯定，諭曰：「朝廷論功行賞，一秉至公，沈葆楨於賊竄江西後，督率兵勇，先後戡亂立功，深堪嘉賞。至該省兵勇不敷調遣，雖曾國藩、左宗棠撥軍援助，究由該撫開誠佈公，連成一氣，始能將士用兵，迅奏膚功。且江西省，吏

---

37 曾文正公全集，奏稿，卷三，「近日軍情並陳餉絀情形片」，同治二年四月二十七日。

38 趙烈文：能靜居日記，台北，學生書局影印，民國五十三年，頁一三一三至一三一四。

39 黎東方：細說清朝下冊，台北，傳記文學出版社，民國六十六年，頁三八一。

治民風，日有起色，皆由該撫實力實心，克盡厥職，尤宜殊恩特沛，以獎勳勤。」❹⓪

除了前引上諭之外，同治二年八月沈葆楨以病請求開缺，准予賞假四個月之上諭，亦可見沈氏受朝廷之倚重及其事功。諭曰：「沈葆楨自簡任江西巡撫以來，察吏安民，事事均臻妥協。本年髮捻大股竄入江境，復能督飭在事員弁兵勇，力挫兇鋒，現雖賊氛遠遁，而一切防守部置，均需該撫力為經畫，朝廷正資倚任，豈可遽請退休？沈葆楨著毋庸開缺，賞假四個月，在任安心調整。」❹①

同治四年二月，沈葆楨以親疾請假歸省，朝廷許之，隨即因邊防吃緊，上諭其暫緩回閩，並嘉賞他能視國如家。三月，丁母憂，得旨賞假百日，俟假滿改為署理江西巡撫，即行赴任。沈葆楨懇請能夠終制，朝廷許之。直至同治六年始復出總理福建船政。綜觀沈葆楨任江西巡撫，在整飭吏治，維護治安，均成就斐然，惟有與曾國藩爭餉一事，稍嫌缺憾，蓋因按理而言，沈葆楨並無過失，然當時江西餉需固然窘迫，但皖省竭蹶尤甚，❹②況且曾國藩對江西軍務並未忽視，沈葆楨不應以戰事距江西較遠而生畛域之分，難怪時人對沈葆楨之舉亦頗不以為然。❹③

五、結論

同治四年以前的沈葆楨，並非其一生之顛峰，而僅是牛刀小試而已。本文以沈葆楨與太平軍之役為範圍，主要是探討沈葆楨早期之識見與事功，以補目前有關沈葆楨研究之空白，蓋目前沈葆楨研究大都拘泥於其擔任福建船政大臣及欽差台灣防務時期。

由任御史時的奏摺，可見其早年致力於經世之學，對時局有深刻認識，因此所發議論皆能針對時弊，堪稱救時良策，因而受到皇帝的注意與重視，後來能被破格擢用，實種因於此。

任廣信府知府，是其初試啼聲。廣信府為軍事要衝，曾國藩薦其署任，即顯示其才幹為曾氏肯定，而當時守城者面對太平軍來襲，往往聞風潰逃，然沈葆楨卻堅守危城，視死如歸，終於保全了廣信府，贏得「獨能伸明大義，裨益全局」的令名。其妻林敬紉血書乞援，亦博得千載之美譽。廣信之役，沈葆楨以一介儒生，臨危不懼，盡忠職守，穩定閩浙危局，不僅使其名聞天下，且開拓日後仕宦的坦途。

咸豐十一年十二月，沈葆楨被超擢為江西巡撫，在籌辦軍務、維護地方治安、整飭吏治等方面，皆有卓越成就，對付太平軍，除了相機堵剿，連戰皆捷之外，並擒幼主洪福瑱，建立殊功。惟一的缺憾是其性情耿介，不耐事，不善處人事，加上身體羸弱，故屢請告假歸養，而無壯年之豪情壯志，至於其與曾國藩之餉項之爭，亦是其剛疆不肯遷就性格之表現罷了。

㊵ 大清穆宗毅(同治)皇帝實錄㈤，台北，華文書局，民國五十三年，卷一一八，頁二。

㊶ 沈文肅公政書，卷二，「恭謝天恩摺」，同治二年九月二十四日。

㊷ 曾文正公全集，奏稿，「江西牙釐請照舊經收摺」，同治三年三月十二日。

㊸ 郭嵩燾：雲臥山莊尺牘，台北，文海出版社影印本，第四九一至四九三次。

綜觀同治四年以前沈葆楨的作為與識見，清廷在起用其為江西巡撫的諭旨中的八個字：「識略冠時，才堪濟變」，可說是最中肯的評語。

清末台灣現代化問題初探

一、前言

無論是研究中國的現代化，抑或研究台灣的歷史，有關清末台灣現代化問題，始終是爭論最多、眾說紛紜的研究範疇。

近幾年來，由於台灣的經濟發展突飛猛進，為世人所稱道，所以有一些日本人，尤其是舊台灣總督府有關官員和其眷屬，往往自誇「日人治台殖民統治是成功的」、「台灣是藉了日本的力量才開發出來的」、「台灣是由於日本才被近代化的」。❶這些議論已大大地超越「往事只能回味」的領域，而慢慢地、普遍地被肯定接受；一些親日或反對政府的學者，在著作中亦有意、無意地附和此種論點，加強了此種論點的說服力。

另方面，台灣光復後，尤其在國民政府遷台後，為了擺脫日人殖民統治的陰影，切斷台灣與日本關係的臍帶，於是極力批評「台灣能夠現代化，都是日本人的力量」的說法，認為清末台灣的現代化已有相當的基礎，日人只不過是繼承餘緒罷了。為了加強此種論點的說服力，台灣首任巡撫劉銘傳成了研究的焦點，如下的文字充斥：「合肥人劉銘傳早把台灣現代

---

❶ 戴國煇：台灣史研究，台北，遠流出版公司，民國七十四年三版，頁二一八。

化起來的，日本人佔據台灣，不過是繼承他未完的事業罷了。」❷「有人說劉銘傳的『倡淮旅、練洋操、議鐵道、建台省實創中國未有之奇』，而其最偉大的成就，最值得景仰的事功，則為建台省——建設一個近代化的台灣。」❸清代台灣「有一項足以傲視他省的，就是近代化的程度最高，而此應歸功於劉銘傳之建設。」❹類此的論點最後竟泛政治化，而帶有強烈的民族主義色彩，出現「不瞭解劉銘傳等於不瞭解祖國」，「對劉銘傳不徹底弄個清楚，在現階段，不但是個錯誤，還是一種危險呢！」❺

關於清末台灣現代化的觀點，有兩極化的傾向，主要導因於異族的統治。咸豐十一年（一八六一），清廷在朝臣奕訢、文祥，疆吏曾國藩、李鴻章、左宗棠等人的合作下，開始了學習西器和西藝為中心的洋務運動，這是中國人對西方衝擊所表現出的第一次強烈反應，也是中國現代化的開端。台灣因係僻處海外，直至同治十三年（一八七四），日本藉口牡丹社事件侵台，清廷才認識台灣危機的嚴重，陸續派遣大員來台，展開現代化運動。但和大陸相比，整整晚了十三年。日本侵台灣的野心，並未因台灣的富強新政而稍減，光緒二十一年（一八九五）甲午戰爭結束，中國慘敗，馬關條約中台灣割讓日本，二十一年的建設成果亦一併交給了日本殖民政府。

隨之而來的，是對這二十餘年現代化成績的認定，日本人和親日分子認為清廷割讓的台灣仍是化外之地，根本談不上建設，所有的現代化措施都是從日人手中完成的。反對者則認為這二十餘年已紮下深厚的基礎，日本人只不過是繼承罷了。本文的研究目的，首在探討各家的看法，接著以實際情況來討論十九世紀末期台灣是否已走向現代化？或是直至日據時代才走向現代化？最後，將台灣的現代化與大陸、日本的現代化作一比較，更明白地凸顯台灣的特殊性。

二、文獻探討：諸家的看法

由於史學研究的新趨勢和政治潮流的影響，台灣史研究又呈蓬勃狀態，許多隱晦的史事，再度受到重視。但另方面，亦因政治立場的歧異和鄉土感情的左右，使研究喪失客觀性，而步入歧途。事實上，現今對台灣史的解釋，正處於起步階段，對於台灣現代化問題，仍無法提出眾人信服的答案。不過，目前各家對清末台灣現代化的看法有其代表性意義，故予以介紹。

認為清末台灣的改革是失敗的，所以台灣真正納入現代化社會是在日本人統治台灣之後。持此種論點者，可以王育德和史明作為代表。

王育德在「苦悶的台灣」一書中，認為劉銘傳的改革是失敗的。他說：「劉銘傳是安徽

❷ 胥端甫：劉銘傳使話，台北，台灣商務印書館，民國五十九年，頁一〇。

❸ 郭廷以：台灣史事概說，台北，正中書局，民國七十三年十月，頁一〇五。

❹ 黃富三：劉銘傳與台灣的近代化，台灣史論叢第一輯，台北，眾文圖書公司，民國六十九年，頁二七九。

❺ 同❷，頁一五四。

人，文武雙全，滿腹經綸，是清朝時代台灣最傑出的政治家。他上任後立刻實施一連串的改革。他推動各種資本主義政策，包括加強軍備，架鐵路，把樟腦、硫磺改為公賣，振興開礦、製茶等企業，輸入新式教育，進行理番工作。為了富裕財政，他毅然採取具有劃時代意義的清丈措施。可惜清朝封建的本質牢不可破，台灣的官民又墨守成規，跟不上他的改革，反而扯他的後腿，結果台灣的洋務運動和大陸同樣歸於失敗。」❻

為了證明他的看法，王育德特別引了日人井出季和太在一九四三年十一月發行的「南進台灣史考」，和英人蒙哥馬利(P. H. S. Montgomery)在台南的海關報告書，說明日本從清廷手中接收的台灣，僅是一個落後的、愚昧的、衛生極差的殖民地。他說：「日軍兵不血刃開進城內，當時的台北人口四萬六千人，由城內、萬華、大稻埕三地區構成。這個台灣最大的城市，實際上是什麼樣子？『房屋四周或院子流出不清潔的污水，或各處積水成池沼，或居民和豬狗雜居，或雖往往有公廁設備而到處排洩糞便。惟市內據說和日人鑿井有關的噴水，以鐵管供應飲水，但桶器極為不潔，好像他們的頭腦和眼裡對不潔毫無認識。娼妓四處出沒，感染惡性梅毒已達第三期，侵及骨髓者市內甚多……。』」❼在教育方面，「百分之九十的男子目不識丁。男子已經如此愚昧無知，所以女子的教育水準更低也不足為怪。」交通方面，「鐵路有基隆新竹間的超窄軌鐵路六十二英哩，道路有銜接村莊和村莊的村級道路，銜接市鎮和市鎮的縣級道路則一條也沒有，雖說有郵政，台北恒春間要費七天半時間……」❽王育德的結論是日本在台灣進行極為成功的殖民地統治，「台灣人就這樣被強迫投入近代社會，不管願意與否，享受近代化的恩惠。」❾

史明的看法和王育德相近，他認為劉銘傳雖然力行近代式的改革，但遭失敗。他所著的「台灣人四百年史」中說：「劉銘傳的新政，雖然在各方面均有相當成績，但是，這乃建立在很不穩定的政治、經濟的基礎上，而且，他並不把清朝政府在二百年間所種下的殖民地與封建的社會結構從根底拔掉，而僅是在社會表面上加添一些近代建設而已，因此，其所謂的『近代改革』所具有的脆弱性和無根底性是不必贅言，不經過多久就見到停滯或崩壞。」❿他認為，「劉銘傳所施新政的惟一成就，不外乎是強化了北京政府對台灣的殖民統治，及鞏固賦源而增加政府的財政收入，並使中國大陸對台灣進一步的施展剝削而已。」⓫

職是之故，史明認為台灣的近代化（資本主義化）是由日人帶動的。因為日本統治台灣時，其國內正進行近代資本主義之改革運動，台灣在此風潮之下，亦受日本影響而捲入日本政治體制，被迫向近代化邁進，雖然其並非全面的、正常的，而是跛行的、變相的、片面的，但是台灣卻慢慢走向近代化。⓬

---

❻ 王育德：苦悶的台灣，台北，自由時代系列叢書第九號，頁九三至九四。
❼ 同前註，頁一一〇。
❽ 同前註，頁一一一。
❾ 同前註，頁一一四。
❿ 史明：台灣人四百年史（漢文版），台北，自由時代週刊社，頁二二四。
⓫ 同前註。
⓬ 同前註，頁三三〇至三三一。

王育德和史明的看法是認為清末台灣有過政治上的改革，但真正實行近代化是在日據時代；而李國祁、戴國煇則持相反的看法。

李國祁教授有關台灣史的著作：「清代台灣社會轉型」、「清季台灣政治的近代化——開山撫番與建省」、「中國現代化的區域研究（一八六〇—一九一六）閩浙台地區」，其中皆提及清末台灣現代化的問題。李國祁教授認為清末中國在強大的外力衝擊下，政治現代化發展有兩種不同的方向，在本部各省，趨向於政治制度的專業化與民權的爭取，而邊疆地區則由於政府的蓄意經營，則趨向於透過內地化，使其對中華文化向心力加強，使之變為我國本體的一部份。⑬所以他認為台灣甲午戰前的政治現代化，是導因於外敵的覬覦，故由中央政府的覺醒，選派有遠識的能吏，前來加以經營，重點在於行政制度的改革，成效則是非常宏大。經濟方面，則是經濟作物的栽培促進了農產品商業化的發展，為現代化提供有力的基礎。他說：「蠶絲、茶、甘蔗與樟腦對外貿易的興盛，是造成本地區在近代經濟繁榮的最根本原因，非僅使本地區累積了相當的財富，對經濟現代化提供了某種程度的可能性，甚至並因經濟的繁榮亦帶動了社會急遽的變遷，成為促成本地區社會現代化一項主要的動因。」⑭

要言之，李國祁教授的論點是台灣在十九世紀末期已逐漸走向近代化，其指標有三：一是台灣經過清廷兩百多年統治後，在政治上慢慢與中國內地一致化，諸如建省與制度的改革皆向內地看齊；二是由參加科舉、設立書院上觀之，清末台胞中舉的人日多，表示儒家文化已漸滲入台灣，台灣之知識分子，亦漸認同儒家文化；三是文化認同，上層知識分子認同中國文化。他認為清末台灣已經慢慢近代化，但這種近代化是趨向內地化，向中國大陸內地認同，而中國大陸的洋務運動，本身就是要求近代化。台灣之近代化由推行洋務運動之健將如沈葆楨、丁日昌、劉銘傳等推動，推動的過程即表示向中國內地認同。李國祁教授的著眼點比較傾向在政治、文化方面。

現任教日本立教大學的戴國煇教授認為，清末台灣社會經濟矛盾顯然已與中國內地不同；台灣社會之近代化於清末已經萌芽，劉銘傳等人之自強運動推行於台灣，加速了近代化的發展，故他認為在清末台灣已開始近代化，因當時台灣之社會經濟已有近代化資本主義社會前期之傾向。以上的論點，在戴教授刊於「仁井田陞博士追悼論文集」的「清末台灣的一個考察」一文中充分反映。

在「清末台灣的一個考察」中，戴國煇極力駁斥日本接收台灣時，台灣是「化外之地」、「瘴癘之地」的說法，為了證明，他舉甲午戰爭前一年，台灣與日本賺取外匯的比較，來說明台灣開發的情況。他說：「日本在甲午戰爭前一年，也就是一八九三年的年間總出口金額，僅僅只有九千萬日圓；反觀我們台灣同一年的總出口金額則已有九百四十萬海關兩，若以當年的海關兩與日圓的換算率（一兩比一點五四圓）來折算，區區台灣小島則已有一千四百萬日圓的可觀出口金額。」⓯

⓭ 李國祁：中國現代化的區域研究（一八六〇—一九一六）閩浙台地區，台北，中央研究院近伐史研究所專刊（四四），民國七十四年五月再版，頁六〇八。

⓮ 同前註，頁六〇〇。

⓯ 同❶，頁四六。

戴國煇認為劉銘傳的新政，後來均轉變成日本帝國主義治台的基礎。他說：「新政後來雖然遭到了挫折，但它仍具有一定的歷史意義。它特別顯現在始於一八九八年的日據下經濟層面的「接木」運作上。當日本有關當局力圖把台灣經濟編入其日本經濟圈時，日本帝國主義在台灣本土社會經濟基礎上找出來的接木用的「台木」，很「幸運」的並不是派不上用場的「竹桿」，反而確確實實是真木頭的「台木」。這個「台木」終於發揮了它的功能，給日本佔據下的台灣經濟，能開展出「殖民地型態的經濟成長」提供了前提條件。」⑯戴國煇感嘆地說：「劉銘傳當然沒有預料到，他在台灣所嘗試的新政，將給日本殖民當局，提供了「台木」，方便它在台灣「移花接木」，開展了「台灣式殖民地型態的經濟成長」，且獲得了「成果」。」⑰

從以上諸家的看法，足見清末台灣現代化因有程度差別、成敗差別，涉及主觀的歷史解釋，故有各說各話的情形發生。最後，以陳紹馨教授的觀點，作一個比較客觀的說明。陳教授將台灣百年來現代化的過程分為四個階段：

㈠前近代階段(Pre-modern age)

㈡現代化開始期(Initial Stage of Modernization)

㈢殖民地式現代化期(Stage of Colonial Modernization)

㈣自主性現代化期(Stage of autonomous Modernization)

並認為清末台灣洋務運動是處於台灣百年來現代化過程中的「開始期」。陳紹馨教授的這個分期，一般均能接受，但他進一步申請洋務運動並未促進台灣的現代化，直至日據時期，日人以警察力量推行各種「改良」，才使台灣在二十世紀初年逐漸現代化的說法，[18]值得商榷，在此不再評述。另外，與陳紹馨觀點相同的尚有涂照彥、張漢裕。涂照彥認為資本主義在日據時代得以順利發展，主要原因是十九世紀末期台灣實已為資本主義前期之社會，即商品經濟的社會，因在商品經濟社會下，商品流通、貨物運輸路線等，已經達到資本主義發生之前提，所以日人接收後得以順利轉移，故他認為十九世紀末期，台灣僅達到近代化前身。[19]張漢裕教授亦認為奠定台灣資本主義發展基礎是在日據時代，尤其是前十年更是奠立資本主義的最主要的時期。[20]

現代化牽涉範圍甚廣，所以若要瞭解清末台灣社會是否已經達到現代化，必須就實際狀況作探討，方能尋找出真相。

---

⑯ 同前註，頁六五至六六。

⑰ 同前註，頁六六。

⑱ 陳紹馨：台灣的人口變遷與社會變遷，台北，聯經出版公司，民國六十八年，頁六。及張炎憲等：清末台灣的現代化，國立政治大學三民主義學術研討專輯（九），民國七十七年，頁五八。

⑲ 張炎憲等：前揭書，頁五八。

⑳ 同前註。

三、清末台灣現代化的實相

在探討清末台灣現代化的實相之前，先對現代化的定義作一回顧。現代化譯自Modernization一詞，有時亦譯為近代化。現代化並無公認的定義，歷史學家與政治學家的看法不一，經濟學家又復與政治學家相異；甚至於同行亦各執一詞，引起許多爭論。㉑有關現代化的定義非關本文宏旨，故不予鋪述，僅舉張文蔚教授的定義作為本文的標示。張文尉認為所謂的現代化，乃是一國政治、經濟、文化、社會、教育等方面「不斷改進與革新」。他在「現代化之爭論與困難」中，認為現代化包括「應用西方國家已發現的知識和技術，及社會科學知識，以及其附帶所產生的『現代化』價值觀念或生活文化，來改變一個國家的經濟組織與開發，及政治組合和全民參與，進而走向社會流動和新的生活方式」。進一步說，就「要一個國家由貧窮變成富裕，由疾病變成健康，由天命變成人為，由迷信變為理性，由少數人專權統治變成為真正的全民社會，由舊的文化邁向新的科學文化」。他也強調工業化、世俗化、理性化和參與等現代化特徵，只是用字更為直接，更易於瞭解。㉒

若以現代化即是「不斷改進與革新」的觀點來看清末台灣的社會，那麼所謂現代化的成效問題，爭論將大為減少；另方面，亦可將現代化的內容加以分類，逐項地觀察其改進與革新的情形。

李國祁教授認為，一個國家的現代化雖是要政治軍事經濟社會與文化各方面相輔相成的均衡發展，方能有成，但其現代化的產生，往往卻是由某一方面的改革來帶動。他把現代化分為二種類型：內部自然成長型和外力衝擊迫動型。㉓我國的追求現代化是屬於後者，台灣亦是。對外力衝擊迫動型的現代化而言，則常起因於政治軍事的革新，蓋因危亡急迫的外在情勢，逼使其不得不如此進行。我國現代化的演進，就是最好的典型；而台灣尤其是典型中的典型。

另一方面，研究我國近百年來現代化實際動態的學者認為，中國的現代化大致是循著三個層次演變的，即：第一，器物技能層(technical level)的現代化；第二，制度層次(institutional level)的現代化；第三，思想行為層次(behavioral level)的現代化。㉔其中，器物技能層次的現代化指的就是以洋務運動為其內涵。當十九世紀中葉中國文化與西方文化接觸後，立刻形成一個全面的抗阻陣線，而被西方文化衝破的第一道防線就是最外層的器物技能層次，所以曾、左、李、胡的洋務運動便以「開鐵礦、製船砲」為第一要務，其實，這是任何非西方社會面對西方挑戰的第一層反應；台灣亦超脫不了這個模式，因此一切和軍事有關的建設、設備便成為中國現代化的先聲。

㉑ 張朋園：中國現代化的區域研究（一八六〇—一九一六）湖南省，台北，中央研究院近代史研究所專刊（四六），民國七十二年十二月再版，頁二。

㉒ 張文蔚：現代化之爭論與困難，台北，中央月刊，第三卷第七期，頁二八至三三。

㉓ 同⑬，頁三。

㉔ 金耀基：從傳統到現代，台北，時報文化出版出司，民國六十八年，頁一八三。

無論是就「外力衝擊迫動」或「器物技能層次」的說法，軍事現代化是清末台灣現代化的首要目標，換句話說，洋務運動的主要目標就是促使軍事的現代化。所以，台灣初期的洋務運動內容就是主張購買輪船，架設電線，建造鐵路，開發硫磺、煤、鐵、石油等礦，這些無不以促成軍事的現代化，達到強化台灣軍事力量，預防列強侵略為目的。另外，還有與強化軍事力量更直接關聯是購買武器槍砲、設立工廠、製造武器槍砲等。

台灣洋務運動的推行，溯源於同治十年（一八七一）發生的牡丹社事件。牡丹社事件發生地點雖然在遠離清中央政府所在地的台灣南端，但日本卻在同治十三年（一八七四）藉口出兵，使事件的危機擴大到中央政府，甚至造成中國全面戒備狀態。牡丹社事件對中國的衝擊很大，改變了清廷治台的消極政策，使清廷派出了近代中國有膽有識的政治家沈葆楨，[25]負責台灣防務。而日後研究洋務運動者，即以同治十三年五月一日，沈葆楨主張在閩台間架設水陸電線為台灣洋務運動的濫觴。

清末台灣的軍事建設，目的是在充實國防，保障海疆。而台灣四面濱海，國防特性在掌握制海權，因此購置鐵甲船為首要，然鐵甲船價格昂貴，操作保養皆需較高之技術，清廷財力有限，工業技術水準亦猶未足，台灣海面始終未能配置鐵甲船。由是之故，雖未能掌握制海權，殲敵於海上，亦得求其次，滅敵於岸上，沿海岸之巨型砲台不可缺矣！[26]同治十三年起，台灣增設了許多新式砲台，計有安平大砲台、旗后砲台、東港砲台、澎湖砲台、基隆砲台、滬尾砲台等，並成立砲隊，配有後膛洋槍和格林克鹿卜洋砲。

除了砲台、砲隊之外，台灣因孤懸海外，必須靠輪船、電線互通聲氣，提供運輸補給。

光緒七年，福建巡撫岑毓英奏請以五虎口逕赴台北，再由基隆赴台灣府城為渡台正路，㉗並諮商船政大臣黎兆棠派用「琛航」「永保」二號兵船行駛閩台，載運來往官兵及省台文報。㉘此後，台灣兵輪陸續增加，在載運兵弁、補給軍械、溝通情報等方面，發揮甚大作用。電線方面，沈葆楨曾奏曰：「台洋之險，甲諸海疆。從前文報，恒累月不通，有輪船後，乃按月可達。然至颶風大作時，雖輪船亦為所阻，欲消息常通，不可無電線。計由福州陸路至廈門，由廈門水陸至台灣，水路之費較多，陸路之費較省，合之不及造一輪船之貲，瞬息可通，事至不虞倉卒矣！」㉙光緒三年七月至九月，先完成二線，一自郡治達安平，一達旂後，計長九十五里。㉚光緒十三年八月，由福州之川石至滬尾水線安妥，閩台先行通報，續由澎湖放線，抵台南之安平口，十一月復由台南接辦陸線，取道彰化，迤邐而北，與基隆、

㉕同❸，頁一五八。

㉖張世賢：晚清治台政策，私立東吳大學中國學術著作獎助委員會叢書之八〇，民國六十七年，頁一五〇。

㉗岑毓英：岑襄勤公奏稿，台北，成文出版社，民國五十八年據光緒二十三年刻本影印，頁一〇至一二。

㉘同前註，頁二三至二六。

㉙台灣銀行經濟研究室編，同治甲戌日兵侵台始末，台灣文獻叢刊第三八種，頁一八。

㉚連雅堂：台灣通史，台北，眾文圖書出版公司，民國六十八年，頁六〇九。

滬尾兩線接通。統計水陸設線一千四百餘里，並於台南、安平、旂後、澎湖、彰化、台北、滬尾、基隆等處設報局。[31]

在軍事方面，軍械之儲製亦極為重要，否則一旦遭受封鎖，惟有坐以待斃。同治十三年，沈葆楨在台南建造火藥局及軍裝局。光緒九年，台灣兵備道劉璈曾奏請成立「修配槍砲子藥局」，試製造火藥。光緒十二年，建成機械局，規模有正側各局並小機廠一百一十七間，製造槍子。十四年，添建大機器廠、汽爐房、打鐵房，開始製造各種砲彈。十八年，福建台灣巡撫邵友濂擴充槍子廠，添造廠房、爐房、庫房，暨洋火藥廠，起造合藥、碾藥、碎藥、壓藥、篩藥、光藥、烘藥、藥庫各房，並添購製造槍子及洋火藥機器。[32]

此外，台灣四面環海，口岸甚多，防不勝防，故必須築造鐵路，速集兵力，以行防禦。光緒二年初，福建巡撫丁日昌即建言台灣開鐵路以利通信、運貨、調兵之用。然拖延至光緒十三年五月，清廷始准劉銘傳修鐵路。劉銘傳原計劃由基隆造至彰化，後因經費拮据，借款日積月鉅，光緒十八年，邵友濂奏請鐵路暫開至新竹作停頓，俟北部異日商務興旺，再以餘利擴充前進。光緒二十年，至新竹的鐵路完成告竣。[33]

從以新式砲台的興建，電線的舖設，軍械的儲製，輪船的開航，鐵路的修築等，加上台灣內部的開山撫番，北中南均開闢公路，連接東西，使台灣成為一個完整的防禦體系，此種國防的觀念，日後日本殖民政府及民國以後，皆未超越，而沿襲至今。故因軍事的改革帶來的現代化發展，是值得肯定的。

在政治現代化方面，清末的台灣亦有許多可觀之處。從同治十三年台灣告警之後，清廷就開始強化台灣的行政系統，在職官方面，提高其決策的層次，由原先的台灣府道，提升為福建巡撫每年冬春二季駐台，實際督辦台務。最後，到了光緒十一年九月議定台灣建省，設福建台灣巡撫常川駐台，執行治台政策；在人選方面，清末來台之官吏大都一時之選，有深遠的眼光，能針對台灣之所需而加以改革。從同治十三年以後，蒞台之大員，凡十一人（沈葆楨、王凱泰、丁日昌、吳贊誠、裕寬、李明墀、勒方錡、岑毓英、張兆棟、劉銘傳、邵友濂、唐景崧），除署福建巡撫、福建布政使李明墀未曾駐台外，其餘皆或曾駐台，或常川駐台。沈葆楨等人深悉洋務，敏於吏治之特點，為清末一流的官吏。

沈葆楨等人深悉洋務之特質，表現於外防，已如軍事現代化所述，而敏於吏治則表現在內治方面。清末台灣的吏治，道光二十八年（一八四八）任台灣道的徐宗幹曾評論說：「各省吏治之壞，至閩而極，閩省吏治之壞，至台灣而極。」㉞光緒二年福建巡撫丁日昌亦說：「台灣吏治黯無天日，牧令能以撫字教養為心者，不過百分之一二，其餘非性就安逸，即剝削膏脂；百姓怨毒已深，無可控訴，往往鋌而走險。」㉟由是之故，沈葆楨來台後，就把整

㉛ 劉銘傳：劉壯肅公奏議，卷五，台灣水陸電線告成援案請獎摺，台北，文海出版社，頁一一至一二。

㉜ 楊家駱主編：洋務運動文獻彙編，台北，世界書局，民國五十二年，頁四四三。

㉝ 同前註，第六冊，頁二八二。

㉞ 徐宗幹：答王素園同年書，治台必告錄第三冊，台銀文叢第十七種，民國四十八年，頁三四九。

㉟ 清季申報台灣紀事輯錄，台銀文叢第二四七種，民國五十七年，頁六四七。

頓吏治的計劃，寄望在移駐巡撫身上，企圖建立比較健全的「事權」制度，徹底改革吏治。而後的王凱泰、丁日昌、吳贊誠、劉銘傳等，皆為整飭吏治之好手，使台灣吏治耳目一新，而人民亦由仇官而敬官，例如光緒三年三月，台灣民番聞丁日昌請假歸里，感格難忘，於小春朔日時，竟有製就「德政」萬人傘、衣、牌、匾十數副，會集各莊紳耆及前後山番目數十人，踴躍歡忻，附「長勝」輪船內渡，直至揭邑敬頌，以表輸誠，內地男婦老幼，聞生番到汕登岸，異言異服，莫不爭觀。㊱由此可見吏治改善之一般。

在行政區的調整和整理財政方面，亦和現今相去不遠。光緒十二年六月，劉銘傳奏上建省事宜十六款，其中一項即為調整行政區域，添官分治，確定省會。劉銘傳主張照岑毓英原議，於彰化橋孜圖（橋仔頭）地方建立省城，分彰化東北境設首府曰台灣府，附郭首縣曰台灣縣，將原有之台灣府縣分別改為台南府、安平縣。分嘉義東境，彰化南境，添設雲林縣。分新竹西南之地，添設苗栗縣。合原有之彰化及埔里社通判為四縣一廳，均隸台灣府。分淡水東北之地，歸基隆廳，改通判為同知，與淡水、新竹、宜蘭三縣同屬台北府。（一八九四年續改大科崁為南雅廳亦歸台北府）台南府則轄治安平、嘉義、鳳山、恒春四縣及澎湖一廳。後山添設台東直隸州。統計全省為三府、一州、三廳、十一縣。日據時期和現在的行政區皆循當時之規劃。在財政方面，光緒十二年設清賦總局，派員逐田清丈，就田間賦，使原額賦銀十八萬兩，增至六十七萬兩；稅收方面，經劉銘傳整頓後，由原額九十萬兩，增至四百四十餘萬兩，奠定了日據時代統治的基礎。日本學者矢內原忠雄說：「劉銘傳的清賦事業大致具有資本主義開發之先驅的意義。」㊲

若一定要把政治現代化的定義包涵民主化的話，那麼我們亦可在清末台灣官吏的作為中，尋找兩個類似點，一是治台清吏爭取士紳的支持，一是塑造鄭成功的忠臣形象，強化島民對清廷的政治支持。在咸豐十年（一八六〇）以前，台灣是一個典型的移墾社會，士紳階層極為薄弱，影響力非常有限；咸豐十年以後，台灣社會逐漸轉型；同治十三年以後，清廷為加強士紳對社會、政治的控制作用，決定擴大士紳階層的勢力；而要擴大士紳階層的勢力，就得爭取讀書人的支持，惟一的途徑就是改善台灣的科舉制度。同治十三年甲戌科會試，台籍取三名，以往最多只取兩名，就是這一政策的改變；另方面，因福建巡撫來台，所以沈葆楨奏請「歲科兩試請歸巡撫」，主張「所有台屬考試，似應統歸巡撫主政，咨達事件，亦逕由巡撫辦理」，以昭慎重。另外，台灣北部沒有考棚，淡水、噶瑪蘭士人赴道應考者很少，蓋因路途遙遠。為了強化士人的支持與認同，所以奏請「於艋舺地方，准其捐建考棚，巡撫於閱兵台北時，順便按臨考試，益廣朝廷作育之意，以順輿情。」㊳科舉取士名額的增加，和給予考試方便，是對讀書人的直接利益，但讓全部民眾擁護體制意識型態的塑造更加重要，沈葆楨為培養一般民眾對清朝的普遍支持，重新塑造了開台聖

㊱ 申報，光緒三年十二月八日，台番向化，頁六。

㊲ 矢內原忠雄著，周憲文譯：日本帝國主義下之台灣，台北，帕米爾書店，民國七十四年，頁一七至一八。

㊳ 沈葆楨：福建台灣奏摺，台銀文叢第二九種，民國四十八年，頁六五。

王鄭成功的形象，並藉鄭成功的形象，培養台民對清廷的政治支持。一般而言，鄭成功雖是反清人物，但卻是台民崇拜對象，民間私祭普遍。因此在對鄭成功的評價上，官方與民間極為對立，沈葆楨瞭解這個狀況，所以重塑鄭成功的形象。其奏曰：「臣等伏思鄭成功了無可如何之厄運，抱得未曾有之孤忠，雖煩盛世之斧斨，足砭千秋之頑儒。」他從同情鄭成功的處境，更加推崇鄭成功的歷史地位。他建議追謚並建專祠紀念。[39]清廷真如沈葆楨所請，准於台灣府城建立專祠，並追謚「忠節」。沈葆楨的作法，一方面使台民知忠義，並藉此正人心，另方面亦在透過官方對鄭成功的正面評價，消弭官民的對立立場，藉此收攬民心。換言之，即爭取民意，強化政治支持。

最後，也是最重要的是安定秩序。台灣番社約有八百餘，人數約二十萬，由於生活習慣迥異，番人性情兇暴，獵人如獸，每年戕害民命不下千餘，而不法之徒，及土匪盜賊，聚集番界，出沒番地，成為治安死角。此外，番民亦屢戕害海難船隻人員，引起涉外糾紛。所以從沈葆楨開始推行開山撫番政策，後繼者有吳贊誠、丁日昌、岑毓英，但均弗克久於其事，成效不著。直到劉銘傳時，始恩威並用，剿撫並施。其方式是恩撫不從，方行威剿，威剿之後，仍歸恩撫；官吏凌虐番民，漢人奪佔番地，均予懲處禁止，紀不偏袒，番人之劫殺居民，不聽曉諭，則威之以兵。經過劉銘傳的招撫，終於解決了番害問題，同時也把統治權伸至台灣東部。[40]

從以上清廷強化治台的行政系統，慎選官吏，整飭吏治，調整行政區，整理財政，爭取民意支持，開山撫番等措施來觀察，同治十三年前後，台灣的變化實在太大了，稱之為現代化絕不為過。

在經濟的現代化方面，雖多有倡議，但部份成效不彰，其中尤以開礦產為甚。基隆煤礦開發甚早，但流弊亦多，中法戰爭，復經毀壞，戰後初由商人承辦，虧折不支，劉銘傳以煤炭為船廠、兵輪、鐵路、機器局所必須，乃商同兩江總督船政大臣合資經營，官商各半，添置機器，聘用西人，並自礦廠修築鐵路至基隆碼頭。光緒十三年開辦，一年後商股因無利退出，收回官辦，派英人瑪體蓀監督工程，因舊有礦井煤質已完，頗有虧損，適英商願集資承辦，另闢新窰，合同業已擬訂，而政府不准，詔旨申斥，仍令自辦。光緒十六年，再改官商合辦，戶部總署復行指駁，嚴詔責其膠執己見，率意逕行，遂予以革職留任的處分，結果仍暫由官辦，新窰無力另開，劉銘傳亦因此堅決求去。油礦亦曾於光緒三年勘採，不久停頓。光緒十三年，劉銘傳設煤油局，派林朝棟主持，產量不大，兩年後曾與承辦煤礦的英商議一承辦油礦合同，中央亦不准行。劉銘傳離台，煤油局遂歸裁撤。㊶從以上煤和石油的開採的挫折，就可知清末台灣工業化的根基絲毫未立。

然而在其他方面，如商務，劉銘傳曾設立商務局，鼓勵對外貿易，糖、茶、樟腦成為清末台灣出口之大宗。光緒十二年，設招商局於新加坡，派員招致南洋閩僑來台合辦商務；如

㊴ 賀嗣章：沈葆楨治台政績，台灣文獻第四期，民國四十九年，頁七八。

㊵ 同❸，頁一九六至一九八。

㊶ 同前註，頁二〇三至二〇四。

農業，劉銘傳力倡種茶、植棉、栽桑、養蠶；如郵政，光緒十四年劉銘傳改革傳統的郵政制度，設立類似西洋郵政組織，除傳遞公文外，亦收寄私人郵件。以上措施，皆有利於經濟的發展。

在社會現代化方面，值得一提的是新式教育的提倡和台北都市化的形成。光緒十三年三月，劉銘傳於大稻埕的六館街成立西學堂，以留學生張爾城為西學堂總監，先後甄試學生二十餘人，延聘布茂林為教習。光緒十四年又添學生十餘人。另外，劉銘傳為培養技術人才，於光緒十四年設電報學堂於台北大稻埕建昌街電報總局內，招致西學堂學生及福建船政學堂電信學生，共計十名，訓練使其成為司報生或製器手，這是台灣正式設學培養專工之先河。[42]

台北都市化的形成，亦是同治十三年以後。光緒元年沈葆楨奏設台北府，知府陳星聚於大稻埕與艋舺間築府城，遂形成艋舺、府城、大稻埕三街市鼎立之局面。[43]據馬士(H. B. Morse)估計，光緒十七年時，台北有人口十萬。[44]而在中法戰爭後，劉銘傳瞭解台北的重要性與發展潛力，遂銳意加以經營，移巡撫衙門於台北府城，勸誘滬蘇浙富紳來組興市公司，開馬路，設電燈，建醫院。當地巨紳林維源、李春生亦仿西洋建築，合建千秋、建昌二街，於是洋商僦居，市面益為繁盛，台北儼然成為一現代化都市。[45]

總結以上所述清末台灣的發展，可見各方面建設參差不齊，現代化程度亦深淺不一。在軍事、政治現代化方面，績效卓著，顯見其功；經濟方面，工業化幾未展開，然商務則頗為興盛；社會、文化方面建樹不多，可說微不足道。故言清末台灣的現代化，必須指涉確定，方有意義。若就軍事、政治而言，則清末已為日據時代及民國以後奠基，如台灣之防衛體系、行政區域和土地清丈等，日人在這方面繼承頗多，這是吾人必須瞭解的地方。

四、清末台灣現代化與大陸、日本的比較

關於現代化的研究，有些學者喜歡從比較的觀點來探討，舉兩個情況類似的國家或地區，在推動現代化的過程，何以有的成功？有的失敗？在比較法研究下，把現代化的影響因素一覽無遺。

在現代化的比較研究中，中國和日本的現代化最常被作為取材對象。十九世紀中期，日本和中國一樣遭受西洋的衝擊(Westerm impact)，在中國為鴉片戰爭，在日本為「黑船來航」，但「如果以巨視的觀點來考察日本和中國的近代史，則可發現以鴉片戰爭前後為關鍵，兩個歷史從此走向不同的方向。日本逐漸從閉鎖的國家成為開放的國家，以尊王攘夷為媒介，斷然實行明治維新，成功地樹立中央集權的獨立國家。相反的，中國雖然有洋務運

㊷ 陳世慶：交通建設，文獻專刊第四卷第一、二期合刊（劉銘傳特輯），民國四十二年，頁八五。

㊸ 陳乃蘖：台北市興革述略，台灣文獻第八卷第二期，民國四十六年，頁二六至二七。

㊹ H. B. Morse：一八八二—一八九一年台灣淡水海關報告書，台灣經濟史六集，台灣銀行經濟研究室，頁九八。

㊺ 同⑬，頁四七五。

動、戊戌變法運動、辛亥革命的嘗試，但是卻益加步上隸屬化的道路，以致陷落為半殖民地的地位。」㊻中日兩國究竟有何差異？以致產生幾乎背道而馳的結果，這是研究現代化的學者最感興趣的問題。中國和日本的近代史，幾乎同樣處於「封建社會」崩潰時期，也幾乎同時受到外國的壓力，然而，為何兩國竟走上不同的道路？而有天壤的差別呢？以下綜合諸家的說法：

㈠國家觀念有無：研究日本現代化的美國學者洛克伍(William W. Lockwood)認為，日本和中國的一個最明顯差異，就是有無「國家層次的社會連帶感」(Social Solidality at thenational level)。日本有國家主義的強烈感情，以及全國統一的力量，這是日本現代化的基本動力。然而中國是個儒教國家(Confucian State)，他引用費正清(John K. Fairbank)的說法，中國是「一個特殊的非國家的機構」(a peculialy non-national Institution)，缺乏國家觀念。㊼

㈡對外觀、價值觀不同：曾任駐日大使的賴謝和(Edwin O. Reischauer)認為，中國現代化遲緩而日本則能很快達成，即兩國之間現代化速度上的差異，原因在於兩國人民的對外觀、價值觀、思想等無形因素的不同。對外觀方面，「當十九世紀中葉，兩國接觸到西方優越的武器和經濟制度，日本人卻率先學習，相反的，中國人則無動於衷。這是導源於兩國的傳統對外界文化的反應不同所致」。價值觀方面，日本是「目標志向型」(Goal Orientation)，所以十九世紀日本的志士，志向並不限定於政界或官界的地位，而常以其他行業的成就為抱負，如土佐藩武士階級出身的岩崎彌太郎，白手起家創辦事業，而成為今日的三菱財閥；相反的，中國是「地位志向型」(Status Orientation)，最典型的人物是盛宣懷，他寧可不當實業家，而要保留官職，即只重視政治上的地位。㊽

㈢政治取向的不同：日本學者比較明治維新和洋務運動的差異，認為明治維新是「絕對主義」式政治支配的開始，而洋務運動是跟外國勢力勾結的買辦軍閥政治抬頭。遠山茂樹曾比較洋務派的政策和大久保政權的政策，認為在本質上兩者的方向可以說是相同的，但是大久保政權的特點是國權主義，而洋務派的特質是買辦性，在一八六四至一八八四年，中日兩國的步調在基本上是一樣的，如果說其中有差距，充其量也只不過是發展速度和量之差而已，但中日甲午戰爭後，洋務官僚的買辦性格變得更加濃厚，而使中日兩國從此步上不同型態的發展，日本成為資本主義國家，而中國卻淪為次殖民地國家。㊾

㈣政制結構的歧異：李思涵在比較同光自強運動和明治維新時，引用鮑茅爾(Robert R. Palmer)的觀點，認為自政制和內部統治的觀點來分析歷史事件最為重要，尤其是在絕對專制政權集中的時代，他認為「在某項程度的侷限之內，不同的主政『人』和不同的『政治結

㊻ 許介鱗：日本政治論，台北，聯經出版公司，民國六十六年初版，頁二六四。

㊼ William W. Lockwood, "*Japan's Response to the West: The Contrast with China*," World Politics, No. 1, Vol. X, (Oct. 1956), P.47.

㊽ Edwin O. Reischauer：日本和中國近代化，中央公論，一九六三年三月號，頁六〇。

㊾ 吳重義：清代台灣洋務運動之研究，台大政治研究所碩士論文，頁九至一〇。

構」常可在相同的文化環境和不同的社會背景之下，產生絕對不同的歷史」。[50]在推行現代化的機構而言，中國缺乏具有充分權力與效能的領導中心，而日本則完全具備；在領袖人物方面，中國一直缺乏強有力的領袖人物，而日本則絕不缺乏；就目標而言，中國缺乏積極而長遠的目標，但日本則完全具備。

㈤儒家思想的實踐：萊特女士(Mary C. Wright)曾說：「（中國）對現代世界成功的適應之阻礙，並不是帝國主義的侵略、滿洲的統治、滿清官吏的愚蠢，最重要的阻礙因素乃是儒家思想的元素。」[51]萊特女士認為阻礙中國現代化主要因素是儒家思想所構成的傳統文化，但是汪榮祖教授卻認為日本的儒教對於現代化起了積極作用，已是不爭的事實。他引用蕭公權的解釋說，日本儒教是活的，而中國是死的，活的才能起積極作用，所謂活的，就是除了講談之外，更能力行實踐；而中國從明清極端專制後，儒家思想似乎已經僵化了。[52]

以上是中日現代化的比較。此外，亦有人從地理加以解釋，日本是島國，交通便利，消息傳遞迅速，對外來的刺激較為敏感；而中國則屬大陸帝國，面積遼闊，人口眾多，交通不便，對外來刺激反應遲鈍，無法產生同仇敵愾的意志，影響現代化的推展。

接著，以中日的比較作為架構，將清末台灣的現代化與大陸現代化再作比較，尋求其相同點與相異點。

清末台灣推行現代化，曾遭南北派洋務官僚的掣肘，如前所述，劉銘傳因開礦而遭處分，最後終於堅決請去，即是一例。而南北洋務官僚對台灣洋務運動的掣肘，在意識型態上是以自己本身的利益為考慮，而不是基於國家的利益為前提，正如洛克伍所說，缺乏國家觀念。這種缺乏國家觀念，亦反映到台灣現代化的推行。

再者，帝國主義與洋務官僚的買辦性格，亦出現在推行清末台灣現代化者身上。劉銘傳時代推行洋務建設，英、美、德各國在台洋行爭相承辦，以獲取利益，擴大在台的影響力與勢力。因此當現代化事業與列強利益一致時，尚可順利進行；若不利於列強利益時，列強則反對、干涉，無所不用其極，而洋務官僚對於列強干涉，通常屈服。這種買辦性格，助長了帝國主義者的野心，以稅釐政策與樟腦專賣為例，此二項政策即在列強干涉與買辦性格下，而歸失效。然日本據台後，一八九九年實施樟腦專賣，雖有外商反對，日本殖民政府仍不理會，而樟腦專賣終成為日本據台時的四大歲收之一。㊿成功和失敗的分際，就在此矣！

清末台灣現代化的推行，較大陸約晚十三年，然在短短十餘年間，其成就遠超過大陸各省，成為中國最進步的省份，實有其特殊的原因，說明如下：

首先，在政制結構方面，由於行政系統的強化和吏治的整頓，在台灣建省設撫後，已有

㊿ 李恩涵：清季同光自強運動與日本明治維新運動的比較，中國現代化論文選輯，台北，華世出版社，民國七十一年三版，頁三六。

51 Wright, Mary C., *The Last stand of Chinese Conservatism: The Tung-Chih Restoration, 1862~1874*, Standford, 1957, P. 10.

52 汪榮祖演講，政大師生雙周報第二期，第二版，民國七十七年十月三十一日。

53 林滿紅：茶、糖、樟腦業與晚清台灣，台灣銀行經濟研究室，台灣研究叢刊第一一五種，頁六一。

一個充分權力與效能的推行現代化機構；而晚清治台人選的派遣，亦皆是洞悉洋務、敏於吏治的精英人物，其中尤其是淮軍將領劉銘傳，更是全力經營。所以在推行現代化的領袖人物方面，台灣和日本一樣，完全具備。

其次，在地理上，台灣為一島嶼，交通便利，對於外來的刺激，反應較快；且與外人接觸的歷史源遠流長，比較容易接受外來事務，此點亦與日本雷同。更重要的是台灣是一個移墾社會，移民來台者皆有強烈的「功利」特徵，此種功利的心理，成為台民心理的特徵，而其內涵則是適應變遷的心態，即在心理上能夠接受新的刺激，而作有利於自己的適應與變遷。就此點而言，當然有利於現代化的推展。此外，由於台灣是個移墾社會，雖然有轉型為文治社會之傾向，然傳統文化包袱不重，則可肯定；儒家思想亦未深入人心，故應無萊特女士所謂的阻礙現代化的傳統文化，丁日昌的話可證明，他說：「台灣係屬海外，與內地情形迥然不同。」「風水之說，亦未深入膏肓。」[54]由於傳統文化束縛較小，自又有利於現代化。

最後，就社會經濟環境而言，台灣是全中國最適於推行現代化的地區。曾研究清末台灣傳統經濟體制的美國學者馬若孟(Ramon H. Myers)認為，清末台灣是個高度發展而且已經開墾完成的前現代經濟結構(Pro-modern Economy)，只要注入新的貿易機會和創新的技術，即可輕易地改變農業耕作型態，而邁入工業化。[55]戴國煇亦說：「一般而言，晚清期台灣經濟主流已非以自然經濟、自給自足一體制為主要基礎，幾乎所有的農產物皆以輸出國外或移出島外為目標而生產者（當然高山諸族的經濟生活另當別論）。」[56]總而言之，由於糖、茶、樟腦業的興起，促進了清末台灣經濟的發展，而與大陸有所不同。析言之，台灣與大陸不同處有五：

㈠由於糖、茶、樟腦等農產品外銷國際市場，使清末台灣具有相當規模的經濟發展，且是一種以國際市場為取向的商業經濟型態。

㈡由於上述的經濟規模，使台灣維持良好的出超情況，獲得相當多的外匯，台灣成為近代中國惟一足以對抗列強傾銷鴉片的地區，因而在社會經濟結構上，台灣不是走向瓦解的過程，而是朝向發展的過程。

㈢清末台灣的社會結構已經形成廣大的中間階層，這股中間階層乃是小農經營為基礎，發展而形成的小租戶勢力。

㈣清末台灣的經濟已經不再以自然經濟為基礎，幾乎所有的農作物都以國外或島外的市場做為生產目標，而變成商品經濟。

㈤在對外貿易型態下，台灣已育成一群明瞭國際情勢與國際市場行情的商業資本家。[57]

---

54 丁日昌：「福建巡撫奏統籌台灣全局擬開辦鐵路、礦務請簡派熟悉工程大員駐台督理摺」，清季台灣洋務史料，台銀文叢第二七八種，頁一三至一五。

55 Ramon H. Myers, "*Taiwan under Ching Imperial Rule, 1684~1985: The Traditional Economy*", 香港大學中國文化研究所學報第二期，一九七二年，頁三七九。

56 同1，頁五三。

57 同49，頁九一至九三。

反觀中國大陸，則在鴉片戰爭後，一連串的條約，使清廷喪失國家主權，列強資本主義商品傾銷中國市場，並掠奪原料，使中國的封建社會經濟結構瓦解，家庭手工業破壞，口岸附近形成殖民地式的都市，促使買辦資產階層興起，一般農民則更加貧困，農民武裝鬥爭（太平天國和捻亂）大規模的展開。由於台灣和大陸社會經濟環境的不同，因此我們可以將台灣的現代化進展，視為在外力衝擊迫動之下，復有相當規模的經濟發展為基礎的情況下發生的。

以上是把清末台灣現代化和大陸、日本的比較，我們可發現台灣的確有某些特殊的因素，為大陸所無，因此，清末台灣現代化進展神速絕不是偶然的。

五、結　論

本文是以史論的方式，對於清末台灣現代化的問題，作一鳥瞰式的檢討。

清末台灣現代化的程度或成效，往往因研究者的政治立場和鄉土感情，而有兩極化的傾向，使客觀的現代化事實益形混淆，尤其是現代化程度的認定，更是人言人殊，至今仍未有令人信服的答案。

清末台灣現代化的研究，宜從類別、層次的途徑來探討，比較容易釐清、呈現真實的面貌。清末台灣的現代化是屬於「外力衝擊迫動型」，因此起始於軍事和政治的革新，所以清末台灣軍事和政治的現代化成績輝煌，尤其在國防體系的觀念和行政區域的劃置，則奠定日據及民國時代的基礎。但因清末台灣現代化運動的起步較晚，推行二十一年後即割讓日本。故經濟與社會的現代化才剛起步，台灣就淪陷了。但不容置疑的，它畢竟為日人提供了一定的幫助，不容完全抹殺。

清末台灣進行現代化的環境，與日本部份相似，若和大陸相比，則好了許多。由於糖、茶、樟腦的輸出，使台灣擁有雄厚的經濟力，整個社會經濟結構是朝向發展的過程，而不像大陸是朝向瓦解的過程，這種有利的因素，使台灣的現代化起步雖晚，但推展卻較大陸各省迅速，而終成為中國最進步的省份。

余清芳抗日革命案口供之分析

一、前言

余清芳抗日革命案發生於民國四年（一九一五年、日大正四年），是日據時期台灣最大規模的武裝抗日事件。在台灣史上，或被稱為噍吧哖事件，惟在當時的台灣總督府之記錄，則稱之為西來庵事件。

余清芳抗日革命案發生時，距離光緒二十一年（一八九五）年清廷割讓台灣已二十年。在這二十年間，日本的殖民政府統治系統大致已經完成，因此對本案之搜查報告、偵訊筆錄、起訴書、判決書均極為完備，保存亦極完整。民國六十四年台灣省文獻委員會將本案有關檔案翻譯出版，名之為「余清芳抗日革命案全檔」。

筆者曾閱此一檔案，發現日本台灣總督府臨時法院在余清芳之起訴書中有如下之記載：「或稱自日人據台以來，生存競爭日劇，貧富懸殊日甚，應打破此弊，於革命後將一切收歸為明聖公子（余清芳）所有，再將其分配於島民，設大租權，除此官稅之外，概免其他一切之租稅。」❶此為日人對余清芳發動革命動機之控訴，然其中亦透露了些許社會革命的

❶ 余清芳抗日革命案全檔（以下簡稱余檔）第二輯第一冊，台灣，台灣省文獻委員會，民國六十四年三月出版，頁二九五。

氣息，因而引發筆者的興趣，想藉余清芳抗日革命檔案探討其革命理論，進而為台灣思想史作一補白。這是本文的研究動機。

然而，當筆者把整個檔案瀏覽一遍後，卻非常失望，因為在眾多的供詞當中，不但沒有社會革命理論的陳述，而且在民族革命與政治革命方面的立論亦非常粗陋，尤多假借神道迷信之言詞，根本無法從事思想史的探討，然經筆者反覆思索後，擬改由社會心理的角度，藉著彌足珍貴的口供資料，探討彼時台灣同胞對日人統治的態度暨社會基層民眾的想法。

本文的研究方法是採用內容分析法。然而目前所謂內容分析法大都著重於定量分析(Quantitative Analysis)，注重統計數字，而本文所採用的是定質分析(Qualitative Analysis)，注重內容的潛在意義。尤其在口供的問答中，由日警的問詞和革命者的答詞，來分析日方和革命者對整個事件的看法；由不同的派別，比較他們對黨徒吸收的勸誘說詞和革命宣傳的異同。

然而，本文的研究亦有其局限。余清芳抗日革命案牽涉甚廣，全島北中南均有其黨徒，而主要的策動者為南部的余清芳、江定及中部的羅俊，日警在起事前破獲本案，是從中部羅俊的黨徒通信中查獲革命的密謀，因此被逮捕之革命黨以中部最多，南部的革命黨員則聞風起而武裝反抗，故在口供中以中部人士為主，南部則付之闕如，這是研究上的大缺陷。其次，供詞係事發之後之陳述，因此甚多假供或脫罪之詞，故在研究分析的過程中必須加以仔細的分辨，以免有所偏誤。

茲舉一例說明假供和脫罪之詞的性質：有一廟祝魏有信於案發後被捕，日警偵訊時，對自己參與革命的動機，說是「聽信童乩卦所言，盲目迷信之結果也」、「黃厝全為賴姓，團結異常，余獨姓魏，顧忌殊多」。對於日本政府之施政，則說「日人道路修繕，橋樑架設，莫不為便利人民而由政府完成」。對於日警偵獲本案，則說「蒼天有眼」，「日政府之神速敏捷令人嘆為觀止」，答供時且「聲淚俱下」。❷類似脫罪之詞，本文不予採用。

總之，本文之撰寫目的，係欲利用極其珍貴之口供資料，探討余清芳抗日革命案的參與者，對於民族革命、政治革命的認識與見解；對於日本統治的態度與不滿原因；對於宗教與迷信的看法與附從，從而瞭解一九一五年時台灣同胞在日本統治二十年後的社會一般情形。

二、余清芳抗日革命案的歷史意義

余清芳抗日革命案的主要策動者，除了余清芳之外，就是羅俊、江定。余清芳，亦名余清風，別名滄浪，祖籍閩南，卜居於台南廳長治二圖里後鄉莊，其父早逝，家道清寒，幼年傭於米店，割台時，年方十七歲，曾參加抗日義軍，日據後曾任台南廳巡查補、保險勸誘員、自營碾米廠，三十歲時，曾因遊蕩無職、參加秘密結社而受押送台東「加路蘭浮浪者收容所」管訓，回鄉後，利用西來庵為掩護，從事反日活動。羅俊，原名賴秀，嘉義他里霧人，曾任職於保良局，後因受匪徒嫌疑而逃往大陸，以行醫或看風水為業，同時持齋禮佛，為一齋教徒，後聞說余清芳在台南秘密籌備革命，乃返台與余清芳攜手合作，負責台北、台

❷ 余檔，第一輯第一冊，頁三一〇至三一四。

中一帶的工作。江定，台南廳楠梓仙溪里竹頭崎庄人，日本據台後曾被舉為區長，後因擊斃庄民而逃亡，隱居山中，後因余清芳主動聯繫，參加反日革命陣營，其根據地在阿緱廳管轄內之後堀仔山。❸

本案的偵破是在一九一五年五月，蘇東海等人在基隆被捕。余清芳等獲悉事機敗露，即刻夥同多數部下與江定一黨向噍吧哖山中逃去。羅俊得訊也會同中、北部同志逃逸。日警乃將各地的領導人物繪圖（余清芳為照片），分發全島，懸賞緝捕。❹六月二十九日，羅俊在竹頭崎（今名竹崎，在阿里山登山鐵道之沿線）附近山中被捕。余清芳和江定逃入後堀仔山，率領約三百名黨徒，準備抵抗日本軍警的圍捕。七月九日，革命分子襲擊甲仙埔支廳，八人被殺，其中四名為日本人，四名為台籍巡查補。隨後，革命分子又接二連三的襲擊各村落派出所或駐在所，根據統計，在山區受襲擊的總督府管下機關，有支廳一、警官派出所四、駐在所三，被殺的日本人有五十二名，台籍的巡查補也有十二人被殺。❺

余清芳等抗日分子最後襲擊的據點為南庄派出所，時間是在襲擊甲仙埔之後一個月，即八月二日深夜。南庄派出所的日人約十七名，全數被殲，震驚日本殖民當局。八月五日，余清芳率抗日分子一千多人，攻擊噍吧哖（現今的台南縣玉井鄉），因該處有糖廠，住有二百餘名日人。日警獲知余清芳等人之行動後，亦派一九〇名警察進駐噍吧哖，會戰結果，日警以優勢火力獲勝，抗日分子當場被擊斃三百餘人，而日人方面僅傷亡二人。戰役結束後，余清芳與江定率領三百餘眾逃入山中。八月二十二日，余清芳被捕，十月三十日，被判處死刑。江定則在次年（一九一六）四月，接受日人勸誘，率眾二七二名投降，七月二日被判死刑，九月十三日絞首。全案到此告一段落。

余清芳抗日革命案的爆發，在台灣史上具有下列四項意義：

㈠台灣史上最後一次有組織、有計劃的武裝抗日革命。研究台灣抗日史的學者，最常用的歷史分期方法，即是將其分為「武裝抗日時期」和「非武裝抗日時期」，而兩時期的劃分一般均以余清芳抗日革命案作分界點，換言之，即是本案係以武力革命為形式的抗日活動的結束，此後便邁入政治文化運動時期。再就以抗日的實質言之，本案雖號稱革命，可是依然以神佛迷信作為號召，未脫離舊時代的模式，故亦可以說本案是傳統型態抗日的結束，此後則邁入以近代政治結社，或披上合法外衣的政治鬥爭型態的開始。

㈡台灣武裝抗日革命中規模最大、犧牲最壯烈者。從一八九五年（光緒二十一年、明治二十八年）台灣割讓以來，武裝革命事件雖然層出不窮，但規模有限，大都局限一地，而本案的活動範圍則遍及台灣北、中、南部，參加革命者有數千名之多。根據日人審判資料，本案被告多達一千九百五十七名，宣判的結果，死刑八百六十六名、有期徒刑四百五十三名、行政處分及不起訴共五百四十四名、無罪八十六名、其他八名。❻後來由於日本輿論和國會

---

❸ 王詩琅：日本殖民地體制下的台灣，台北，眾文圖書公司，民國六十九年十二月出版，頁一二三至一二四。

❹ 喜安幸夫，日本統治台灣秘史，台北，武陵出版社，民國七十三年一月出版，頁九三。

❺ 同前註，頁九四。

❻ 余檔，第一輯第一冊，頁二四。

的議論，認為措施失當，慘殺過甚，台灣總督安東貞美藉大正皇帝登極而減刑，然被處死刑者已有九十五名，加上江定誘降案被處死刑者三十七名，合計一三二名。另外，日軍警在噍吧哖之役後，屠殺當地居民，確實數字無從知悉，不過據傳至少也有數千人之多，噍吧哖慘案就是因此得名。

㈢顯示日本殖民統治的完成。日本佔領台灣，初期統治政策是採取武裝鎮壓反日行動，繼而採行撫剿政策，在實際的作為方面，有一八九七年（光緒二十三年、明治三十年）的治匪方策（三段警備法），一九〇五年（光緒三十一年、明治三十八年）的戶籍調查規定及一八九八年的台灣地籍規則、土地調查規則等，大力改革治安、戶政和土地，其後又有林野調查、大租權的收買、統一度量衡、貨幣、鴉片專賣，樹立警察政治，並利用清代之保甲法維持治安，建立警察王國的權威，又制定匪徒刑罰令，以孤立消滅抗日分子；限制台人前往中國，以切斷台灣與中國大陸的關係。以上這些措施，使日本在台灣的統治系統逐步完成，所以在余等準備起事階段，日人即藉著嚴密的警網偵知，對於余清芳等的反抗，復以現代化的軍警力量予以撲滅，在在顯示殖民政府對台灣控制已經完成。

㈣對日本二十年統治台灣之施政絕大諷刺。本案的爆發，正值日本據台二十年之際，所以余清芳等以日本據台年限僅有二十年為宣傳，表現台人對於日人統治之痛恨與趕走日人之渴望。在實際施政方面，日人殖民統治之目的是圖以台灣的物產人力促進日本資本的發達，所以在台經濟剝削最為嚴重，其中尤以對原野山林土地的極力掠奪，更讓基層貧農覺得不可忍受，所以稅賦苛政便成為革命分子的宣傳訴求，顯示台人對日施政之離心離德。另外江定接受勸誘投降後，日人背信對投降者處刑，更顯露出其猙獰面目。

以上是余清芳抗日革命案在台灣史上的意義，簡言之，本案是一個重要的歷史轉捩點，一方面顯示日本殖民政府的暴政已經在台灣根深柢固，台人已無法以武力從事反抗；另方面顯示日人在台灣的統治已建立法治化的基礎，於是台人（尤其士紳與知識分子）只好展開爭取權益的政治鬥爭運動。

三、口供中的民族意識

民族意識是余清芳抗日革命案的原動力，基本上他們認為日人為異族，必須將其驅離台灣，將台灣復歸中國。茲就夷夏觀念、復明思想、對祖國的懷念、辛亥革命的影響等四方面說明如下：

(一) 夷夏觀念

在革命分子的口供中，對於入黨的目的，幾乎異口同聲表示在於驅逐日人出台灣，不屈服於日本政府之統治下，建立革命政府，更藉此立身處世。故參加者皆以能參加革命黨，殺戮日本人為榮。如被告李海在日人偵訊時，坦陳入黨動機云：「大正四年八月十四日（舊曆七月七日）起歷時七天，天地將變成黑暗，且發生大天災，同時中國革命軍為從日本手中奪回台灣，大軍將登陸與日本展開戰鬥，殺戮日本人，是時倘有入黨符，則可充為革命軍之伕役，自己以為既然可以參加革命軍做伕役工作，與日本打仗，甚合己意，故入黨。」❼李海

❼ 余檔，第一輯第二冊，頁七六八。

以能充當革命軍伕役與日人打仗為榮，由此可見其對異族仇恨之一斑。

然而，對夷夏觀念闡述最清楚的是余清芳的抗日告示，文曰：「古今中華主國，四夷臣卿，邊界來朝，年年進貢。豈意日本小邦倭賊，背主欺君，拒獻貢禮；不遵王法，藐視中原，侵犯疆土，實由滿清氣運衰頹，刀兵四起，干戈振動，可惜中原大國，變為夷狄之邦。」❽余清芳認為中國是天朝主國，日本是夷狄倭賊，以臣逆主，以下犯上，皆導因於滿清衰弱。文中亦批評日本的猖狂曰：「倭賊猖狂，造罪彌天，怙惡不悛；乙未五月，侵犯台疆。苦害生靈，刻剝膏脂，荒淫無道，滅絕綱紀，強制治民，貪婪無厭，禽面獸心，豺狼成性，民不聊生，言之痛心切骨。」❾所以告示文中對於替日人跑腿效勞之漢奸，特別呼籲：「勿假倭奴之勢！」字裡行間，充滿了民族大義。本案中，上從領導者，下至參與之婦女，皆贊成驅除日人。婦人吳氏蒙，在接受偵訊有何目的時，答云：「贊成驅逐日本人之趣旨，自己不加入」❿由此可知，驅逐日本人是當時台民普遍的心理，其根源則為民族意識。

(二) 復明的思想

余清芳抗日革命案之參與者，大都秉持傳統的民族觀念，即以夷夏分際作為民族認同的標準。然而，夷夏觀念代表一種簡化的敵我關係與文明對野蠻的見解，一方面是用來區分中國與外國，一方面又含有民族自我心中論(Ethnocentrism)的優越感。由於版圖大小時有變動，與中外混合的機會極多，使得夷的範圍無法確定，華究竟為何，也因此朦朧。⓫余清芳等在民族革命方面，似遭難題，因為若以夷夏的標準視之，則日本是夷，滿清亦是夷，所以反日復清無法自圓其說，故提出反日復明的觀念。極有可能，亦受有明鄭反清復明歷史傳統影響。

余清芳將國號定名為「大明慈悲國」，自稱「大明慈悲國奉旨本台征伐天下大元帥」，告示文亦曰：「我朝大明國運初興，本帥奉天，舉義討賊，興兵伐罪，大會四海英雄，攻滅倭賊，安良除暴，解萬民之倒懸，救群生之性命。」⓬所以余清芳是以明作為國號，而不以清為國號。

余清芳為了加強其復明的觀念能深入人心，特別塑造了一個大明氏與劉伯溫的傳言，讓參與者相信。被告李秋霖在接受日警偵訊曾提及劉伯溫之傳說云：「舊曆三月二十四日至賴宜處購買甘蔗，是時賴宜告之以台南出現劉伯溫與新皇帝，居於山地，為余先生所知，並勸以同赴余先生處，請其引導求見劉伯溫先生與新皇帝。」⓭然而，事實上並無所謂四、五百歲之劉伯溫，亦無所攜之十二、三歲之皇帝，所以另外編造一套說法，李秋霖在回答日警詢問時云：「曾問賴宜，劉伯溫居何處？據稱尚不見人。」「據稱敬神之念未深者，不得見

---

❽ 王曉波編：台胞抗日文獻選編，台北，帕米爾書局，民國七十四年七月出版，頁四七。
❾ 同前註。
❿ 同❼，頁八二〇。
⓫ 朱浤源：同盟會的革命理論，台北，中研院近史所專刊五〇，民國七十四年六月出版，頁五六。
⓬ 同❽，頁四七。
⓭ 余檔，第一輯第一冊，頁二七七至二七八。

之。」[14]以拒絕的説詞而言，係愚民之術，然杜撰明代開國功臣劉伯溫與大明皇帝的故事，旨在加強信心，同時也透露了余清芳等對明朱的嚮往。

(三)對祖國的懷念

台人雖然視滿清為異族，但對於清代台灣的施政多表懷念。如被告劉永在日警訊問參加革命黨的原因時，他答云：「清國時代可自由伐採山林樹木，或吸食鴉片，均不受處分，入日本政府時代，伐採山林樹木則以盜伐官林處罰，吸食鴉片亦要受處分，故常抱不平，因此入黨。」[15]姑且不論其談話內容是非與否，但其對清代施政寬大相當懷念，對日本政府苛政則相當反感。被告李清元亦説：「暗思日本人為政事事不自由，最好革命政府能得如清國時代，凡事取締寬大，故擬響應擊退日本人。」[16]

其中當然亦有個人因素，如中部革命黨員中的賴宜，原係武秀才，常回憶以前滿清時代所受的優厚待遇，所以積極附和羅俊策劃的革命組織和活動，日警的通報記云：「賴水、賴宜等均以日政府年年增加賦稅名目，且課重賦，致人民不堪苛徵，各種產業亦多為日人所奪佔，大加贊同起義。尤以賴宜原係武秀才，常回憶以往中國時代所受厚遇，立成激烈信徒。」[17]日本統治前後，社會地位翻覆，如賴宜之例，因係有功名之人，雖歷經二十年，仍對清代之社會地位懷念不已。

辛亥革命成功後，民國建立，台人對於革命軍更是嚮往。由於過分嚮往，則往往將革命軍神化。被告蕭波在答訊時云：「自大陸將有多數兵員渡海前來，為驅逐日人作戰，黨員則擬參與其驅逐日人之戰也。」[18]被告蕭宗在被訊及有關大陸兵員來台時回答云：「惟時機成熟，屆時自有七、八名偉人前來，且稱自然飛馳而至云云。」⓳這些都可說是台灣同胞對祖國過分嚮往懷念的結果。

四 辛亥革命的影響

一九一一年（宣統三年、明治四十五年）國父孫中山先生領導的革命，成功地推翻滿清，這對生活在日本統治下的台灣同胞，真是莫大的鼓勵。茲將台人武裝抗日革命列表說明：

一八九五年	林大北革命	宜蘭
一八九六年	劉德杓革命	台北
一八九八年	陳發革命	南部
一九〇一年	詹阿瑞革命	台中
一九〇七年	蔡清淋革命	新竹

⓮ 同前註，頁二七五。

⓯ 余檔，第二輯第二冊，頁七九四。

⓰ 同前註，頁七七七。

⓱ 余檔，第一輯第一冊，頁六一。

⓲ 同前註，頁二三四。

⓳ 同前註，頁二一八。

一九一二年	劉乾革命	南投
一九一二年	黃朝革命	土庫
一九一二年	陳阿榮革命	南投
一九一二年	羅福星革命	苗栗
一九一三年	張火爐革命	大甲
一九一三年	李阿齊革命	台南
一九一三年	賴來革命	東勢
一九一四年	羅阿頭革命	嘉義
一九一五年	余清芳革命	台南

從上表可知，武裝抗日革命密集於一九一二年與一九一三年。一九〇七年蔡清淋革命失敗後，沉寂了五年，復於一九一二年後如火如荼的展開，從余清芳抗日革命案的口供中，我們可以證明其是受到祖國革命的影響。被告賴格在接受日警偵訊時，曾透露賴宜曾對他說：「大陸正發起革命，吾等亦非嘗試不可。」⑳至於革命的策源地，部份亦在中國大陸，日警訊問賴宜：「羅俊此次擬於台灣發動革命，其策源地究在何處？」賴宜回答：「先謀議之於大陸廈門。」㉑由此可知，由於大陸與台灣之間的往來，台灣的武裝抗日受到大陸革命的某種程度的影響，是可斷定的。

此外，辛亥革命成功後，台人對中國革命黨抱有無窮的希望，所以在革命宣傳方面，都提言中國革命軍將攻佔台灣。從一九一三年一月羅福星事件始，羅氏因曾加入同盟會，對革命黨更是衷心欽慕，其詩作「祝我民國詞」且嵌字「中華民國孫逸仙救」，希望之殷，可見一斑。㉒其他如南投陳阿榮革命宣傳將求中國革命黨援助，排除日本在台統治權；大湖張火爐革命亦宣傳以中國之黃興為指揮官征伐台灣，鏖殺日人，收復台灣復歸中國。㉓到了余清芳武裝抗日案，仍舊沿此宣傳，揚言中國革命軍將渡海而來，從日本手中奪回台灣。余清芳在攻佔南庄派出所後，宣傳云：「我軍既已攻入阿緱廳管內，進而將日本人全數殲滅。聽說在一、兩天內中國革命黨的精銳部隊就要在安平港登陸，以攻打台南，同時在安平港也有軍艦前來，海陸共同作戰，並且開始砲擊，日本人不久就要被逐出台灣了。」㉔在當時，這個宣傳顯然相當有效，余清芳的抗日軍即刻增加到一千名。㉕足見辛亥革命後的革命軍對台人有相當的魅力。

關於辛亥革命對余清芳抗日革命案的影響，可以引筆名漢人的台灣革命史一書的作者之

---

⑳ 同前註，頁一八九。

㉑ 同前註，頁三三二。

㉒ 祝我民國詞云：中土如斯更富強，華封共祝著邊疆。民情四海皆兄弟，國本苞桑氣運昌。孫真國手著光唐，逸樂豐神久既章。仙客早貶露妙藥，救人於病身相當。

㉓ 翁佳音：台灣武裝抗日史研究，台大碩士論文，頁一三九。

㉔ 同❹，頁一〇四。

㉕ 如前註。

話作為結論，他說：「素稱富有革命遺傳性的台民聽見了祖國——中國的革命成功，三百六十五萬的台民無不雀躍起來。因此便產生了這七次的革命。」七次革命中當然包括余清芳革命在內。漢人曾於一九一七年到台灣居住了六年，頗為熟悉當時革命氣候，他的話應該可信。

然而，辛亥革命的特色是所謂「徹底全面革命」，要把民族革命、政治革命、社會革命等三大革命「畢其功於一役」，除了驅滿之外，還要變換國體、政體，即從君主國變為民主國；從專制獨裁制變為民主議會制。甚至還有更根本的是要改變傳統的政治文化，把君上民下、君主民臣的習慣變成人民主權、憲法主治的現代化政治社會。很可惜的，余清芳抗日革命雖受辛亥革命影響，但僅限於驅逐異族民族革命，卻無建立民主共和的理想。在政治革命和社會革命等思潮澎湃之際，余清芳等抗日分子所受辛亥革命影響卻是如此的貧乏，實在令人扼腕。

四、口供中的「台灣皇帝」

台灣皇帝是余清芳抗日革命案宣傳的特色，但不是其所獨創的，極可能是當時的一種社會心理。在本案前一年發生在六甲的羅阿頭革命，已提出台灣皇帝的號召。據日人的報告云：「羅臭頭（即羅阿頭）糾集同類之勸誘方法，係藉宣告神示：羅臭頭得神宣示近日可為台灣皇帝，更得玉皇上帝詔降，任羅君為都書境楯將軍，天下任何國家均可即位為國王云云；更稱若自今為其部下，則後日能任為相等之官吏等等。」[26]其妻羅陳氏好亦供云：「吾夫羅臭頭，為何動機思考作台灣皇帝，吾亦不十分瞭解。……吾雖未知吾夫抱負如何思想，但由其表情與行動，思料其動機係擬作皇帝。吾夫似乎認為既受神宣示，若日本人實際離台則可能作皇帝，吾亦認為若是仰神庇護則可能達願望，吾夫之部下亦如同樣想法。」[27]所以羅臭頭將其妻封為國婦，其次子稱謂太子（長子因體質凡庸而立次子），其妻之兄稱曰國舅，均身穿代表身分文字之紋服。[28]由上引資料可知六甲事件時，台灣皇帝的說法已經存在，並且在傳言中有人已信以為真，這種說法到了余清芳抗日案時已更為流行。茲就台灣皇帝的塑造與台灣皇帝的意義二方面說明如下：

(一)台灣皇帝的塑造

在余清芳抗日革命案中，對於台灣皇帝的塑造，大致採取明太祖朱元璋的模式，以平民皇帝作為訴求，宣傳台灣已有真命天子出現，這個未來皇帝的長相是兩耳垂肩，兩手過膝，說話靈驗，具有超人的能力。被告蕭大成在接受偵訊時，曾表示羅俊曾告訴他說：「距台南約百華里處，有地稱糞箕湖，其山下有一噴火，水自山上瀉落火上，其火不熄，噴火處並生有一棵柳樹，衡之地理，其地當出皇帝。其附近果出一皇帝，曾見農夫為灌溉水起爭吵，命其舉起在傍水牛之足，農夫一再試之，不易舉，皇帝在農夫眼前輕易舉其前足，水牛並即

---

[26] 雲林、六甲等抗日事件關係檔案，台灣省文獻委員會，民國六十七年十二月出版，頁二〇〇。

[27] 同前註，頁二五〇。

[28] 同前註，頁二四四。

顛倒矣！又見臭頭農夫前來，皇帝問何以置之不理？稱此臭頭俗稱白蜘蛛頭，曾百般施治而未癒。皇帝曰：塗牛屎可也。農夫試之，竟立癒。」㉙

羅俊在供及其與余清芳連繫的經過時亦說：「台南人陳金發，係一無賴漢，曾渡大陸，稱台南人余清芳目前正在招募革命黨員云云，余至員林招募黨員後，始南下見余清芳，藉以確認事實，竟據其稱，自大目降菜寮入山地處出現一神主，據該神主稱，凡事皆能順其所言，對臭頭者塗以牛糞，竟立癒，對盲目者塗以樹汁，眼道開明，持牛足竟立覆其地，凡事皆能如意云云。並稱該神主者，耳及於肩，雙手及於膝，篤信其為皇帝相，乃益堅吾之決心也。」㉚

此種說法，不僅流行於台灣南部，中部亦同。林圯埔支廳拘押之被告李子龍，亦供稱革命分子游榮在勸誘他入黨時說：「本地深山住有今年約二十歲之真命天子（將即皇帝位），且已出現，此人人格如聖人，相貌則兩耳垂肩，兩手過膝，備有皇帝之相。又有仙人，能自由自在操隱身及飛翔術，他日將伺機傳授同志。聖人之兄主宰萬事，亦即革命之主謀人。」㉛

從以上各人的供詞內容可歸納出所謂皇帝，必有以下幾個特徵：第一，相貌非凡：兩耳垂肩，兩手過膝如同三國演義中之劉備；第二，言談具有先知能力，凡事皆能如其所言；第三，無所不能，能治療怪病，能舉牛足，能為凡人所不能為之事。根據這些條件，事實上並無此人，因此皇帝究竟為何人便引起很大爭論。

㈡ 台灣皇帝的意義

台灣皇帝的提出，可以說是余清芳抗日革命案的團結力，許多的革命黨人都堅信台灣出皇帝，台灣有了皇帝以後，人民會得到自由幸福。如羅俊就堅信台灣將有皇帝。日警問他：「汝以為僅靠寶劍符法，革命即可成功乎？」羅俊回答：「教授符法，為招募更多黨員之手段，又寶劍拔之三寸即可斃敵三萬，亦不外乎招募黨員之手段耳。惟皇帝之出現則信之無疑。」㉜至於皇帝之出現，將會為社會帶來自由。㉝

為何當時台人會有台灣出現皇帝的想法呢？個人以為這是受到中華民國建立、清廷退位的影響。在此之前，劉乾在林圯埔革命，聲稱將征服在台日人而為王；隨後，黃朝等在土庫密謀革命，揚言清兵將來台與其結合，他將為台灣國王。㉞這二次革命分別發生於一九一二年三月和六月，而滿清皇帝溥儀奉隆裕太后懿旨，正式下詔退位是在一九一二年二月十二日，所以他們都僅言當台灣國王，而未敢言當台灣皇帝。到了一九一四年五月羅阿頭在六甲發動革命後，開始倡言神諭將驅逐日人，任台灣皇帝後，隨後一九一五年二月，台中林老才密謀革命亦自稱台灣皇帝，持有革命檄文；同年四月余清芳發動之抗日革命，亦以台灣皇帝

㉙ 余檔，第一輯第一冊，頁六九。
㉚ 同前註，頁二五三。
㉛ 余檔，第一輯第二冊，頁七六五。
㉜ 同㉙，頁三〇五。
㉝ 同前註，頁六九。
㉞ 同㉓，頁一三八。

為號召。足見在滿清皇帝退位二、三年後，中國已無皇帝的事實被公認，有野心者莫不蠢蠢欲動，在中國則有帝制的醞釀和洪憲帝制的演出，在台灣則有台灣皇帝傳言的盛行。

在余清芳抗日革命案中，雖提出台灣皇帝的宣傳，但台灣皇帝究竟指誰，則撲朔迷離。照余清芳之告示所言，他自稱大元帥，所以郭廷以先生認為余清芳以「大明慈悲國奉旨本台征伐大元帥令」的名義發出示諭，既然是奉旨，那麼在大元帥之上應尚有一最高首領。[35]這個最高首領應就是台灣皇帝，照此說余清芳和台灣皇帝為二人，而此皇帝年約十二、三歲，身有異相，懷有超人力量，由四、五百歲之劉伯溫輔弼，余清芳守護，不准常人進見。

然而，從另外一些資料和供詞，則又指台灣皇帝即是余清芳本人。余清芳曾對黃灶說：「據劉伯溫、呂純良兩神之告諭：日本侵台恰為二十年，日本將放棄台灣撤回本國，汝可代替日本成為台灣皇帝。」[36]日警在詢問被告賴宜革命成功後，何人擬當首領，賴宜回答：「余清芳擬任台灣皇帝，羅俊擬任國師，余與賴冰、賴淵國擬任中部統領，謝成擬任北部統領。」[37]由此可見，余清芳一方面虛構一個台灣皇帝，一方面又以事成後自居台灣皇帝，不無矛盾之處。

最後，在台灣的武裝抗日革命中，有很明顯的兩種主張，一是將台灣脫離日本統治，復歸中國版圖，如羅福星、陳阿榮、張火爐等；一是在台灣稱王、稱帝，如劉乾、黃朝、羅阿頭、林老才、余清芳等，這當然牽涉到革命的理想問題，但值得注意的是，主張自任為王為帝者，是否沿著一八九五年以來主張台灣獨立的傳統？以本案為例，日警即認為「除非推翻日本政府，台灣獨立，否則豈有皇帝存在之理？」[38]偵查報告則直指余清芳籌謀台灣獨立，報告云：「住台灣廳長治二圖里後鄉莊五百五十一號米商余清芳（三十七歲）者，自大正三年舊曆二月間起，與同廳仁壽下里後紅莊百十七號業農之張重三（四十三歲）等共謀，以驅逐在台日人，使本島獨立為目的，組織革命黨，並稱有統治本島之皇帝出顯，以台南廳下為中心，大事招募黨員，又藉台南市亭仔腳街西來庵（祭祀王爺公）改修捐獻名義，秘密籌集軍用資金。」㊴換言之，在日人的眼中，台灣皇帝的主張即是提倡台灣獨立，與復歸中國版圖是不同的。

五、口供中的日本苛政

日本佔領台灣之目的，係在順遂其帝國主義的殖民統治，而殖民統治的最大特點即是經濟的榨取，所以在日本統治初期，台人感覺到強大的經濟壓迫，尤其和清代相比，不啻天壤之別。關於日本殖民政府對台人的經濟壓迫，羅福星在其自白書中講得最為透徹，他說：「台灣之亡於日本，於茲十有九年，而人民之蒙其害，譬之身體，現今不過剝其皮膚；四、

㉟ 郭廷以：台灣史事概說，台北，正中書局，民國七十三年十月八版，頁二二四。

㊱ 余檔，第一輯第一冊，頁四二。

㊲ 同前註，頁九八。

㊳ 同前註，頁二七八。

㊴ 同前註，頁三五。

五年之後，即削其骨肉；八年、十年之後，必至吸其骨髓。哀哉！我台人尚不知日本有意欲亡我民族，奪我財產，絕我生命也。」❹羅氏所說的剝皮、削肉、吸髓即指經濟的榨取而言，所以他又說：「凡人民之產業，均為官吏所強奪，民不得生存於社會。賦課失之重，民則收支不能相抵，生活旋趨於窮困。今台灣人民雖營商興業，然日本施政如此，當不出數年，必陷於失敗破產之境遇。」❹羅福星案發生於余清芳抗日革命案之前二年，這種經濟的壓榨自是愈來愈嚴重，人民也愈來愈不能忍受。茲分重稅、產業的侵奪與法令繁雜嚴苛等三方面說明如下：

㈠重稅

在本案被告的口供中，幾乎眾口一致地責難日人的苛政，足見在異族統治下，台人過著苛斂誅求的生活。由被告賴宜與日警的問答，可窺其一斑：日警問：「汝因何萌發此種心意？」賴宜答：「因需要繳納鉅額稅捐，有利事業又俱被日人所獨佔，每下愈況，不堪其苦，如恢復為中國版圖，自不致受其苦，乃同意羅俊之企劃，並協助其舉也。」❹賴宜在勸保正賴格參加革命黨時亦稱日人統治台灣，賦稅益重，稅目增加，萬事皆稅，故須發動革命。❹賴宜係秀才，賴格係保正，皆是農村領導階層，所以對日人巧立名目苛徵暴斂深為痛恨。

至於一般農民，在重稅之下生活尤為痛苦，被告李火生在答覆日警偵訊加入革命黨的原因時，答曰：「暗想革命黨與日本人開戰，必獲勝利，其時凡是入黨者，便得分配田園，減輕租稅，毫無在日本政府治下之痛苦。實係為此利益，始行入黨。」❹李火生自供願意在革命發生時，擔任伕役工作，是極卑微之人民，然亦受到重稅的剝削。另外，被告魏忠就直截地說出革命成功後，建立革命軍之政府，一切與目前的政治不同，人民均將獲得幸福。㊺由是之故，故一般民眾對清朝之政治多有所懷念，被告陳揚說：「勸誘人謂，日本政府比較清國時代，萬事負擔綦重，規則繁雜，此事因本人有同感，故入黨。」㊻

關於日本殖民政府巧立稅目、橫徵暴斂的情形，余清芳抗日革命案的被告並未詳細說明，但是租前的羅福星則有詳細的說明，茲引作佐證。羅福星說：「苟為有利之事業或營業，悉收為官營或專賣。對於島民之薄利營業，則徵以苛稅以苦民，是為吾人所引以為憤慨者也。僅三、四百圓之資本，經營零星小賣，則視戶作千圓以上之資本而予課稅；以十萬之資本金經營商業者，至少亦須課以十數萬圓之稅金。縱令小商人，即如以所領營業牌照而言，一商人欲販賣雜貨，或酒、香煙、油鹽等數種物品時，即須具領牌照數張，一張須繳費

㊵ 羅福星抗日革命案全檔，台灣省文獻委員會，民國五十四年十月出版，頁三七。
㊶ 同前註。
㊷ 余檔，第一輯第一冊，頁一〇三。
㊸ 同前註，頁一八九。
㊹ 同前註，頁八〇〇。
㊺ 同前註，頁八〇七。
㊻ 同前註，頁八二六。

一圓或二圓。販賣數種物品，即須十數圓之牌照稅。再加以地方稅、營業稅、房屋稅、店夥之工資、伙食等，則本舖之收支已不能相抵矣。吁！商人將何得而生活耶？日本對殖民地所課之營業稅有如此之苛者。」[47]商人如此，一般出賣勞力之工人亦同，羅氏以轎夫為例，說：「諸君不見吾台民之轎夫乎，彼等流汗費力，非常勞苦，日之所得，不過二、三角，每年亦不過數十圓。而轎夫之營業稅，一年須繳數圓；再加以房屋稅、地方稅、官稅等，絕無餘銀足以贍養妻子。世界上所有殖民地，尚未聞有如此之苛稅法；獨台灣有之，用以榨取人民之脂膏。」[48]

課重稅是發動革命推翻日本政府的動機，因此免稅或減稅便成革命的期望。被告吳金寶說：「現在租稅義務負擔重，但革命政府倘若成立，則得免稅，故入黨。」[49]被告吳鎮興亦說：「陳石頭母親謂，革命政府成立後，負擔甚輕，且可免稅。」[50]被告劉英離在被日警詢及革命軍成功後的情形時說：「據云稅捐大減，如早期清國時代，萬事寬大甚好。」[51]所以針對此點，余清芳便宣傳在革命後，將土地財產收歸明聖公子所有，再將其平等分配於島民，設大租權，除此官稅之外，概免其他一切之租稅，以號召民眾。

(二) 產業的佔奪

殖民地經營的成敗關鍵，在於生產事業的開發，開發產業一旦失敗，殖民地對於本國則成財政上的大負累，換言之，設計殖民地統治政策的要點，在於能否採用恰當的殖產興業政策，而開發存在於殖民地的富源。日本佔領台灣是其殖民政策的開始，缺乏經驗，故殖民初期給予日本國家財政甚大的壓迫，一度有出售之議。這種情形一直到第四任總督兒玉源太郎時代（一八九八年二月至一九〇六年四月）才有所改善。此一時期以官營事業為經營重心，積極地展開所謂殖產興業的藍圖。[52]

日本據台之初，台灣的重要物產是樟腦、米、茶和砂糖。樟腦為當時惟一可以獲得確實利益的產業，故總督府實施專賣制，再加食鹽、鴉片合為三大專賣事業，由此三大專賣收入為主要財源。然而以官營事業為中心的殖產興業政策，其實無非是一種掠奪政策。除了專賣制度之外，台灣總督府實施土地調查，徵收地方稅，增加了台人的負擔和限制。此種掠奪的方式，不僅攪亂人心，促使治安惡化，同時讓老百姓離心離德。

以土地調查為例，一八九八年後藤新平成立台灣臨時土地調查局，進行調查工作。調查範圍，村落或耕地，自然不在話下，甚至連兒童捕捉小魚的小溪，到豬犬行走的丘陵地帶，

---

47 同40，頁三八。

48 同前註。

49 余檔，第一輯第三冊，頁七九七。

50 同前註，頁七九二。

51 同前註，頁七九四。

52 森久男著，洪尊元譯：台灣總督府糖業保護政策之發展，台灣史論叢第一輯，台北，眾文圖書公司，民國六十九年四月出版，頁三六〇至三六八。

亦精確地以三角測量器加以測量。如此分區一一實地調查測量，而逐漸作成前所未有的台灣精確地形圖。當然，隱田亦依次加以整理。調查結果，全島耕地從原認為的三十六萬七千甲變為六十三萬四千甲，土地稅從以前的八十六萬元，躍增為二百九十九萬元。[53]相形之下，農民則增加了將近三倍的負擔，被告魏大肚在被詢及革命成功後的待遇時，說：「由革命政府自由發放田地及森林、竹林等，相信以此私人生計亦將得轉為豐裕。」[54]被告李子龍在供及入黨原因時說：「有聖人作皇帝，且可得田地，開墾地亦可自由開墾；但現在之政府太嚴格，不得擅自開墾，負擔亦重，輕微小事均不肯放過，因而夢想利益，始行入黨。」成功後可得到「分配田地開墾地，生計好轉，實為至好之事。」[55]所以貧農希望能「賞割田園，俾安樂過日」，自由處分土地與財產，避免日人的控制。

㈢法令繁雜嚴苛

日警詢問被告劉牛：「汝懷抱何種希望入黨？是否因為感覺不平而出此舉？」劉牛回答：「台灣被日本政府統治後，生計感到困難，各種法令繁雜，負擔亦多，故若能樹立革命政府，生計必定寬裕，開墾地亦得自由處分，萬事較之現在境遇改善甚多，且可多得利益，入黨目的即在於此。」[56]被告劉永在談及入黨原因時，更加坦白地說：「清國政府時代，可自由伐採山林樹木，或吸食鴉片，均不受處分；入日本政府時代，伐採山林樹木則以盜伐官林處罰，吸食鴉片亦要受處分，故常抱不平，因此入黨。」[57]與清代相比，日據時期法令繁多，且嚴苛無比，因此百姓咸感不便。

在台灣，根據一八九六年通過之六三法案規定，總督具有律令制定權，他能發布與法律效力相等的律令，換言之，他擁有行政權、司法權、軍政權、立法權及陸海軍統帥權，實際上就等於台灣王，掌握有絕對支配的權限，台人的生死完全操在他的手裡。尤有甚者，即是執行律令之警察、特務刑事，如狼似虎，以欺壓人民為能事。「最可惡者，莫過於地方警察官也。彼等在保甲費、警察費、壯丁費等等名義下，由民間徵收金錢以肥私囊。彼等之淫威，如虎似狼，實為村中之王。人民如對之大加款待，贈賄多者，即得與彼結交，獲得一切便利，諸事可以相商，可以平安度日，否則，不款待警官者，常被虐待受苦楚。」「特務刑事之横行，亦不忍卒睹，且不忍聞。彼等藉口搜查間諜，時到民家威嚇，詐取愚民，視賄賂之多寡，不問罪之有無，或拘或放，無辜之民，無由申訴慘狀冤情者，不勝枚舉。」58由於法令嚴苛，加以執行者營私舞弊，致台民所受的痛苦，實為殖民地中之最甚者，只供中亦不斷透露對日本苛政的哀吟。

---

53 喜安幸夫原著，干城譯：台灣志士抗日秘史，台北，聚珍書屋出版社，民國七十一年十一月初版，頁一七五至一七六。

54 余檔，第一輯第二冊，頁七七〇。

55 同前註，頁七六五至七六六。

56 同前註，頁七七三。

57 同前註，頁七九五。

58 同40，頁三九至四〇。

六、口供中的宗教與迷信

宗教與迷信在余清芳抗日革命案中佔有極重要之分量，他們一方面以宗教作為聯繫的基礎，另方面又以迷信來蠱惑無知的信徒，以加強信徒的信心。在本案中，如革命黨、革命軍、革命政府皆是極為現代的名詞，然黨證竟用神符，革命軍有隱身法、飛翔術，實為矛盾之至，由此亦足見余清芳等所有知識不高，其思想觀念、意識型態仍在新舊交替的邊緣，而且舊的成分多於新思想，所以利用宗教迷信等傳統的方式來作抗爭。茲分宗教與迷信兩方面說明如下：

(一) 宗教

關於余清芳等之宗教信仰，郭廷以先生曾說：「余、江為台南人，羅俊為嘉義人，……信奉『三教助法，聖神仙佛，下凡傳道』，『聖帝降鸞指示』，『玉皇上帝敕令』……。他們的作風頗似廣西時代的洪秀全，雖有一神多神的不同，而宗教煽惑則一，所以國號中有『慈悲』二字。他們出入於各地的『食菜堂』，當係屬於齋教。齋教的前身為明教，乃從唐代的摩尼教(Manichaeism)蛻變而出，在宋朝有謂吃菜事魔，盛行於浙江、福建，歷史上其教徒屢次稱兵起事，北宋末年的方臘即為明教徒，元末的白蓮教也與之有關。因其吃菜而不吃葷，所以亦稱齋教。太平天國之役，閩浙的齋教徒或『齋匪』亦乘機而起。余清芳等的運動，不妨說明承繼齋教。日本人稱這次的革命為『西來庵事件』，因為他們與台南的西來庵董事相結，西來庵董事當然吃齋。」[59]由上可知，余清芳、羅俊等基本上是信奉齋教，屬於齋教徒。

然而，從其宗教行為觀之，則又不是純粹的齋教徒。因為在其告示中言：「三教助法，聖神仙佛，下凡傳道，門徒萬千，變化無窮。」三教的信仰，又似台灣民間教團的混合體。一九一五年六月二十九日，羅俊遭日警搜捕，潛逃至嘉義縣尖山坑莊山頂時，曾設壇禮拜，「伏求玉皇上帝敕令眾仙祖、佛祖、神聖降臨，現身指教，傳授妙法。」「伏乞玄圓山我虛詫帝君大師尊……降臨指教，傳授妙法。」[60]此乃窮途末路之時，羅俊求助於天地神靈，其對象則是民間信仰之總合，亦可證明其非純粹之齋教徒。

余清芳為策動革命，往來於各齋堂之間，則可從供詞中得到證明。被告周田供稱：「余清芳及林通水兩者均素昧平生，余因與台北大稻埕龍雲寺住持陳大，過從甚密，經其介紹，於大正三年十一月、十二月間，余、林兩人同來余宅，乃信以無他，令其投宿，翌晨江祥者，自台南攜來警心篇、宜靈真經、大洞真經等善書各若干部。應余清芳等所求，余將彼引至新竹街上名南門三百九十八號王倡廉外九名之食齋者，分贈善書各數冊。上述贈書既完，林通水即返台南，余清芳與江祥則再經余之介紹，續往南莊支廳管內獅頭山勸化堂出發，余清芳等除告以慈善事業悉以無償贈書之旨外，另無他言，更未言及革命事件或勸以入黨加盟之事實焉。」[61]余清芳老遠從台南赴新竹，不可能僅送善書而來，必另有未透露之隱情。

---

[59] 同[35]，頁二三九。

[60] 羅俊祈禱文，台胞抗日文獻選編，台北，帕米爾書局，民國七十四年七月出版，頁四九。

[61] 余檔，第一輯第一冊，頁三四五。

對於加入革命黨者，在中部地區，羅俊則要其供奉祭祀玉皇大帝、九天玄女。被告蕭貫世在日警偵訊其宅中何以祭祀玉皇大帝與九天玄女時答曰：「據聞目的在習避彈法、除刀符法及隱身符法等，藉以造反，並驅逐日人。初問家父祭神讀經有何益處，家父答以汝等不必過問，惟要熱心讀經並祭玉皇上帝即可，時機到來自明，並稱後日當授以各種符法，惟羅先生未悉隱身法，須俟大陸符師前來。」62然祭祀對象是玉皇大帝、九天玄女，但禮拜時之唱詞卻是「南無阿彌陀佛、南無觀世音菩薩、南無娘九尊佛」，63由此可見其宗教信仰混亂之一斑。

(二) 迷信

余清芳、羅俊等利用迷信作為革命的手段方面，仔細歸納有符法、天運、氣數、風水、異象等。就連吃齋亦有其宣傳妙用。被告柯壽木在被日警詢及為何要實行食齋時答曰：「李火見謂領符實行食齋新禱，即可得神明保佑，馳騁戰場亦絕不中日人之子彈，故因而實行齋食，向神明祈禱，俾出戰場不中彈，必獲勝利。實行齋食實係為此。」64以食齋作為護身之後，若失敗則歸罪於彼人食齋不清之故。

符法之宣傳，是本案利用迷信最具威力者，余清芳等揚言中國大陸福建有符法高手、紅鬍姑（長紅鬍子之女人，陰陽人？），懂得隱身、避彈等仙術，將請他們來台傳授秘術，以擊退日人。日警詢問被告林阿榮：「賴宜要造反，曾稱將以何種方法為之？」答：「據稱要以符法為之。」又問：「所言將以符法造反，究用何法？」答：「施用符法，可置三、四方里內之日人幾如死亡狀態，且施法術之術士均刀鎗不入，據稱將以此法造反。」65被告蕭貫世在日警詢及擬用何種武器造反時，答曰：「因羅先生將授以一種符咒法，持其法符即刀刃不入，鎗彈不中，自不用鎗類武器。」[66]被告賴宜在日警詢及既無軍械與糧食，如何造反時，答曰：「並無軍械之需要，先以符法令日人之刀鎗不響失靈，繼則呼出陰兵，藉以驅逐日人。」[67]被告賴西被日警問「汝聞羅俊所言，曾否信其施用符法有其可能」時回答道：「是時信之彌篤，竊以施用符法得以完成大事，何其方便！」[68]事實上，所謂符法僅是招募黨員之手段罷了，連羅俊本人亦不相信，故曰：「教授符法，為招募更多黨員之手段，又寶劍拔三寸即可斃斂三萬，亦不外乎招募黨員之手段耳。」[69]

在異象方面，則宣傳天變，引起民眾之恐怖心理。如被告李火見供稱：「本年舊曆二月二十二日（四月六日）左右，由台南地方來有名為游榮之賣藥行商人，曰：本年舊曆七月左

---

[62] 同前註，頁一七三。

[63] 同前註，頁二一七。

[64] 余檔，第一輯第三冊，頁八〇六。

[65] 余檔，第一輯第一冊，頁一三四至一三五。

[66] 同前註，頁八四。

[67] 同前註，頁一一六。

[68] 同前註，頁一六七。

[69] 同前註，頁三〇五。

右，天地將變成黑暗，殆及一星期如暗夜，中國革命軍將乘機渡台，與日本發生戰爭，此際，倘供捐金二圓充革命黨之軍資，則發給神符（亦稱名刺），革命軍來時，倘出示此神符，可免殺戮，不然一家將悉被殺戮。」⑩以天災與革命軍之殺戮為威脅，部份民眾亦信以為真。

日人對余清芳利用迷信、迎合民意，藉以堅定信念之作法，偵知甚詳，在起訴書中將其歸納為以下六點：⑪

1.託西來庵王爺之神詔示以：「日本應以明年為限期歸還台灣，於限期屆滿當應同時撤退。」屆時彼等如仍割據不退，當要一舉而撲滅之。

2.宣傳西來庵之如何靈驗，勸募信徒竟涉全島，議定以「油香費」名義募捐，以籌備他日革命所需之軍資金。

3.勸募之法，各以其人與地而異，有時稱西來庵要設醮，而促捐其費用，對捐款者予以神符，稱他日謀反之際，若攜帶之，將有避彈、避傷之奇效；有時稱將自大陸聘來習秘術之法師，以傳授避彈、避傷之術，需要經費。

4.揚言西來庵王爺之神詔所示，山中有一寶劍，僅出鞘三分即可戮敵三萬云云。

5.揚言山中出現新皇帝、天公將降下毒雨，掀起黑風，誅滅日人及其他惡人。

6.揚言日人據台限期為二十年，本年限期已屆，理應撤退，正好乘機起事，將所有日人悉逐出島外。

由以上六點，可知余清芳等藉扶乩傳達神詔，宣傳日人據台時限已至，理應退出，並以符法、寶劍、災異、神主作為輔助手段，增加黨員之信心，換言之，即利用迷信之心理，使台人勇於參加革命抗日之陣營！

七、結論

從余清芳抗日革命案的口供中，可知本案的發生基本上是為一種民族運動，一方面以固有的夷夏觀念為基礎，力主驅逐日人，並發展出復明的號召，定國號為大明慈悲國，一方面受中國辛亥革命的影響，以中國革命軍將渡海來台，擊退日人作為宣傳，企圖在台建立革命政府。然而本案發生的催化因素，則是日本二十年的殖民統治，重稅的剝削與產業的侵奪，使人民生活日益窮困，法令的繁雜苛刻和執法人的貪瀆，使人民痛苦不堪，故在余清芳等提出驅逐日人的主張後，紛紛響應，使本案成為日據時期規模最大的武裝革命。

本案發生於一九一五年，距中國辛亥革命已有五年，然在革命的宣傳方面，竟又提出台灣皇帝的主張，而其塑造的皇帝竟是雙耳垂肩、雙手過膝之異相，說話靈驗，讓人恍惚又退回到元末明初之時期。又其以下層民眾為對象的革命活動，故藉用宗教與迷信的力量，倡言符法、天災、風水、寶劍等等，與時代格格不入，讓人彷彿退回到二百年前朱一貴的時代。充分證明，本案領導階層起自社會下層，所受之現代知識不足。

---

70 余檔，第一輯第二冊，頁六九六。

71 同前註，頁二九五。

在革命的性質方面，日人的起訴書雖然提到余清芳欲打破貧富懸殊之弊，於革命成功後將一切收歸明聖公子所有，平均分配於島民，設大租權，徵收官稅。這種均富的理想，很可惜並無闡揚或宣傳，亦未形成體系，所以若和一八五〇至一八六四年的太平天國革命相比較，實在相差甚遠。

一八九五年，台灣同胞因反對割台予日本，在政府無力，外援絕望之下，全台紳民在工部主事丘逢甲領導之下，準備自主，成立台灣民主國，展開抗日運動，當時抗日的理念和民主國的組織均有一定之水準。然而在日人統治二十年之後所爆發之余清芳抗日革命，與之比較，竟亦不如。這當然和主事者之知識水準有關，另方面亦可看出日人治台愚民之一斑。

余清芳抗日革命，由於策劃者和社會大眾知識有限，始自迷信，並利用迷信而採取行動，然而如噍吧哖之役，無論其出發點為何，然面對新式的槍彈、大砲，而能一波又一波，前仆後繼，死而無悔，非民族大義為其支柱，何能使烏合之農民大眾有如此悍然無畏之氣魄?面對異族統治，台胞奮不顧身，以驅逐日人離台，復歸大陸版圖為目標，這就是余清芳等最值得我們後人肅然起敬之處了。

台灣光復與媒體接收

一、前言

民國三十四年八月十五日，日本正式投降後，國民政府隨即設立「台灣省行政長官公署」，並任命陳儀為台灣省行政長官，積極從事台灣的接收與治理。然而，在陳儀治理台灣一年六個月後，卻因查緝私煙血案而爆發「二二八事件」，使當時台灣不少士紳與地方精英喪生，且導致若干無辜民眾財產損失與牢獄災厄，造成政府與民眾的裂隙，族群猜忌隔閡，影響台灣民心與社會，極為深遠。

近幾年來，由於朝野的關注，除了政府於民國七十九年一月成立「行政院研究二二八事件專案小組」，對事件真相及撫慰措施進行研究外，民間亦大量公布史料。所以二二八事件的檔案資料與論述出版，稱之為「汗牛充棟」，亦不為過。惟過去二二八事件的研究大都偏於政治層面，距離「暴陳真相」尚遠，邇來學術界有「把二二八事件還給歷史學者」之呼聲，即希望二二八事件的研究擺脫政治糾葛，透過歷史客觀公正的探討，還它真實面目。本文的研究動機，即是對於此一呼聲的回應。

二二八事件中，媒體扮演的角色極為重要。這種見解，幾乎是各種調查報告或研究者的共識。例如事變發生時奉命來台查辦的閩台監察使楊亮功，在調查報告中即認為輿論不當的影響是事變的原因之一。楊亮功說：

在日人統治時代，輿論上亦受絶對之統制。光復以後，陳長官在經濟上採取統制政策，在政治上已較爲放鬆，在輿論上則採取放任主義。一年以來，行政當局未能注意應付環境，各方開罪過多，是以全台十餘家報紙之輿論，幾無日不有批評政府、誹謗政府，甚至不依事實，任情謾罵，惡意醜詆。長官公署以言論自由，均置之不理。台胞初級教育，甚爲普及，能閱報者佔絶大多數，此等攻擊政府之輿論，爲其從來未所見，初則引爲怪事，繼則信爲正確，而漸啟輕視政府、不信任政府之心理矣。❶

除此之外，楊亮功認為二二八事件發生後，變亂擴大的重大原因之一，即是廣播無線電台為暴民控制之影響，此點亦與媒體有關。楊亮功說：

台北二二八事件發生，處理委員會成立後，所有各地重要無線電廣播電台，大都爲暴徒所佔領，於是對各地不斷虛構事實，謂政府及在台外省籍公務人員如何虐待台胞，國軍如何屠殺台胞，飛機如何轟炸平民，以激動台民感情，提高台胞之排外怒潮。而台灣平日之無線電廣播甚爲普及，民間收音機達十餘萬架之多，受此煽動，以訛傳訛，遂致各地均紛紛起而暴動，毆打外省人，繳取軍警槍械，俘因所有外省籍公務人員，此爲事變擴大之又一重大原因也。❷

楊亮功分析事變發生之重大原因有十項，而媒體因素即佔其中之二，影響不可謂不大。❷
賴澤涵、馬若孟、魏萼等在研究二二八事件時，承續這種看法，亦說：

> 導致台灣人對政府不滿的衆多因素之一是媒體所引起的作用。陳儀深信孫文學說，以漸進的方式使中國民主化。因此之故，他不但實施了一九四六年四月的選舉，也給了新聞界極無限制的自由。❸

又說：

> 一九四七年三月十三日，陳儀聽取了事變原因的報告後，指謫新聞界濫用政府給予他們的自由，任意謾罵政府，並且在台灣人和外省人之間播下衝突的種子。雖然陳儀的

---

❶ 蔣永敬、李雲漢、許師慎編：楊亮功先生年譜，台北，聯經出版事業公司，民國七十七年十月，頁三九七。

❷ 同前註，頁三九九。

❸ 賴澤涵、馬若孟、魏萼：悲劇性的開端——台灣二二八事變，台北，時報文化出版公司，民國八十二年三月，頁一三二。

指摘並非全然有理，但是新聞界猛烈而過分地抨擊政府，的確有助於公衆輿論的形成。❹

除了歷史學者外，新聞學者亦有類似之看法。陳國祥、祝萍在論及台灣光復初期的報業發展時，曾說：

光復初期，政府對報業採取「創刊不須許可，言論不受檢查」的制度，亦即廢止了新聞許可檢閱制度，言論自由受到充分保障，而創辦報紙也不再有任何的限制。❺

又說：

光復後的報紙因爲剛解除日人統治的桎梏，報人良莠不齊，對新聞自由更沒有深切的體認，因此照葉明勳所言，就「不免誤解而到了濫用的程度，所以在新聞處理上，往往越出法律和道德的範圍，若干論評，常歪曲事實，也有以狹小的地方觀念，感情用事，措詞更是極盡尖刻惡毒之能事」，另在新聞報導方面，「也有不惜無中生有，虛詞揑造的，而報紙登載卻繪聲繪影。」所以報界對事件的肇成與惡化，多少應負推波助瀾的責任。而在事件中及事件後，報業也嚐到了慘痛的惡果與損失。❻

由上面的引述，可以瞭解台灣光復初期的媒體與二二八事件的發生，似乎確有某些關聯存在。這是一個非常值得研究的課題，可惜目前二二八事件研究的成果中，卻付之闕如。所以，本文擬以台灣光復時的媒體接收，及台灣省行政長官公署的媒體政策為主題，藉以瞭解日據末期台灣媒體概況、日人統制新聞的情形，進而探討負責籌劃接收台灣的台灣調查委員會和主持人陳儀對台灣的認識、媒體接收的策略，及長官公署宣傳委員會宣傳政策失敗的原因，與二二八事件的關係，作一前導性的研究。

二、日據末期的媒體與新聞統制

一八九五年（光緒二十一年）三月二十三日，中日簽訂馬關條約，議決割讓台灣。五月十日，清廷交割全權委員李經方在基隆外海三貂澳與日本台灣總督樺山資紀辦妥交割手續。五月二十五日，舉行始政式，正式領有台灣。在日人據台的五十年又四個月，學者曾將其分為武力征服（一八九五至一八九八年）、政治建樹（一八九八至一九一九年）、安撫政策（一九一九至一九三六年）、同化政策（一九三六至一九四五年）等四個時期。❼本文所謂

---

❹ 同前註。

❺ 陳國祥、祝萍：台灣報業演進四十年，台北，自立晚報社文化出版部，民國八十年十一月，頁二七。

❻ 同前註，頁三三至三四。

❼ 高賢治編：台灣三百年，台北，眾文圖書公司，民國七十年十二月，頁二〇三。

的「日據末期」，指的是同化政策時期，即民國二十五年中日國交最緊張之時，日本作戰時準備，派海軍大將小林躋造擔任台灣總督起，至日本無條件投降止。

日據時期第一份近代化的報紙是台灣新報，創刊於一八九六年（光緒二十二年）六月十七日，創辦人是日本大阪府警部長山下秀實，因他不是報人，特別邀請報知新聞記者田川太吉郎任社長兼主筆。台灣新報雖號稱民營，但和總督府關係密切。「台灣日日三十年史」云：

> 該報的經營者山下秀實，在佔有台灣後，即感在此地發行新聞紙的需要，乃與樺山總督商議，曾獲總督贊同支持。但當時因本島政治分民政、軍政二部，對於新聞紙的許可，持相反的意見，故經一年後始得許可。❽

日本統治台灣，採取殖民地體制，台灣總督擁有軍政、民政大權，且可制定法律，其權限由日本本國法律第六十三號具體規定，即通稱的「六三法」。由於台灣總督的獨裁，新聞媒體幾乎全受其控制，按照「台灣總督府官房並各局事務分掌規程」的規定，新聞紙出版物及著作物是由總督府警務局保安課負責。❾在地方則由警務部或警務課負責。此外，總督府亦依「委任立法權」，頒布有關新聞事業的法令，計有：一八九九年頒布著作權法、著作權法在台灣之施行令；一九〇〇年頒布台灣新聞紙條例、新聞紙發行保證金規則、台灣出版規則；一九〇四年頒布改正新聞電報規則；一九一三年頒布美術信片取締令；一九一七年頒布台灣新聞紙令、台灣新聞紙令施行日期、台灣新聞紙令施行規則。❿這些法令都是對新聞出版加以限制。

日據時期對新聞紙（包括報紙與雜誌）的管制，有三個特點：第一，採許可制，即新聞紙在發行之前須先獲得台灣總督許可；第二，採保證金制，即發行人在新聞紙發行前要繳納保證金給管轄州廳；第三，採檢查制，即新聞紙必須經過事先檢查才能發行，檢查工作是由警務人員執行。以台灣新聞紙令為例，其中所列舉的不准刊登事項有：⓫

㈠褻瀆皇室之尊嚴，改變政體，或紊亂國憲之事項。

㈡預審中之被告事件之內容，及經檢察官禁止之有關搜查中或預審中之被告事件，並禁止公開之有關訴訟之辯論事項。

㈢煽動或庇護犯罪，及賞卹、救護，或陷害罪犯或刑事被告人之事項。

㈣不得公開之官文書、呈文、意見書，或請願書，及未經許可之有關政府之議事事項。

---

❽ 石原幸作：台灣日日三十年史，台北，台灣日日新報社，昭和三年四月，頁二。

❾ 台灣總督府警務局編：台灣總督府警察沿革志，台北，一九三三年十二月，頁一八九。

❿ 台灣省文獻委員會編：台省通志稿卷五教育志文化事業篇，台中，台灣省文獻委員會，民國四十七年二月，頁三七四至三七五。

⓫ 賴秀峰：日據時代台灣報紙事業之研究，台北，國立政治大學新聞研究所碩士論文，民國六十二年六月，附錄二：台灣新聞紙令。

㈤禁止公開的依法組織的公會之議事。

㈥有關外交、軍事，及其他秘密事項。

㈦擾亂秩序安寧，及被視為有妨害風俗者。

㈧如有違反上述任何一項，則禁止其發售，倘再度違反時，則取消其許可。

從以上的引述，可知日據時期台灣的媒體受到很嚴厲的控制。尤其不公平的是，報紙、雜誌、通訊社幾乎全部控制在日本人手中，在一九三二年以前，台灣總督一直不准台灣人辦報，惟一的雜誌「台灣民報」，始終受到當局的壓迫，批評政府的文字常遭刪除，讀者受警察干涉。日本人經營的報紙雜誌，稍為具有新聞良知者，如佐佐木安五郎創辦的「高山國」、台北日籍律師團創辦的「台灣民報」等，皆被勒令停刊。⓬其他則是台灣總督府的御用報紙，甚至公然自承負有特殊使命，非為新聞輿論而設，為此且不惜公然捏造新聞。⓭報紙雜誌所使用之語文，皆以日文為主，中文僅有「中文欄」之設置，直到一九〇五年，才有漢文（中文）台灣日日新報之創設。⓮一九三〇年，台灣民報經日本當局核可改為日刊。一九三二年四月十五日，台灣民報改名為「台灣新民報」，第一張真正的中文報紙才告誕生。

一九三六年，即昭和十一年，根據當年台灣年鑑的記錄，新聞媒體尚稱蓬勃，報紙方面，在台北市發行的有台灣日日新聞及台灣新民報；在台中市發行的有台灣新聞；在台南市發行的有台灣新報；在花蓮發行的有東台灣新報。此外，大阪朝日新聞及大阪每日新聞亦均在台灣發行「台灣號外」無定期新聞。在通訊社方面，日本電報通信社及新聞聯合社在台北均設有支社。⓯

在週刊、月刊方面，日本發行而許可輸入台灣的有台ハツワ月刊。在台灣發行的週刊有南日本新報、台灣經世新報、台灣經濟タイムス、南瀛新報、昭和新報、新高新報、台灣時事新報、東亞新報、南海時報等。月刊有台灣實業界、台衛新報、台灣自動車界、台灣婦人界、台灣大アジア、台灣藝術新報、台灣理容界、台灣農林新聞等。另外有二日刊台灣糖業通信，及每週發行二次的高雄新報，每月發行二次的青果時報。⑯

官衙發行的雜誌方面，月刊有台法月報、台灣時報、台灣教育、台灣鐵道、台灣遞信協會雜誌、すしさ月刊、台灣之產業組合、警友、台灣農事報、向陽、台灣山林、社會事業之友、台灣消防、理番之友、台灣畜產、台灣水利、市街莊協會雜誌、赤崁共存同榮月報、台灣地方行政等。半月刊有台灣警察時報、同光。每月發行二次的有專賣通信。雙月刊有高雄州時報。⑰

---

⑫ 石原幸作：台灣的言論界，台灣日日三十年史，台北，台灣日日新報社，昭和三年四月，頁一七至一八。

⑬ 黃樹仁：日據時期台灣知識分子的意識型態與角色之研究：一九二〇至一九二七，台北，國立政治大學政治研究所碩士論文，民國六十九年六月，頁一六。

⑭ 同❽，頁三五。

⑮ 田中一二編：台灣年鑑（昭和十一年版），台北，成文出版社翻印，頁三二四至三三四。

⑯ 同前註，頁三三四至三三六。

⑰ 同前註，頁三四〇至三四二。

另外，日本國內外新聞單位，包括大阪每日新聞、大阪朝日新聞、爪哇日報、中央新聞等三十七個報紙、雜誌、通訊社，亦都派有新聞特派員駐在台灣，人員多達四十八人。⑱

由以上資料可以瞭解，在一九三六年時，台灣的媒體尚稱發達，然從此開始，日本國內軍方勢力抬頭，輿論向右轉，使日本的媒體進入統制時代，台灣當然也受到影響。是年，日本政府首先將日本國內的兩大通訊社「日本電報通信社」與「新聞連合社」合併，成立所謂「同盟通信社」，統制國內輿論，向外表明統一的日本意志，跨出新聞統制的第一步。⑲其次，日本政府設置直屬內閣的情報委員會，由內務、外務、陸海軍遞信各省，遴選專任事務官，除各省次官局長外，並以資源局長及對滿洲事務局長等為委員，成立龐大組織，其主要目的為調整各省情報與新聞、廣播電台等報導機關所發布的報導。此委員會後來發展成情報部、情報局，是日本最初的宣傳啟發機關。⑳

一九三七年七月七日，蘆溝橋事變爆發，中日戰爭全面展開。八月二十四日，台灣總督府設置臨時情報部，聯合審查新聞刊載內容，同時發行部報，以事宣傳。㉑從此以後，新聞檢查及新聞發布皆歸情報部人員負責，一切新聞以接受事前檢查為原則。同時情報部不時發出禁刊事項的通知，因此，報紙除政府供給的新聞之外，其他事件一律不能自由採用。新聞報導尤不能批評軍方，若有這種消息，即以「離間軍民行為」予以處罰，報紙在此完全失去自由。日人經營的報刊，則派遣很多新聞記者前往中國大陸，採訪日本軍閥的侵略行為，報刊完全變成軍閥的工具。㉒

除了統制新聞外，台灣總督府為推行「皇民化運動」，在要求台人改姓易名、改變習俗之餘，亦下令將台灣報紙所有中文欄全部廢止。台灣統治史記云：

> 向來府報或新聞設有中文欄，但對於國語推行有妨害，乃於昭和十二年四月一日，島內所有中文欄全部廢止。㉓

此為日本軍閥強迫台灣同胞採用日語日文之舉，目的在達遂其同化之目標。

在統制新聞時代，台灣報紙的內容，以同盟通信社所提供的新聞為主。報人葉明勳曾云：

> 只要翻開當年的報紙，幾乎全是日本各級政府和台灣軍司令部情報部發布的，或者是透過同盟社的官方消息，千篇一律，彼此無殊。那時的同盟社，甚至經常在所發的新

---

⑱ 同前註，頁三三七至三三九。

⑲ 陳固亭：日本新聞史，台北，中華叢書編審委員會，民國六十四年四月，頁七九。

⑳ 同前註。

㉑ 台灣總督府編：台灣總督府事務成績提要（日本昭和十二年度），台北，成文出版社翻印，頁一七二。

㉒ 洪桂己：台灣報業史的研究，台北，台北市文獻委員會，民國五十七年四月，頁六一。

㉓ 尾崎秀真：台灣統治史，頁三二一。

聞稿上特別附註，指定某條新聞一定要在某一段某一地位刊出，即連該社的標題，有時也要各報照樣採用，不許更易。㉔

由此可知，同盟通信社控制台灣報業，是何等嚴厲。

中日戰爭發生後，台人經營的台灣新民報，立場更為困難，而日本當局的干涉，較以前尤甚。一九四〇年，該報易名為「興南新聞」，用以避免日警的注意。興南新聞之言論雖受限制，但因戰爭的刺激，又舉辦戲團公演或組織文藝會等活動，頗受讀者支持，所以發行數目最高時，日晚刊合計達四萬餘份。㉕

隨著中日戰爭的膠著，日本政府加強戰時體制，對新聞則從整理統制著手，以防止戰時的資源枯竭為藉口，實際是在非常時期下，要求媒體站在自律自戒立場，自動統制，並由地方長官與警視總監來負責。統制整理的順序是先由違背德義的新聞、選舉時的朦朧新聞、無公共意義的新聞，及陷於經營困難的小報開始，一九三八年至一九三九年則整頓月刊及週報，一九四〇年發展為日報的整頓。日本政府在國內確立一縣一報制的原則時，在朝鮮及台灣亦施行新聞的整理統制，成為一道一報制。㉖

日本政府在報刊數目極度減少後，在一九四一年一月十日，依據總動員法第二十條，頒布「報紙等揭載限制令」，主要的內容是規定限制的範圍與違反時的處分。限制的範圍是：有關總動員業務的官廳機密、軍機保護法所規定的軍事機密、軍用資源秘密保護法所規定之軍用資源秘密、外交上有妨礙之虞的事項。違反者內務大臣得給予停刊、扣押原版等處分。同年十月，日本政府又發布「言論、出版、集會、結社等臨時取締法」，對於戰爭中使人心動搖，或因反對國策招致國論的不統一，或妨礙進行戰爭者，加以嚴厲取締。以前因遭新聞界反對而由總動員法集中刪除的停刊規定，亦包括其中。㉗

一九四一年五月二十八日，日本新聞界企圖以自主統制迴避政府強力統制而成立的新聞聯盟開始運作，首先著手決定新聞用紙分配量及實施新聞共販制。但此一聯盟由於官方介入，所以是官民一體化的新聞總動員體制。同年十二月八日，日軍偷襲珍珠港，發動太平洋戰爭。五天後，即十二月十三日，日本政府以敕令公布新聞事業令，繼而公布新聞事業令施行細則，指定所謂統制會會員的報社一百零四家，應於一九四二年二月底前，成立統制團體。日本新聞界根據此一命令，於二月十日成立「日本新聞會」，作為統制機關，建立新聞新體制。㉘日本新聞會創立後，由於事業令和統制規程的威力，以及政府的努力，乃著手整理尚未統制之報紙，因此中央及地方的一流報紙亦只好統一，這個工作終在一九四二年秋完成，一縣一報為原則的新聞分布再編制，終告成功。㉙

㉔ 葉明勳：光復以來的台灣報業，中央日報，民國四十六年三月十二日。

㉕ 同㉒，頁六二。

㉖ 同⑲，頁八四。

㉗ 同⑲，頁八四至八五。

㉘ 同⑲，頁八七。

㉙ 同⑲，頁九二至九三。

在上述大環境下，台灣報業不但遭受言論統制，而且在物質上亦遭受到前所未有的限制。在「報紙等揭載限制令」公布後，日本政府將台灣總督府情報部改為情報委員會，以加強言論統制。至太平洋戰爭爆發後，新聞必須由日本大本營、情報委員會、同盟通信社供給，此外如官員談話、其他軍事、外交及有關治安事項，都禁止刊載。因此，報紙內容千篇一律，且多虛假消息。報人魏清德憶云：

太平洋戰爭爆發後，報紙上充滿了虛僞的案況、政府命令、日本精神及宣傳「人生二十」，鼓勵青年從軍的文章，完全忽視了讀者所關心的安全、物價變動、趣味及娛樂的新聞，新聞寫作也都一字不加修改地全文照登。㉚

在物質的統制方面，由於戰爭紙張、機器、鉛字的來源不足，加上運輸困難，台灣報業在印刷與篇幅上，都受到嚴重地打擊。以新聞用紙為例，日本新聞年鑑曾記云：

一九三七年七月配紙量減少一成五分。一九三八年九月至一九三九年六月，再由商工省命令較前年供給紙量減少配給一成二分；一九三九年七月至一九四〇年六月，又減三分；一九四〇年七月至一九四一年十二月，又減配一成，總計減配達二成五分。㉛

太平洋戰爭後，紙張、機械、鉛字來源告斷，只好以舊有材料，用了再用，以為應付，結果印出來的報紙模糊不清，有時因所需材料不濟，竟至無法出刊。日本當局雖以縮減篇幅、取消晚刊等方式加以挽救，但因日本敗象已呈，無濟於事。

一九四四年，日本總督兼軍司令官安藤利吉為實施新聞新體制，於三月正式宣佈將台灣日日新報、興南新聞、台灣日報、高雄新報、台灣新聞、東台灣新聞等六家報紙合併，成立「台灣新報」。台灣年鑑記云：

> 公元一九四四年四月一日，台灣總督爲對付戰局之進展，強迫全台灣所有六家日刊新聞統合爲一家，名曰台灣新報，單獨包辦全台灣的新聞。㉜

台灣新報成立後，聘請前高雄州知事坂口主稅為社長，興南新聞顧問羅萬俥等兩人為副社長，下設總務、編輯、業務、工務四局，同時又將台灣新聞報社改為台中支社，台灣日報社改為南部支社，高雄新報社改為高雄支社，東台灣新聞社改為東部支社，就地編印報紙。至於原有興南新聞員工，則大部編入本社工作。另外，在東京、大阪設立支社；島內新竹、基隆、宜蘭、彰化、台東設立支局；海南島、西貢、馬尼拉、廈門、香港，均派有特派員從

㉚ 同㉒，頁六三。

㉛ 日本新聞年鑑（昭和十六年版），頁六七。

㉜ 台灣年鑑（昭和十九年版），台北，成文出版社翻印，頁九一。

事採訪工作。報社員工多達一千二百餘人。㉝

一九四五年，日本侵略戰爭已面臨崩潰，這時台灣新報因人員太多，經濟倍加困難，復以發行自二十萬份跌至十七萬五千份，其中又包括勞軍報紙三萬份，因此經濟不能維持。彼時台灣遭受盟軍飛機轟炸，設備受損，僅靠疏散鄉間的備用機器印報，可謂奄奄一息。報人謝然之曾云：

> 民國三十三年（即日本昭和十九年），日本軍閥爲節省物力，便於統制起見，將六家報紙合併爲「台灣新報」，合併後的台灣新報規模當然很大，但其實質已成強弩之末，例如本省光復前每日出報已經縮成八開一小張，一切器材早已破爛不堪，衡陽路的舊址，經過盟軍幾次大轟炸，也是搖搖欲墜。㉞

這就是台灣光復前報業殘破情形的最佳見證。

廣播方面，日本本國的廣播事業開始於一九二四年，是年十一月在遞信省監督下成立「中央放送局」，並在東京、大阪、名古屋等地設立電台，翌年三月二十二日正式播音，當時僅有收音機三千五百架。後來，中央放送局易名為日本放送協會，為政府經營之非營利組織，預算完全依賴收音機執照費支持，性質大致與英國廣播公司相同。㉟日據時代台灣的廣播事業則濫觴於一九二八年遞信省無線電廣播實驗室的廣播試驗。三年後，即一九三一年一月二十五日，台北放送局之板橋放送機室第一部份落成，二月一日正式開始廣播。其次為台南放送局之台南放送機室，設立於一九三二年四月一日；台中放送局之北屯放送機室，設立於一九三五年九月二十八日；嘉義放送局之放送電台設立於一九四三年五月五日；最後設立者為花蓮放送局之放送電台，直至一九四四年五月一日始告落成。㊱

日據末期，台灣共有廣播電台五處，統屬於台灣放送協會，計有廣播機六座，即台北、板橋各一座，輸出電力均為十基羅瓦特；台中北屯及台南各一座，輸出電力均係一基羅瓦特；此外嘉義有五百瓦特一座，花蓮有一百瓦特一座而已。至於全部電台每日播音時數，僅有六十三小時又五十五分，而節目廣播部份則有兩個。廣播電台員工為數甚多，計職員五百六十六人，工友四十三人，共六百零九人。㊲

聽眾方面，成長頗速，茲以一九三二年至一九四〇年間廣播聽眾增加指數作一說明：㊳

㉝ 同㉒，頁六六至六七。

㉞ 謝然之：十年來的新生報，台灣十年，台北，台灣新生報社，民國四十四年，頁八。

㉟ 李瞻：世界新聞史，台北，國立政治大學新聞研究所，民國五十五年五月，頁八八五。

㊱ 台灣省文獻委員會，台灣省通志卷五教育志化事業編，台中，台灣省文獻委員會，民國五十九年，頁二二三。

㊲ 同前註。

㊳ 台灣通訊社編：台灣年鑑（昭和十七年），台北，成文出版社翻印，頁六二四至六二五。

公元	日本年度	日籍聽眾	臺籍聽眾	全部聽眾
一九三一	昭和六年度末	一〇〇	一〇〇	一〇〇
一九三二	昭和七年度末	一四九	一四九	一四九
一九三三	昭和八年度末	一六八	一六一	一六六
一九三四	昭和九年度末	二〇五	一六〇	一九四
一九三五	昭和一〇年度末	二六六	二二二	二五五
一九三六	昭和一一年度末	三四〇	二八九	三二七
一九三七	昭和一二年度末	四六五	五四一	四八三
一九三八	昭和一三年度末	四八〇	六〇二	五一〇
一九三九	昭和一四年度末	五二五	七四五	五八〇
一九四〇	昭和一五年度末	五八八	九九七	六九一

至於廣播聽眾所使用的收音機，可分為礦石、一二球、三球、四球、五球、六球等六種，茲以一九四〇年，即昭和十五年度末之情形，列表説明如下：[39]

局別	收音機別	礦石	二球	三球	四球	五球	六球	合計
台北	日籍人士	九六	四〇	七、一六六	九、九〇一	三、七九六	五九五	二一、五九四
	台籍人士	七	六	九一八	三、九四八	三、七四七	五三一	九、一五七
	合計	一〇三	四六	八、〇八四	一三八四九	七、五四三	一、一二七	三〇、七五一
台南	日籍人士	四六	八	一、一五九	八、八二〇	二、一一一	三八一	一三、五二五
	台籍人士	五八	一	二九六	四、四八四	二、七五〇	五四八	八、一三七
	合計	一〇四	九	一、四五五	一三、三〇四	五、八六一	九二九	二一、六六二
台中	日籍人士	三	六	五一一	三、七一八	一、一八七	一九九	五、六二四
	台籍人士	〇	一	一五五	二、八五〇	三、〇七四	五〇五	六、五四五
	合計	三	七	六二六	六、五六八	四、二六一	七〇四	一二、一六九
全島	日籍人士	一四五	五四	八、八三六	二二、四三九	八、〇九四	一、一七五	四〇、七四三
	台籍人士	六五	八	一、三二九	一一、二八二	九、五七一	一、五八四	二三、八三九
	合計	二一〇	六二	一〇、一六五	三三、七二一	一七、六六五	二、七五九	六四、五八二
百分比		〇·三二	〇·〇九	一五·七三	五二·二四	二七·三五	四·二七	一〇〇·〇〇

由上表可知，在使用的收音機方面，以四球收音機佔多數，達百分之五十二點二四；其次是五球收音機，佔百分之二十七點三五。收音機總數方面，全島共有六萬四千五百八十二架，日籍人士佔有四萬零七百四十三架，台籍人士只有二萬三千八百三十九架，以人口比例觀之，極為不平均。但是收音機數目則不斷增加，到一九四五年七月份止，增加至九萬七

㊴ 同前註，頁六二五。

千五百四十架。㊵

日據時代收音機數目調查詳實，主要是與採收費制有關。當時辦理收音機登記業務的是台灣放送協會加入課。該課內分二股：一為加入股，辦理收音機登記、移轉、取消登記等事務；一為收費股，辦理收音機月費徵收事務。日據時期辦理此項業務，係以政治力量為手段，強迫每一擁有收音機之聽戶，必須向放送協會登記；如不依時辦理登記，一經警察查出，即以犯法違警論罰，㊶故其數目相當可靠。

三、媒體接收與媒體政策

台灣澎湖是清廷在馬關條約中割讓給日本，因此中華民國成立後，國民政府對於台灣問題之立場，係以聲援台灣同胞的民族獨立與解放運動為主，不敢言及收復失土。這種立場一直到抗戰期間才有所改變。

民國二十九年四月，即對日抗戰三十三個月後，國民參政會參政員宋淵源等在第一屆第五次大會中提「策進台灣朝鮮革命使敵益速崩潰」一案，要求政府以「收復台灣」、「解放朝鮮」為號召，削弱日本的侵略力量。提案云：

我國抗戰三十三個月，敵已再衰三竭，因而對於素所疑忌防閑之台灣朝鮮，不但吸取其物力，且並已不得不利用其人力，以爲有關軍事上補充之用。我於此時倘以「收復台灣」、「解放朝鮮」爲號召，則台韓人民心理，必因震動，其革命進行亦必益行熱烈，故積極的可使台韓志士內應殺敵，消極的可使敵因猜疑而影響於台韓人力之利用。蓋台人百分之九十以上爲漢族，韓則原我外藩，被併吞後，因敵之壓抑殊甚，亦人心思漢，如依於政治分化政策，善爲運用，使敵於人力物力枯竭之時，乃復增加此肘腋之患，其人心軍心必更動搖，尤不難速其崩潰；是甯非攻心之一策耶？㊷

這是戰時民意機構對收回失土，光復台灣的最先呼籲。

民國三十年日本偷襲珍珠港，太平洋戰爭爆發，美國捲入遠東戰場。是年十二月九日，我正式對日宣戰。翌年十一月三日，外交部長宋子文招待中外記者，發表聲明：

我國戰後決定收復台灣、澎湖、東北四省等失地。

至此，國民政府對台灣問題的立場，明顯由聲援台胞的民族運動轉變為收復失土的既定政

㊵ 同㊱。

㊶ 同㊱。

㊷ 中國國民黨黨史委員會編：中國現代史史料叢編第四集，光復台灣之籌備與受降接收，台北，中國國民黨黨史委員會，民國七十九年六月，頁一至二。

策。㊸民國三十二年十一月，中美英三國之「開羅宣言」，明白宣示東北四省、台灣、澎湖群島等將於戰後歸還中華民國。這是國際承認中國將要收復台澎的歷史性文獻。

戰後台澎重還祖國懷抱既已定案，蔣主席乃於民國三十三年四月十七日，亦是馬關條約簽訂的第四十九年紀念日，在中央設計局內成立「台灣調查委員會」，派陳儀為主任委員，沈仲九、王芃生、錢宗起、周一鶚、夏濤聲為委員，展開收復台灣的統籌事宜。㊹

台灣調查委員會成立後工作的內容可分為擬定計劃、訓練人才、蒐集資料、編輯刊物、選譯法規、專題研究等六大部份。在擬定計劃方面，最重要的是擬定台灣計劃綱要十六項八十二條，於民國三十四年三月二十三日公布；在訓練人才方面，有台灣行政幹部訓練班及台灣警察講習班之舉辦；在蒐集資料方面，則是蒐集日據台灣之法令、法規及統計報告等資料；編輯刊物方面，分類編輯台灣概況，編有行政制度、財政、金融、交通、教育、社會事業、衛生、戶政、貿易、警察制度、專賣事業、工業、糖業、農業、水產、林業、礦業、水利、電氣煤氣及自來水管等十九種；選譯法規方面，分類翻譯台灣法令，分行政、司法、教育、財務、金融、工商交通、農礦漁牧七大類，約一百五十萬字；專題研究方面，成立行政區域、土地問題、公營事業三個研究會，對各種設施，擬定具體方案，以為接收之依據。㊺「台灣接管計劃綱要」是台灣調查委員會最重要的成就，擬定的經過是這樣：

本會自去（三十三）年四月十七日成立以來，即著手編擬台灣接管計劃綱要，提經本會歷次委員會討論，並送中央設計局各有關組處，陸續簽註意見，又經根據國防最高委員會頒布之復員計劃綱要，加以整理，計成十六項八十二條，當於十月二十七日簽呈總裁鑒核，並分送設計局彙辦，本（三十四）年三月二十三日業奉總裁修正頒發。㊻

綱要內容包括通則、內政、外交、軍事、財政、金融、工礦商業、教育文化、交通、農業、社會、糧食、司法、水利、衛生、土地等，是台灣從日人手中接管的依據準則。

就本文的研究主題「媒體接收」方面，台灣接管計劃綱要中並無列有專項，僅散見於通則及教育文化項下。如第四條規定：

接管後的文化設施，應增強民族意識，廓清奴化思想，普及教育機會，提高文化水準。

第七條規定：

㊸ 鄭梓：台灣史研究暨史料發掘研討會文集，抗戰時期對於收復台灣之輿論反映，高雄，中華民國台灣史蹟中心，民國七十五年十一月，頁一三。

㊹ 中央設計局台灣調查委員會一年來工作大事記，光復台灣之籌劃與受降接收，頁四四。

㊺ 台灣調查委員會一年來工作狀況，光復台灣之籌劃與受降接收，頁一四四至一四七。

㊻ 同前註，頁一四四至一四五。

接管後公文書、教科書及報紙，禁用日文。

第四十六條規定：

廣播電台、電影製片廠、放映場等之設置、地點與經費，接管後以不變為原則。

第五十一條規定：

日本佔領時印行之書刊、電影片等，其有詆毀本國、本黨或曲解歷史者，概予銷燬。㊼

日本無條件投降後，國民政府於三十四年八月二十九日任陳儀為台灣省行政長官，翌日續下令派遣台灣省行政長官公署之幕僚長及各處處長。三十一日，國防最高委員會交下「台灣省行政長官公署組織大綱」，再依國民政府訓令予以頒布。㊽九月一日，台灣省行政長官公署及台灣省警備總司令部在重慶成立臨時辦公室。㊾九月七日，國民政府派陳儀兼台灣省警備總司令。九月二十日，國民政府依立法程序正式公布「台灣省行政長官公署組織大綱」，做為收復台灣後重建政制之法律依據。㊿九月二十八日，接收台灣的前進指揮所成立，派行政長官公署秘書長葛敬恩兼主任，台灣省警備總司令部副參謀長范誦堯兼副主任，並由以上兩單位指派專門委員及參謀人員，共計四十七人，作為接收台灣之先遣隊伍。[51]十月五日上午七時，全所官兵七十一人，在重慶市白驛機場分乘美運輸機五架，逕飛台北，當日午後六時以前，各機均先後抵達台北松山機場。[52]

在前進指揮所的職員中，與媒體及媒體接收有關者八人，表列如下：[53]

㊼ 台灣接管計畫綱要，光復台灣籌劃與受降接收，頁一〇九至一一五。

㊽ 國民政府公報，台北，成文出版社影印發行，民國三十四年九月四日補登。

㊾ 陳漢平：台灣光復前夕的史事日誌，台灣文獻第二十四卷第二期，台中，台灣省文獻委員會，民國六十二年六月，頁五八。

㊿ 國民政府公報，民國三十四年九月二十一日補登。

51 台灣警備總司令部編印：台灣警備總司令部軍事接收總報告書，台北，民國三十五年，頁三至六。

52 同前註。

53 同前註。

職別	姓名	任務	備考
新聞事業專門委員	李萬居	調查監視並準備接收	
廣播事業專員	林忠	宣傳	
廣播事業專員	林柏中	宣傳	
中央通訊社	葉明勳	採訪	
上海大公報	費彝民	採訪	
大公報	李純青	採訪	
中央日報	楊正和	採訪	
攝影記者	林世璋	攝影	

前進指揮所係為長官公署及警備總部之接收進行準備工作，到了十月十七日，長官公署及警備總部官佐二百餘人抵台後，全所工作乃移交給此二單位組成之「台灣省接收委員會」。十月二十五日，前進指揮所撤銷，各職員及官佐回原來建制服務。[54]由於「台灣省行政長官公署組織條例」第五條規定：

台灣省行政長官公署必要時得設置專管機關或委員會。

所以陳儀在長官公署內設宣傳委員會，派夏濤聲為主任委員，掌理宣傳工作，媒體接收人員也就歸屬宣傳委員會。

由宣傳委員會主持宣傳組的接收工作，可分五方面說明：一、台灣新報社及其支社，接收後，其台北本社及花蓮港支社，由長官公署改辦台灣新生報，自三十四年十月二十五日起，即按日出版，每日一大張。台中、台南二分社，由長官公署撥交中央宣傳部特派員辦理中華日報，於民國三十五年二月二十日在台南創刊。二、台灣放送協會、放送局及其支局，由中央廣播事業管理處派員接收，改為台灣廣播電台，亦自三十四年十月二十五日起開始廣播。三、同盟通信社及其分支機構，由中央通訊社派員接收，改為中央通訊社台灣分社，於三十五年二月一日開始發稿。四、台灣總督府情報課及其附屬機關，如台灣映畫協會、台灣報導寫真協會，則由長官公署宣傳委員會直接接收。五、三十五年二月，長官公署將電影戲劇業務劃歸宣傳委員會，因此，日人經營之電影戲院亦由其負責接收。55

在媒體接收過程中，台灣省行政長官公署對台灣新報的接收與中央宣傳部的構想發生衝突。中央宣傳部希望台灣光復後創辦「台灣中央日報」，做為黨的喉舌；其器材設備當然以接收台灣新報為主，但台灣省行政長官公署卻將接收的台灣新報改辦「台灣新生報」。關於此點，當時擔任宣傳委員會秘書的沈雲龍曾回憶云：

中央宣傳部對於接收「台灣民報」（按：應為台灣新報）後，長官公署改爲新生報，並聘請

---

54 同前註。

55 台灣省行政長官公署編印：台灣省行政長官公署施政報告，台北，民國三十五年十二月，頁二七五。

青年黨人李萬居爲社長，至感不滿，乃以台灣須辦黨報爲由，強令分與台灣新報印刷機器之一半，命特派員盧冠群籌備中華日報，陳則以該報須設在台南爲條件，免在台北與台灣新生報發生衝突，最後雙方勉強接受，打開僵局。[56]

中華日報在其創刊之社論中，對該報創辦緣起亦有說明，社論云：

在八一五光復之前，中央就決定光復之後，在台灣創設一個中華日報（原定名台灣中央日報），讓台灣同胞聽聽祖國之聲，也讓祖國同胞聽聽台灣之聲，希望在這人心的交響中，喚起新的台灣、新的中國、一個新的精神。[57]

但是，中央宣傳部的這個構想，顯然被陳儀欲單獨辦報的行動粉碎了。

中華日報的創社社長，亦是中央宣傳部特派員的盧冠群，在「中華日報一瞥」書中曾回憶當時情形說：

回想兩年前創刊的時候，真是使人有些寒心，當初我們接收了一些殘缺不全的機器，和一幢站在室內可以仰望蒼空的屋子，在台南荒涼的瓦礫堆裡開始發行，這種寒傖無助的情景是不難想見的。報社的經濟情況壞到不可想像的地步，沒有錢買紙，沒有錢發薪，被迫停刊的危機緊緊地威脅著我們；而員工的生活更是困苦，待遇連長官公署的一半都不到，沒有米吃只好啃嚼番薯，但是在這種苦難的情況下，我們仍沒有灰心氣餒。[58]

言詞之間，對於陳儀未予支助，隱約有所不滿。

新聞學者陳國祥在談及光復初期的報紙時也說：

繼新生報後，中國國民黨黨營的中華日報，於民國三十五年二月二十日在台南創刊。據說中華日報原擬在台北創刊，但以當時行政長官陳儀多方作梗，始將社址設於台南。……該報雖號稱接收日人八個新聞單位，但實際上除了兩、三棟被炸毀的房屋外，只接收到社徽、招牌、圖書、照相器材，以及一些不完全的印刷零件，盡是精神上的「戰利品」。[59]

---

[56] 沈雲龍：二二八事變的追憶，歷史月刊第三期，台北，歷史月刊雜誌社，民國七十七年四月，頁八。

[57] 中華日報創刊發刊詞，民國三十五年二月二十日。

[58] 盧冠群，中國國民黨文化工作會編印：邁過了最艱困的兩年，黨營文化事業專輯之三：中華日報，民國六十一年十月，頁一八三至一八四。

[59] 同[5]，頁二七。

從中華日報的案例，可知陳儀對媒體的掌握頗為積極，甚至不惜與中央頡抗，這種作風對光復初期的省政影響頗巨。沈雲龍評論云：

陳對中央黨政及人際關係，極不圓通，嫉之者至謂爲不受中央節制的「台灣王國」，上海僑聲報訾議尤烈，陳既具有上述不利因素，遂影響到二二八事變發生後，幸災樂禍惟恐不亂者有之，暗中推波助瀾利其速去者亦有之，其故即在此。60

光復初期媒體接收及宣傳引起爭議，尚有陳儀大量進用青年黨籍人士所引發之後遺症。宣傳委員會主任委員夏濤聲、秘書沈雲龍、新生報社長李萬居等重要宣傳幹部，均為青年黨人。當時任中國國民黨台灣省黨部主任委員的李翼中，在「台事親歷記」中，曾記錄他與陳儀有關宣傳問題的談話，明顯流露出他對「異黨操縱宣傳」、「宣傳授人以柄」61的不滿。李翼中首先提及拜訪陳儀的動機說：

共產黨乘國共和談之會，在台宣傳，猛厲無前。省黨部特約集宣傳界、黨員組宣傳會報，研討對付政策。僉以政府宣傳機構既漫無因應情勢之有力政策，更無從密切配合，以我之怠慢而與敵之齊一爭長短，何能取勝？因以走訪陳儀。62

這次拜訪，李翼中和陳儀的對話如下：63

余曰：近來各報章雜誌不利於政府之記載言論層見疊出，放肆甚矣，無乃共產黨之宣傳攻勢乎。

陳答：曾有多人言之，余以有命夏主任委員矣。

曰：聞夏主任委員爲青年黨員，能否效忠長官政策？

答：夏氏入青年黨時曾以實告，彼對余甚忠。

曰：聞李萬居亦爲青年黨員，長官詳否？新生報爲政府喉舌，李氏能勝任否？

答：余知其爲國民黨員，是否跨黨不得其詳，彼主持新生報以來尚能稱職。

曰：政府用人自以才能爲準，夏李二君既才力優長，何爲而不可？政府推行三民主義政策，何若愼選對主義有深切硏究，又爲長官所信任者，付以專責，豈不兩得其宜？

答：未嘗及此。

曰：共產黨之宣傳攻勢，余以爲應採有效辦法稍加抑制，想長官有同感也。

---

60 同56。

61 李翼中，中央硏究院近代史硏究所編：帽簷述事，二二八事件資料選輯（二），南港，中央硏究院近代史硏究所，民國八十一年五月，頁四〇五。

62 同前註。

63 同前註。頁四〇六。

答：中央既實行民主憲政，各黨派言論儘可自由，但不許有越軌行爲。

曰：俟有越軌行動，然後謀之，恐傷元氣。

答：嚴密防範，可無大害。

由以上的對話，足見李翼中和陳儀的會談並無結果，李翼中對青年黨人擔任重要宣傳主管的質疑，陳儀並不以為然；李建議抑制言論自由，陳亦不採納，信心滿滿。因此，李翼中曾慨嘆云：

公署之宣傳委員會，既爲政府之宣傳神經中樞，竟付諸青年黨夏濤聲，說者謂公署時代之宣傳，實授人以柄，其不然歟！64

在媒體政策方面，長官公署遵照中央指示，對於新聞紙雜誌，廢止新聞檢查制度，但發行仍按出版法採取登記許可制度。民國三十五年十二月宣傳委員會的工作報告云：

本省光復後，各地新聞紙雜誌，紛紛出版，惟以發行人對於出版手續，諸多未諳，經以通告抄錄出版法有關條文，並規定凡在民國三十四年十一月二十五日以前發行之新聞雜誌，均應向發行所在地之地方主管官署申請登記，嗣後須先辦理登記，經核准後，方可發行。65

該年底全省各縣市新聞紙雜誌申請登記者，計九十九件，發行中者五十家，已辦理登記手續將發行者十三家，已登記發行而因故停刊者三十六家。(66)

長官公署對民營報紙雜誌採取放任主義，但公營的報紙及廣播電台則採取干涉主義，實際介入經營。以新生報為例，長官公署三十五年度工作計劃中曾列有「督導新生報改進業務」一項目，指出新生報有：㈠編輯人才較差，未有良好表現；㈡電務及校對人員缺乏；㈢本省鉛字缺鋅，其質易軟，用於轉動機每至模糊不清；㈣校對不清，常有錯誤等四個困難。要求改進事項有：㈠增聘經驗較優的編輯數人，並延長編輯時間至夜三時止；㈡增派電務技術人員，逐日全部收聽中央社電稿；㈢增聘各項專家輪流執筆社論及星期論文；㈣增聘各重要地點特約人員，逐日拍發新聞電報及各種特約通訊論述；㈤向上海購運本省所缺乏鉛字重要成分「鋅」，並鑄新五號及特大號字，及各種花邊，並向內地招覓熟練排字工人，改良排版方式，力求顯明醒目；㈥增加校對人員，嚴密校對，厲行獎懲辦法；㈦向滬購運漂白粉，交由紙廠使用，使紙質白潔，並向內地購買大量油墨備用。(67)由以上引述資料，可知長官公署宣傳委員會對新生報業務介入之深，已到無以復加的地步，所以在工作報告也不諱言「指導

---

(64) 同(61)。

(65) 同(55)，頁二八〇。

(66) 同前註。

(67) 台灣省行政長官公署編印：台灣省行政長官公署三十五年度工作計劃，頁三七二至三七三。

報館及廣播電台」是其工作項目之一，並詳云：

台灣新生報爲本省惟一大報，每日銷行甚多，對人民影響最大，故關於該報社論及編排方面，每週均由本會會同該報李社長萬居約集負責有關人員研究改進，以收宣傳之效；又本省民間收音機之裝置，相當普遍，因之，廣播電台亦成爲宣傳之利器，故本會與之隨時取得密切聯繫，並隨時促其改進節目，以利宣傳。[68]

在媒體使用的語文方面，光復之初，長官公署尚允許新聞紙雜誌附刊日文版，但從三十五年十月二十五日起，則下令撤除日文版。宣傳委員會云：

本署前以台灣受日人統治達五十年，大部份台胞，均未諳本國文字，故暫准新聞紙雜誌附刊日文版，此種措施，原爲一時權宜之計，嗣以本省光復，已居週年，本會爲執行國策，推行本國語言起見，特公告自本年十月二十五日起撤除本省境內所有新聞紙雜誌附刊之日文版，經公告並敍署電各縣市政府遵照去後，嗣據各縣市政府報告，謂本省境内已無新聞紙雜誌附刊之日文版矣。[69]

但長官公署為對日籍人士宣傳，曾編印日文新聲雜誌，以使他們增進對中國的正確認識，每期大約印刷七千冊。[70]

有關圖書及影片方面，長官公署則採取嚴厲的查禁政策。取締違禁圖書部份，宣傳委員曾云：

本省光復後，本會爲肅清日人在文化思想上之遺毒起見，特訂定取締違禁圖書辦法八條，公告全省各書店、書攤，對於違禁圖書應自行檢查封存，聽候處理，並由署令各縣市政府遵照辦理。至台北市部份，則由本會會同警務處及憲兵團檢查，計有違禁圖書八百三十六種，七千三百餘冊，除一部份由本會留作參考外，餘均焚燬。其他各縣市報告處理違禁圖書經過者，計有台中、花蓮、屏東、高雄、台南、彰化、基隆等七縣市，焚燬書籍約有一萬餘冊。[71]

影片審查部份，宣傳委員會云：

前奉中央命令，新聞檢查制度雖經廢止，但電影戲劇檢查，仍應繼續舉辦，遵經制定

---

[68] 同[55]，頁二八一。

[69] 同前註。

[70] 台灣省行政長官公署編印：三月來工作概要，民國三十五年二月，頁一〇五。

[71] 同[55]，頁二八〇。

台灣省電影審查暫行辦法公布施行，並公告片主送審，計自三十五年一月二十二日會同台灣省黨部開始審查影片以來，除日本片絕對禁止上演外，共計審查五〇一片，內中因違反國策、妨礙風化，及情節神怪不予通過者四十七片，經核准發給准演證者四五四片。並由本會指定各縣市政令宣導員兼任各該縣市電影檢查員，藉以防止無准演證之影片上映。[72]

陳儀主持的行政長官公署對於媒體採行的政策，雖仍嚴厲，但較諸日據末期的戰時新聞統制，已寬鬆許多，因此光復後，報紙雜誌如雨後春筍，而以三十五年三月至九月為台灣民營報紙的勃興期，在這半年中，僅台北一地就有十家報紙創刊，其他各縣市也有五家報紙相繼創立，這些報紙有的出對開一張，有的只出四開一張，印刷內容都不夠理想，發行數字也很有限，因此有些只維持一年半載就不得不宣告關門。[73]至民國三十六年初，二二八事件發生時，台灣公民營報紙總共已有二十家，詳如下表：[74]

報刊名稱	性質	負責人	社址	備註
台灣新生報	日報	李萬居	台北	全省最大的日報
中華日報	日報	盧冠群	台南	
民報	日晚刊兼出	林茂生	台北	銷路為各民營報紙之冠
人民導報	日報	宋斐如	台北	
大明報	晚報	林子畏		全省最大的晚報
重建日報	日報			
和平日報	日報	李上根	台中	
國聲日報	日報	湯秉衡	高雄	
東台日報	日報	吳萬添	花蓮	
自強報	日報	周漢儀	基隆	
興台日報	日報	沈瑞慶	台南	
光復新報	日報	曾國雄	屏東	
自由報	三日刊			
中外日報	日報	林宗賢		創刊未久即停刊，壽命最短

報刊名稱	性質	負責人	社址	備註
國是日報	日報	林紫貴	台北	國民黨台灣省黨部機關報
工商日報	日報	林夢林	台北	
台灣經濟日報	日報	謝漢儒	台北	

報刊名稱	性質	負責人	社址	備註
鋸聲報	三日刊		台南	
民聲日報	日報		台中	
商工經濟新報	日報		台南	

除了報紙之外，亦有為數不少之週刊及月刊。另外，大陸來台銷售的報紙，則以上海出刊的各大報為主，銷路最多的是申、新兩報，其次是大公報。正言報及商報在台灣也均有分銷機構，而各報派駐在台灣採訪的新聞記者數目也不少。75

在眾多的報紙雜誌中，由於黨派立場及創辦動機的不同，導致言論南轅北轍。李翼中曾以國民黨的觀點嘆道：

> 新生報雖爲政府所辦，然其社長爲青年黨李萬居；大明報爲林子畏創辦，實爲民主同盟之喉舌；陳旺成之民報、林宗賢之中外日報，純爲地方主義色彩。堪稱爲言論正確者，僅中華、和平、台灣重建數報而已。76

---

72 同55，頁二七八。

73 同5，頁二八。

74 台灣省新生報編印：台灣年鑑，民國三十六年，頁八；同註5，頁二八至二九。

75 同5，頁二九。

76 同61，頁四〇五。

李翼中並且曾以「人民導報」與「台灣評論」為例，說明國民黨黨員創辦的媒體，卻遭其他黨派控制的情形。李翼中說：

人民導報初爲宋斐如所辦。宋氏任公署教育處副處長，藉導報爲不利於處長范壽康之宣傳，爲陳儀不滿，卸職。導報亦改組，歸王添燈主辦。嗣後導報之國際、國內新聞，諸多歪曲事實，不利於政府。余特向王氏一一指明，以注意編輯人之思想、經歷爲請，一時頗有改善，既而又故態復萌，因邀王氏至黨部，嚴詞戒之曰：「君爲台北市青年團主任，而所辦報章無論取材或言論皆出於共產黨之手，不察而明，君不知而爲之，則不明；知而爲之，則不忠，再不改弦更張，萬一政府不爲諒，則噬臍莫及，徒喚奈何耳！君已熟慮之否？」王氏惶恐而退，然未嘗改也。77

至於「台灣評論」的言論及內部成員問題，李翼中亦說：

台灣評論爲憲政協進會主辦，發行人林忠，其總編輯李純青，台人，大公報記者，實爲共產黨員。評論在上海編印，創刊號出，異黨作品，赫然刺目，反動言論連篇累牘，余不勝駭然。以爲憲政協進會有力台人所創立，竟爾如此，殊出意料，即面告林忠停止銷售，旋林氏約丘念台等來見，謂創刊號業已發售，後當爲補牢之計。余曰：

「創刊號須收回，第二期以後如再有反動言論，君等難逃其責。」彼等一再要求免予收回，余不禁厲聲曰：「吾人正群策群力建設台灣，君等生長斯土，甘心舉火而焚之，余將助君等灌汽油以速之。」始聳然曰：「謹照辦。」實則僅將顯著之反動字句塗去，仍續銷售。(78)

抗戰勝利後，國共兩黨針鋒相對，政局複雜，李翼中所言者，或許正是這種政治現象反應在光復初期台灣媒體的具體實例。

四、宣傳委員會的成立與撤銷

台灣省行政長官公署成立時，鑒於宣傳工作在現代行政中，漸居重要地位，本省淪陷五十年，在文化思想上，敵人遺毒甚深，故光復後，文化宣傳工作，極為重要，本省應此實際需要，特於行政長官公署內，設置宣傳委員會。(79)

然宣傳委員會的壽命卻為時甚短，至民國三十六年三月十五日即被撤銷，為時不到一年五個月。撤銷的導火線是「二二八事件處理委員會」，於是三月六日提出的三十二點政治改

---

(77) 同前註。

(78) 同前註。

(79) 同(70)，頁一〇三。

革中，有關「根本處理」政治方面第十一項要求「言論、出版、罷工絕對自由，廢止新聞紙發行申請登記制度」；第二十項要求「撤銷宣傳委員會」。⑳宣傳委員會和專賣局、貿易局一樣，被視為民怨所在，是始料所未及。

根據「台灣省行政長官公署宣傳委員會組織規程」的規定，該會設主任委員一人，專任委員三人至七人，兼任委員五人至十一人。而掌理的事項有：㈠關於長官公署圖書之出版事項；㈡關於長官公署報紙雜誌之發行事項；㈢關於長官公署招待記者及發布新聞事項；㈣關於廣播之指導事項；㈤關於電影戲劇之演出及指導事項；㈥關於幻燈片之放映事項；㈦其他有關政令及文化之宣傳事項。㉑

關於宣傳委員會的工作理念，主任委員夏濤聲曾有所說明，這個說明並以「宣傳委員會之使命」為題，向全省民眾廣播。夏濤聲對宣傳一詞所引發的誤解有所澄清，他說：

> 宣傳是一新起的行政部門，宣傳工作在行政部門，佔有重要的地位，更是近年來的事。而在中國，這項工作，卻得了意外的誤解。在一般人的觀念裡，以爲不論什麼事，一經政府宣傳都是靠不住的。他們把宣傳看作魔術，縱然不是點石成金，化無爲有，也是故弄玄虛，使人看不清真相。這實在是一種錯誤的觀念。㉒

夏濤聲認為這種錯誤觀念的形成，是過去宣傳工作本身的錯誤而引起的。

夏濤聲認為宣傳委員會的任務有二：即「報導真相」與「調洽輿情」，目的在使各項行政工作，得以圓滑推進。所以他強調：

宣傳本身無目的，宣傳的目的，是在協助其他部門。⑧③

基於這個目的，報導真相就在溝通台灣與祖國的隔閡，促進雙方的瞭解，使彼此融為一體，因此，

一方面要將台灣的實在情況，盡量的向中央及各省作忠實的報導；一方面也要將中央及各省的情形，盡量的介紹於台灣同胞。

夏濤聲說：

---

⑧⓪ 陳興唐主編：台灣二二八事件檔案史料（上），台北，人間出版社，頁一九二至一九三。

⑧① 台灣省行政長官公署宣傳委員會編印：台灣省政令宣導人員手冊，台北，民國三十五年二月，頁三五。

⑧② 夏濤聲，台灣省行政長官公署秘書處編輯室編：宣傳委員會之使命，廣播詞輯要，台北，民國三十五年二月，頁六一。

⑧③ 同前註，頁六二。

> 台灣與祖國隔別了五十年，台灣同胞不僅對於祖國過去的歷史，模糊不清，即對於祖國現在的政治、經濟、文化及其他一切的動態，也很茫然。因此，我們必須把中央及其他各省的動態靜態，隨時隨地的介紹給台灣同胞，使在日本壓榨五十年之下的台胞，逐漸的認識祖國，瞭解祖國。把過去受日本人的欺騙宣傳所引起對祖國的一切不正確的觀念，逐漸廓清，逐漸掃除，這是本會今後所負的第一使命。[84]

所謂調治輿情，是透過溝通，使政府與人民之間能協調一致，打成一片，使各項施政水到渠成。夏濤聲說：

> 「民可使由之，不可使知之」的時代，早已過去了。在民主政治之下，政府要做一件什麼事，最好先取得人民的同意，然後才可以推行無阻。陳長官本著這種信心，所以在蒞任之始，即決定一種態度，就是凡事必「宣而後行」。換句話說，即關於本省今後一切的重要措施，以及復興建設等項，政府均將先做約略的提示，以採取人民的意向，聽取人民，然後再做決定；而人民對於政府，亦可隨時提供意見，以供政府的採擇[85]。

他認為政府和媒體的關係應該是：政府固當重視輿論，同時也應當領導輿論；輿論固當監督政府，同時也應該協助政府。他強調陳儀所領導的政府「必樂於接受人民的意見，以與論向背，作施政的準繩」，同時也希望台灣同胞，本『知無不言』的態度，對政府一切措施，作善意的與合理的批評與陳評」。希望使「政府與人民之間，打成一片，同心協力」。[86]

宣傳委員會以扮演台灣與中央及各省、政府與人民的橋樑自居，因此它的宣傳業務分為政令宣傳、雷影戲劇、圖書出版、新聞廣播等四個部份。在政令宣傳方面，宣傳委員會所做的有設置並訓練政令宣導員、編發政令講解大綱、定期舉行宣傳會報、設置宣傳牌及新聞照片等工作，其中最特殊的政令宣導員的設置。有關政令宣導員設置的緣起，宣傳委員會云：

本省淪陷五十年，一般人民對於本國政制法令，甚爲模糊，長官公署爲使民衆瞭解政令，以便推行起見，特在各縣市區鄉鎮，設置政令宣導員，負責宣導政令，現每一縣市政府於秘書室下設立政令宣導股，設置政令宣導員三人至五人，並指定一人爲股長，每一縣轄市、區署及鄉鎮公所，均設置政令宣導員一人。[87]

---

[84] 同前註。

[85] 同前註，頁六三。

[86] 同前註。

[87] 同[55]，頁二七六。

長官公署並於三十五年二月、五月，分兩梯次訓練各縣市政府保送人員，使之成為政令宣導員。共計訓練三五一人，實際分發三四七人。這些政令宣導員每月月終，均須填工作月報表，由主管機關轉送宣傳委員會考核。88

在電影戲劇方面，宣傳委員會所做的有拍攝新聞電影、舉行新聞照片展覽會、放映電影、管理電影院劇團、接管日人經營的戲院、審查影片及劇本等工作。接收之初，電影戲劇並非宣傳委員會管轄，直到三十五年二月，陳儀才指令歸其管理，當時全省日人經營的電影院共有十六家，皆由宣傳委員會派員接管，交商承租。89另外，宣傳委員會並成立電影攝製場，對長官公署的重要施政及新聞事件，均派員前往拍攝電影，至三十五年十二月止，共拍攝七部影片，並於全省各地放映。第一號新聞片是有關台灣省受降，除了贈送教育部、中宣部各兩部外，並送往重慶、南京及南洋菲律賓各地放映。90

在圖書出版方面，宣傳委員會做的有翻印總理遺教、總裁言論、出版法及施行細則，編印陳長官治台言論集、宣傳小冊、台灣指南、台灣省行政長官公署三月來工作概要、台灣省行政工作概覽暨現況參考資料、新台灣建設叢書、出版新台灣畫報、發行台灣月刊、取締違禁圖書等。宣傳委員會對台灣文化思想上之日人遺毒，極為重視，在消極方面，嚴厲查禁各種圖書、報紙、雜誌、畫報，其查禁標準有七，即㈠讚揚皇軍戰績者；㈡鼓動人民參加大東亞戰爭者；㈢報導佔領我國土地情形，以炫耀日本武力者；㈣宣揚皇民化奉公隊之運動者；㈤詆毀總理、總裁及我國國策者；㈥曲解三民主義者；㈦損害我國權益者；㈧宣傳犯罪方法妨礙治安者。91凡此一律停止售購，集中焚毀。積極方面，則大量翻印總理遺教、總裁言論，分贈各機關學校團體及省訓團。同時編制陳長官治台言論集，關於此點，宣傳委員會云：

陳長官治台言論，爲建設新台灣之準繩，應使全省公教人員及台胞普遍明瞭，本會特編印陳長官治台言論集，分贈各機關學校團體及省訓練團受訓學員研讀，現第一集已出版，印一五〇〇〇册，已分發。[92]

另外，有關介紹台灣及長官公署施政情形之書籍雜誌，亦復不少。

在新聞廣播方面，宣傳委員會除了發布新聞、舉行新聞記者招待會及政令廣播外，並負有管理新聞紙雜誌、指導報館及廣播電台，其依據的標準是民國二十六年七月八日國民政府修正公布的出版法及同年七月二十八日內政部公布的出版法施行細則。此外，宣傳委員會並與國民黨台灣省黨部輪流舉行宣傳會報，除了各黨公營媒體，如新生報、中央廣播事業管理

[88] 同前註。
[89] 同前註，頁二七七。
[90] 同前註。
[91] 台灣省政令宣導人員手冊，台灣省行政長官公署丑佳卅五署宣字第一一二六號訓令，頁一二三。
[92] 同[55]，頁二七九。

處台灣廣播電台、中央通訊社台灣分社必須參加外，三民主義青年團台灣支團部、中央宣傳部特派員、七十師政治部等，亦須參加。[93]

從宣傳委員會的工作計劃項目和工作成果報告觀之，該會的確做了許多事，然在扮演政府與人民、台灣與祖國的溝通橋樑方面，是否盡到角色責任，值得深入探討；尤其在長官公署成立後一年四個月，民怨匯聚，而爆發二二八事件，事件醞釀期間，負責採摭輿情的宣傳委員會是否瞭解當時政治社會的實況，是否正確地反映給陳儀，更屬重要。茲以三十五年七月該會編印的「台灣省各有關宣傳機關宣傳綱要」及同年八月編印的「台灣現況參考資料」兩個小冊的內容，加以分析。

「台灣省各有關宣傳機關宣傳綱要」七月份的內容包括田賦徵實、節約運動、糧食節約等三項，這與當時本省經濟問題已經惡化有密切關係。馬起華教授在論二二八事件的原因時認為「經濟是基本原因，其他原因為助成原因」。

他認為和民眾有重大切身關係的共同問題是經濟問題，因為民生困苦對大多數人都有影響，他們便對政府不滿，便起而攻擊政府，所以星星之火，頓成燎原之勢。當時的經濟問題是失業嚴重、通貨膨脹、物價飛漲，其中最值得注意的是物價飛漲中的米價上漲，「因為民以食為天，人民買不到米，沒有飯吃便會抱怨政府，起而反抗。」[94]

關於糧食問題，在光復初期，因存糧空虛，肥料不足，產出有限，加以商民惜售，業戶囤積，和有錢人搶購，於是造成糧食嚴重缺乏，導致米價飛漲，全民恐慌。[95]長官公署曾採各種措施，以救糧荒。三十五年一月十一日，停止配給米制度，准許自由買賣，以杜絕囤積惜售的流弊。同月十三日，暹羅及安南米大量進口，米荒暫告解除，米價為之疲軟。二月十二日，成立民食救濟會，通過救濟運動方案。次日，貿易局規定以糖易米辦法。二十五日，糧食調劑委員會成立。三月下旬，米價下落。四月二十五日，台交號輪船運糧抵台。五月十五日，米價跌至每斤十五元。六月十九日，公布節約糧食辦法。96

在長官公署採取各種措施來平抑糧價的背景下，宣傳委員會以「田賦徵實」、「節約運動」、「糧食節約」來作為宣傳的主題，是具有政策意義的。宣傳綱要云：

> 在今年春季，本省的糧食問題也曾一度趨於嚴重，終於政府的獎勵糧食進口，並由外省輸入大量的麵粉，使本省糧食問題，很快的減少嚴重性。現在本省的新穀已登場了，糧價也在日趨低落，所謂糧食問題，在本省似乎已不成問題。97

---

93 台灣省政令宣導人員手冊．台灣省有關宣傳各機關會報辦法，頁八七。

94 馬起華編：二二八研究，台北，中華民國公共秩序研究會，民國七十六年十月，頁二二八。

95 同36，卷四，物價篇，頁一三四。

96 同94，頁二一九。

97 台灣省行政長官公署宣傳委員會編印：台灣省各有關宣傳機關宣傳綱要，民國三十五年七月，頁一四。

然而這只是暫時性的改善，到了三十五年九月，又因大颱風，農作損失慘重，發生缺米。十一月二十五日，成立糧食勸徵隊，到各地催繳租穀。三十日，禁止本省糧食出口。十二月四日，禁止以米糧釀酒及製米粉。到了三十六年一月，台灣省經中央規定列為非常時期違反糧食管理治罪暫行條例施行區域，囤積居奇五千石以上者處死刑。[98]二二八事件發生前夕，糧價暴漲，所以馬起華教授說：「米價對於住在都市的米價消費大眾，有致命的損害，二二八事件都在都市裡起鬨，與此可能有相當關係。」[99]

「台灣現況參考資料」小冊中，除了介紹台灣省工礦、農林、交通、貿易、專賣、教育、民政等有關統計資料外，並列有「一般問題」，對於當時台灣社會的一些問題，加以澄清說明。宣傳委員會認為：㈠國人及現政府與台胞之感情問題；㈡台胞與日僑間之情緒問題；㈢貿易省營問題；㈣是否歡迎外人投資問題；㈤關於各方誤解（包括台胞及其心理、高山族、留用日僑待遇、日籍子弟教育、日僑遣送時之交通工具等）之闡釋等五個方面，是台灣問題癥結所在，亦是媒體報導的焦點，對長官公署的形象有所損害，故有辯正澄清之必要。[100]

由於當時媒體有「台胞對於祖國熱愛日趨冷淡」的說法，宣傳委員會認為這「純中反動分子挑撥離間之宣傳，其與事實完全不能接近。」[101]但宣傳委員會也分析「近有少數台胞對政府熱烈之情緒，稍行低減」的原因有五：第一，台胞在光復之初，懷有過高之希望，以為在長期異族統治之下，一旦光復，一切問題必可迎刃而解，不知日本經八年戰爭，在台一切措施，已至竭澤而漁千瘡百孔之狀態，政府接收後，承殘破凋敝之餘，重以財力與交通之困難，技術人員補充不易，未能立時獲得圓滿之解決；於是台胞由希望漸成失望，此純為情感上之錯覺。第二，台胞對現政府之態度，絕大多數頗能擁護當局政策之推行，其中有少數人對政府不滿者，乃因政府對其本身利害衝突或不能滿足其慾望所致，此少數人為：日據時代之御用紳士、倚賴日人而生存之爪牙、一部份甫自省外返台之台胞。第三，日本統治時代，因施行奴化教育，對於我國極盡破壞宣傳之能事，台胞之年事較輕者，對於祖國情形，既茫然不知，而日人先入為主之惡意宣傳，中毒甚深，光復後政府施政方針與日本時代不同，彼等因對祖國法令制度缺乏認識，遂不免發生錯覺及不正確之批評。第四，本省目前雖尚無共產黨之公開組織，但卻有共產分子滲入各階層作挑撥離間之惡意宣傳，彼等尋常曲解事實，誣衊政府，使人民對政府之信仰動搖，進而發生惡感。第五，其他各省人民與台胞之間，固有一部份語言不通，及生活習慣之不同，情感略有隔閡。(102)

另外，當時媒體亦批評貿易局，指政府「強制農民及其他產糖者將全數量廉價售予貿易局」，「貿易局（或貿易公司）低價向省民強制收買，高價向省民拋售」等。宣傳委員會之說明中，再三強調：

---

(98) 同(94)，頁二一九。

(99) 同前註。

(100) 台灣省行政長官公署宣傳委員會編印：台灣現況參考資料，民國三十五年八月，頁五六至六六。

(101) 同前註，頁六四。

(102) 同前註，頁五六至五九。

貿易局係長官公署之一業務機構，絶非統制機構；與其所接收台灣總督府時代之「台灣重要物資營團」（壟斷一切輸入輸出生產運銷）迥然不同，其目的及其業務與中央信託局相似。

貿易局既係一省營業務機構，絶非任何私人或少數人之組織。其局長于百溪氏，係一雲南省人，與浙江籍之陳長官既無親屬關係，且在台灣光復以前，彼此均不相識。⑩③

對於禁止食糖私運出口所引發之民怨，宣傳委員會也解釋說：

台灣禁止食糖私運出口，係行政長官公署鑑於台省在戰爭中所遭受之破壞，與生產事業之凋敝，達於極點，爲向外換取各項切要物資（如大宗肥料及交通工礦用器材）進口，藉以集中力量於戰後之復興，與農工業生產之恢復計，經徵得中央同意，自一九五四年十二月一日起，禁止食糖私運出口，以免力量分散，緩急失調，並公告「查禁食糖私運出口辦法」以示禁止。……貿易局固曾有向民購糖事宜，但純係一種商業行爲，憑市價收購，絶非強購。⑩④

台灣省貿易局係一省營業務機構，除過去代長官公署根據「查禁私糖私運出口辦法」填發倉糖出口許可證一點，帶有行政色彩外，其餘任何業務之進行，其立場固與唯利是圖之商人立場不同。⑩⑤

從「台胞心理」與「貿易局」的兩個案例中，可以獲知委員會對於民怨亦有其回應能力，惟民眾信服程度多少，若以日後二二八事件民間要求改革的呼聲加以檢驗，似乎是徒勞無功。所以宣傳委員會也曾慨嘆云：

本省光復，政府接收至今，雖逾半載，但因各種實際問題之困難，有非短期內所能解決者，各方不察，偶見一二不合理之事實，遂作嚴酷之批評。實則羅馬非一日造成，爲身歷其境詳加思考，絕不能深知其中甘苦。尤以外籍記者，對於我國歷史人情，本少諳熟，摭拾浮言，即作言論，對於本省各問題，頗多誤解。106

宣傳委員會擔任長官公署的辯護士、化妝師，而民營媒體扮演政策批判者的角色，兩者之間必有矛盾存在。三十五年七月二十六日，民報社論以〈夏主任發言太過火〉為題，對宣傳委員會主任委員夏濤聲在新聞記者招待會上，回應上海各閩台團體要求改革台省政制的呼

---

103 同前註，頁六〇至六一。

104 同前註，頁六一。

105 同前註，頁六二。

106 同前註，頁六三。

聲時，批評以「並非福建之殖民地，閩人何以干涉台灣」之發言，大加撻伐，同時對宣傳委員會的宣傳工作加以批評云：

五十年來我們台胞受盡日人的欺騙，聽了不少漂亮的荒唐話，有此經驗，故能敏銳感覺是非善惡，而且具有相當的批評力和理解力。善政不是只靠宣傳，就會發生效果，政治如果不是爲大衆圖謀福利，終必陷於不可收拾的境地，是歷史在證明的。我們希望爲政者必須以虛心坦懷的態度，接納民意，尊重大多數人的建議，應改則改，是爲政者必取之道。[107]

這種指名道姓赤裸裸之批判，足見宣傳委員會與媒體之間的緊張關係。同年記者節，民報再以〈迎記者節談記者使命〉的社論，意有所指的警告所謂「壓迫言論、輕侮記者」的人，社論云：

回顧記者節的由來，固非發動自新聞記者自身，實由政府所規定而提倡，也可說是政府已經有認定新聞記者的重要性了。記得本年春間行政院會議，也曾通過優遇新聞記者的提案。對此足以看取中央政府之重視新聞記者的方針，倘有不解中央旨意，部份的人敢無理壓迫言論，輕侮記者的行爲，當於今日記者節的機會，喚其注意，促其猛醒。[108]

這段社論雖未明指何人，但對於台灣統治當局的不滿則再清楚不過了。

二二八事件平息後，政府於三十六年四月二十二日行政院例會通過，撤銷台灣省行政長官公署，依照省政府組織法改制。然宣傳委員會卻等不及改制，早在三月十五日即被陳儀撤銷，其含義殊堪玩味。宣傳委員會撤銷後，改稱長官公署秘書處新聞室；政令宣導業務則由民政處第一科增設宣導股辦理。五月十六日台灣省政府成立，到八月十六日始正式成立新聞處，以迄於今。[109]

五、結論

台灣現代化的媒體濫觴於日據時期；在日本統治的五十年中，台灣的報紙、雜誌、廣播，受到日本本國媒體發展的影響，也呈現蓬勃的景象。然因日本統治台灣採殖民地體制，以許可、保證金及新聞檢查等三種制度，嚴厲控制媒體與輿論，因此媒體幾乎是總督府的傳聲筒，全是日人經營，全是以日文為主，直到一九二七年八月，台灣民報遷台發行後，才打

---

[107] 夏主任發言太過火，民報第三六五號，民國三十五年七月二十六日。

[108] 迎記者節談記者使命，民報第四〇三號，民國三十五年九月一日。

[109] 中華民國新聞年鑑（八十年版），台北，中國新聞學會，民國八十年九月，頁五六五。

破這種局面。

一九三七年中日戰爭發生後，日本本國戰時體制逐漸形成，台灣總督也加以配合，設臨時情報部管制新聞，在統制政策下，雜誌紛紛停刊。一九四一年，太平洋戰爭爆發，台灣總督府從新聞和物質兩方面統制媒體，使報紙的處境更加艱困。一九四四年，採行一道一報制度，將台灣日日新報等六大報強迫併為台灣新報。翌年，盟軍飛機轟炸台灣後，報紙更是奄奄一息。廣播方面，由於收音機日益普及，所受影響較小。

日本無條件投降後，陳儀主持之台灣省行政長官公署展開接收工作，然在「台灣接管綱要」中，媒體接收並未特別提及，大致採取與中央宣傳部共同接收的模式。在報社接收過程中，由於陳儀堅持長官公署辦報宣傳，與中央宣傳部之間有所爭執，加以陳儀任用的宣傳系統官員以青年黨籍人士為主，更引發國民黨中央及地方黨部的不滿，故有「宣傳授人以柄」、「異黨操縱宣傳」之說法。

陳儀對媒體的政策，基本上是以中央的政策為政策，如廢除新聞檢查制度，即遵奉中央的指示辦理。光復之初，台灣報紙雜誌的創刊，雖由出版法及出版法施行細則來規範，但執行並未徹底，所以長官公署曾翻印出版法及施行細則，大量推廣，同時要求媒體在三十四年十一月二十五日以前完成登記手續，始可發行。論者認為陳儀主政時期，媒體享有充分的自由，係指光復之初這段「空檔」期間。

陳儀對報紙雜誌採行申請許可制，但對於電影、戲劇、圖書則採事前審查或查禁制，控制頗為嚴格，尤其對所謂「日人遺毒」的清除，更是積極；因此也激起了一些民怨。如三十五年十月二十五日以後禁止報紙雜誌的日文版，對文化界及民眾的日常生活都造成不便，引起媒體的議論。

陳儀對於言論自由的尺度較為寬容，故也曾得到當時媒體的肯定。民報在一篇題為〈本省言論有無自由〉的社論中嘗云：

我國中央當局，特別通知全國各下級機關，要誠意實行尊重「言論自由」的「行動」。至於本省陳長官的尊重言論自由、重視輿論的貢獻，這是我們深知而首肯的。既是如此，那麼言論一定是很「自由」的了，可是，近來的事實卻大有不是然者！舉個例罷，內地所發行的某某雜誌，先前可在省垣各書店的店頭，容易看見的。可是，現在雖踏破鐵鞋也找不到一種了。聽說，這是因爲某機關和各書店的負責人「懇談」的結果！再舉個例吧，在省垣出版的某雜誌的某號，竟把印刷起來的紙面的一部份，塗以「墨桿」。聽說，這也是某雜誌的編輯者，被某機關請去「懇談」的結果！⑩

若把這段社論和李翼中的回憶相印證，可知「某機關」應為省黨部。所以，若與省黨部比較，長官公署的言論自由似乎寬鬆了一些。

陳儀在長官公署內設置宣傳委員會，足見其對宣傳工作的重視。宣傳委員會主任委員夏

---

⑩ 民報，民國三十五年九月二十七日。

濤聲以「報導真相」和「調洽輿情」做為宣傳工作的任務，理念亦屬進步。宣傳委員會的工作計劃和工作成果堪稱周詳豐碩，的確做了不少溝通的工作。然而，宣傳委員會的工作顯然沒有獲得媒體的肯定和民眾的支持，這個事實從二二八事件處理委員會提出要求「言論、出版絕對自由」、「廢止新聞紙發行申請登記制度」、「撤銷宣傳委員會」的呼籲，即可得到證明，因此，終不免於被撤銷的命運。由此亦可知，長官公署與媒體之間是處於緊張的狀態。整體而言，陳儀的宣傳工作是失敗的。

國立中央圖書館出版品預行編目資料

臺灣史探索/廖風德著·--初版--臺北市：臺灣學生，民85

面；　公分

ISBN 957-15-0730-X(精裝)
ISBN 957-15-0731-8 (平裝)

1.臺灣 － 歷史

673.22　　85001313

臺灣史探索（全一冊）

著作者：廖風德
出版者：臺灣學生書局
發行人：丁文治
發行所：臺灣學生書局
臺北市和平東路一段一九八號
郵政劃撥帳號〇〇〇二四六六八號
電話：三六三四一五六
傳真：三六三六三三四

本書局登記證字號：行政院新聞局局版臺業字第一一〇〇號

印刷所：常新印刷有限公司
地址：板橋市翠華街八巷一三號
電話：九五二四二一九

定價 精裝新臺幣三六〇元
平裝新臺幣三〇〇元

中華民國八十五年二月初版

63805

ISBN 957-15-0730-X（精裝）
ISBN 957-15-0731-8（平裝）

臺灣學生書局出版

台灣研究叢書

①日據時期在臺「華僑」研究	吳　文　星　著
②臺灣史研究	黃　秀　政　著
③臺灣早期史綱	方　　　豪　著
④臺灣史探索	廖　風　德　著